Prescrição e Periodização do
# TREINAMENTO
*de* **FORÇA**
## em Academias

JONATO PRESTES • DENIS FOSCHINI
PAULO MARCHETTI • MARIO CHARRO • RAMIRES TIBANA

# Prescrição e Periodização do TREINAMENTO de FORÇA em Academias

2ª edição
revisada e atualizada

Manole

*Copyright* © Editora Manole Ltda., 2016, por meio de contrato com os autores.

*Editor gestor:* Walter Luiz Coutinho
*Editoras:* Eliane Usui e Juliana Waku
*Produção editorial:* Sônia Midori Fujiyoshi, Luiza Bonfim e Rodrigo Botelho
*Capa:* Aline Shinzato da Silva
*Imagem da capa:* iStock
*Projeto gráfico:* Fred Aguiar
*Editoração eletrônica:* Depto. Editorial da Editora Manole
*Ilustrações:* Raphael Martins e Rafael Zemantauskas

### Dados Internacionais de Catalogação na Publicação (CIP)
### (Câmara Brasileira do Livro, SP, Brasil)

Prescrição e periodização do treinamento de força em academias /
Jonato Prestes... [et al.]. – 2.ed. – Barueri, SP: Manole, 2016.

Outros autores: Denis Foschini, Paulo Henrique Marchetti, Mario Augusto Charro, Ramires Alsamir Tibana

Bibliografia
ISBN 978-85-204-4574-7

1. Aptidão física 2. Atletas – Nutrição 3. Educação física 4. Força muscular
5. Periodização do treinamento físico 6. Prescrição do treinamento físico 7. Suplementos
dietéticos 8. Treinamento físico I. Prestes, Jonato. II. Foschini, Denis. III. Marchetti, Paulo Henrique. IV. Charro, Mario Augusto. V. Tibana, Ramires Alsamir.

15-09238                                         CDD-613.2024796

Índices para catálogo sistemático:

1. Força: Treinamento: Prescrição e periodização:
Educação Física 613.2024796
2. Treinamento de força: Prescrição e periodização:
Educação física 613.2024796

Todos os direitos reservados.
Nenhuma parte deste livro poderá ser reproduzida, por qualquer
processo, sem a permissão expressa dos editores.
É proibida a reprodução por xerox.
A Editora Manole é filiada à ABDR – Associação Brasileira de Direitos Reprográficos

1ª edição – 2010, 1ª reimpressão – 2012
2ª reimpressão – 2013, 3ª reimpressão – 2015
2ª edição – 2016

Direitos aquiridos pela:
Editora Manole Ltda.
Av. Ceci, 672 – Tamboré
06460-120 – Barueri – SP – Brasil
Tel.: (11) 4196-6000 – Fax: (11) 4196-6021
www.manole.com.br
info@manole.com.br

Impresso no Brasil
*Printed in Brazil*

Durante o processo de edição desta obra, foram tomados todos os cuidados para assegurar a publicação de informações precisas e de práticas geralmente aceitas. Do mesmo modo, foram empregados todos os esforços para garantir a autorização das imagens aqui reproduzidas. Caso algum autor sinta-se prejudicado, favor entrar em contato com a editora.

Os autores e os editores eximem-se da responsabilidade por quaisquer erros ou omissões ou por quaisquer consequências decorrentes da aplicação das informações presentes nesta obra. É responsabilidade do profissional, com base em sua experiência e conhecimento, determinar a aplicabilidade das informações em cada situação.

# Autores

### Jonato Prestes

Graduado em Educação Física pela Universidade Estadual de Maringá em 2002. Especialização em Treinamento Desportivo pela mesma instituição e mestre em Educação Física pela Universidade Metodista de Piracicaba em 2006. Doutor em Ciências Fisiológicas pela Universidade Federal de São Carlos. Pós-doutorado na Western Kentucky University. Bolsista de produtividade em pesquisa nível 2. Professor dos cursos de mestrado e doutorado em Educação Física da Universidade Católica de Brasília (UCB).

### Denis Foschini

Graduado em Educação Física pela Universidade Metodista de São Paulo em 2001. Especialista em Fisiologia do Exercício pela Universidade Federal de São Paulo (Unifesp) em 2002. Mestre em Educação Física pela Universidade Metodista de Piracicaba em 2006. Doutor em Ciências pela Unifesp em 2008. Certificado como Wellness Coaching pela metodologia do American College of Sports Medicine (2014). CEO da Precision Fitness e criador do método TopCoaching para emagrecimento, hipertrofia muscular, saúde e bem-estar. Consultor técnico-científico do Enaf. *Coach* do skatista campeão mundial Rony Gomes. Palestrante nos principais eventos de *fitness* do país, incluindo Fitness Brasil, Enaf, Jopef, BCF, Convenção Fitness, Arnold Conference. *Personal trainer* desde 2001.

## Paulo Marchetti

Mestre em Educação Física pela Escola de Educação Física e Esportes da Universidade de São Paulo (EEFE/USP) em 2006. Doutor em Educação Física pela mesma universidade em 2009. Especialista em Treinamento Desportivo em 2001 e em Fisiologia do Exercício em 2000, ambas pela Universidade Federal de São Paulo (Unifesp). Master Training e Research Fellow – Cybex Institute – USA. Consultor em Biomecânica da International Personal Trainer Association – Hong Kong. Colaborador do livro *Manual da musculação: uma abordagem teórico-prática em treinamento de força*. Autor do livro *Biomecânica aplicada*. Membro do Laboratório de Biofísica da EEFE/USP. Docente das Universidades Nove de Julho (Uninove), Gama Filho (UGF) e das Faculdades Metropolitanas Unidas (FMU).

## Mario Augusto Charro

Graduado em Educação Física pela Universidade de Santo Amaro (Unisa) em 1988. Especialista em Musculação e Condicionamento Físico pelas Faculdades Metropolitanas Unidas (FMU) em 2000. Mestre em Biotecnologia pela Universidade de Mogi das Cruzes (UMC) em 2007. Conselheiro do Conselho Regional de Educação Física (CREF 4/SP). Docente dos cursos de graduação e pós-graduação da FMU. Docente dos cursos de graduação da Universidade Municipal de São Caetano do Sul (USCS) e de pós-graduação da Universidade Gama Filho (UGF) e da FMU.

## Ramires Alsamir Tibana

Graduado em Educação Física pelo Centro Universitário Euroamericano (Unieuro) em 2010. Mestrado pelo programa de pós-graduação *stricto sensu* da Faculdade de Educação Física da Universidade Católica de Brasília – UCB (bolsista da Capes, modalidades I e II) em 2013 com período sanduíche na Western Kentucky University (Bowling Green – KY) sob orientação do Professor Dr. James Navalta. Atualmente é douto-

rando em Educação Física pelo programa de pós-graduação *stricto sensu* da UCB (bolsista da Capes, modalidade I). Realizou visita técnica ao Laboratório de Fisiologia do Exercício da Universidade de Nevada, em Las Vegas (2013-2014), pela Fundação de Apoio à Pesquisa do Distrito Federal (FAPDF). Tem experiência na área de Educação Física, com ênfase em Treinamento de Força e Doenças Crônicas Degenerativas Não Transmissíveis, atuando principalmente na linha de pesquisa que investiga as alterações agudas e crônicas do Exercício Resistido em diferentes modelos experimentais.

rando em Educação Física pelo programa de pós-graduação *stricto sensu* da UCB (bolsista da Capes, modalidade I). Realizou visita técnica ao Laboratório de Fisiologia do Exercício da Universidade de Nevada, em Las Vegas (2013-2014), pela Fundação de Apoio à Pesquisa do Distrito Federal (FAPDF). Tem experiência na área de Educação Física, com ênfase em Treinamento de Força e Doenças Crônicas Degenerativas Não Transmissíveis, atuando principalmente na linha de pesquisa que investiga as alterações agudas e crônicas do Exercício Resistido em diferentes modelos experimentais.

# COLABORADORES

## DOUGLAS POPP MARIN

Graduado em Educação Física pela Universidade Metodista de São Paulo (Umesp). Especializado em Fisiologia do Exercício pela Universidade Federal de São Paulo (Unifesp). Mestre e doutorando em Biodinâmica do Movimento Humano e Fisiologia do Exercício pela Universidade Cruzeiro do Sul (Unicsul). Certificado como Wellness Coaching pela metodologia do American College of Sports Medicine. Atualmente é docente da Umesp, Universidade Gama Filho (UGF), das Faculdades Metropolitanas Unidas (FMU) e Faculdades Integradas de Santo André (Fefisa) e preparador físico da ADC Metodista/São Bernardo.

## ELAINE BATISTA BOREL DO NASCIMENTO

Graduada em Educação Física pela Universidade Metodista de São Paulo (Umesp) em 2009. Especialista em Fisiologia do Exercício e Treinamento pelo Instituto Biodelta do Centro de Estudos em Ciências da Atividade Física da Faculdade de Medicina da Universidade de São Paulo (Cecafi – FMUSP) em 2010. Especialista em Ginástica Laboral e Atividade Física no Ambiente de Trabalho pelas Faculdades Metropolitanas Unidas (FMU) em 2011. Certificada como Wellness Coaching pela metodologia do American College of Sports Medicine (2014).

## FELIPE FEDRIZZI DONATTO

Nutricionista esportivo. Graduado em Nutrição pela Universidade Metodista de Piracicaba (Unimep). Mestre em Educação Física pela Unimep. Doutor em Ciências da Saúde pela Universidade de São Paulo (USP). Coordenador científico do Arnold Conference Rio e ExpoNutrition São Paulo. Palestrante internacional da IFBB Academy – Dubai. Coordenador da International Society of Sports Nutrition (ISSN) Brasil. Consultor científico – Glanbia Nutritionals.

# AGRADECIMENTOS

*Primeiramente agradeço aos meus pais, Hedvirges Prestes e Jauri de Oliveira Prestes, tudo que aprendi de correto e de como um ser humano deve se desenvolver em sua integralidade devo aos meus pais. Obrigado pelo apoio incondicional em todas as fases que me fizeram chegar a este momento, que é um dos mais importantes da minha vida, a realização de um sonho. Aos meus queridos irmãos, Danuza Prestes, Janaina Prestes e Lucas Prestes, que também me incentivaram em todos os momentos e dificuldades. Agradeço também a todos os professores que auxiliaram na realização deste livro.*

**"O verdadeiro mestre não é o que ensina, mas o que inspira"**
**"O melhor treino é aquele que você ainda não fez"**

**JONATO PRESTES**

*Gostaria de agradecer a Deus por me proporcionar condições de iniciar e finalizar mais esta meta em minha vida. Agradeço a minha querida e amada esposa Priscyla Nardi, que sempre esteve ao meu lado, mesmo nos momentos mais difíceis e desesperadores de minha vida. Não tenho como expressar o quanto sou grato a esta incrível pessoa, amiga, companheira, mulher e esposa. Agradeço aos meus pais, Antonio A. Marchetti e Yara C. Marchetti (in memoriam) e irmãos Luis C. Marchetti e Fernando R. Marchetti, os quais eu amo muito. Agradeço à minha nova família, Sheila S.M. Nardi, Márcio Nardi e ao grande pequeno João Vitor, que sempre me esperou pacientemente para brincar entre cada uma de minhas tarefas acadêmicas.*

**PAULO MARCHETTI**

*Agradeço aos meus pais Joaquim dos Santos Charro e Therezinha Prioli Charro por tudo que me proporcionaram ao longo da vida, sem o apoio e a colaboração deles eu certamente não teria conseguido tudo o que consegui. À minha esposa Sueli Gomes Charro por todo apoio e suporte, para que eu pudesse me dedicar aos estudos e viabilizar sempre novos projetos. Aos meus filhos Daniel Charro e Giuliana Charro, por todas as horas em que abrem mão da minha presença para que eu tenha condições de concluir novas obras. E agradeço ainda aos meus amigos dessa jornada (Jonato, Denis e Paulo), que viabilizaram mais um sonho.*

**MARIO AUGUSTO CHARRO**

*Sou grato e dedico a segunda edição do livro a você, minha filha, a joia que me fez entender o significado de amor genuíno, de amor sem interesse, de amor por si só, de amor tão grande quanto amor próprio e que, acima de tudo, me fez repensar e reorganizar os meus valores de vida para ser uma pessoa melhor. Mais maduro, para não "dizer" mais velho, acredito no conceito de Mário Sérgio Cortella de que felicidade não tem perenidade, não é um estado constante de sentimento, hoje entendo que a felicidade só existe porque existem momentos de tristeza, caso contrário seria impossível percebê-la. Mas o que me conforta em imaginar que não conseguirei ser feliz em todos os momentos da minha vida é saber que posso superar qualquer dificuldade com um abraço ou um simples sorriso seu. Você me faz sentir motivação para me desenvolver como SER humano, para adquirir mais e novos conhecimentos nas mais diversas áreas da vida. Esta obra é por você e para você, Pietra Ferreira Foschini.*

**Denis Foschini**

*Mãe,*
*Nada que eu te dedique*
*É suficiente*
*Para o tanto que me destes*
*Nada que eu te dê*
*É bastante*
*Para o tanto que me servistes*
*Nada que eu te sirva*
*É justo*
*Para o tanto que me ensinastes*
*Nada que eu te aprenda*
*É sábio*
*Do que o teu amor por mim*
*Foi assim que me dedicastes a vida*
*É assim que te dedico meu amor e minhas conquistas a ti.*

**Ramires Alsamir Tibana**

# Sumário

Apresentação – 2ª edição .......................................................................... XV

Apresentação – 1ª edição .......................................................................... XVII

Prefácio ..................................................................................................... XIX

Introdução ................................................................................................. XXI

**1.** Comportamento humano e atendimento na sala de musculação ........................................................................................ 1
*Denis Foschini, Jonato Prestes, Elaine Batista Borel do Nascimento*

**2.** Força muscular, adaptações neuromusculares e princípios do treinamento de força ........................................................... 29
*Denis Foschini, Jonato Prestes, Douglas Popp Marin, Ramires Alsamir Tibana*

**3.** Prescrição do treinamento de força .......................................... 63
*Denis Foschini, Jonato Prestes, Ramires Alsamir Tibana*

**4.** Estrutura metodológica para montagem de programas e sistemas de treinamento de força .................................................. 99
*Paulo Marchetti, Mario Augusto Charro, Jonato Prestes*

**5.** Periodização do treinamento de força para academias e treinamento personalizado .................................................. 151
*Jonato Prestes, Denis Foschini, Ramires Alsamir Tibana*

**6.** Suplementação alimentar para o treinamento de força: novas evidências ............................................................................. 207
*Jonato Prestes, Felipe Fedrizzi Donatto, Denis Foschini, Ramires Alsamir Tibana*

Índice remissivo ...................................................................................... 243

# APRESENTAÇÃO – 2ª EDIÇÃO

A segunda edição do livro *Prescrição e periodização do treinamento de força em academias* é a versão ampliada e atualizada do *best-seller* da Editora Manole.

A atualização dos capítulos se apoiou em pilares construídos nas mais sólidas e respeitadas publicações científicas, o que se torna evidente no capítulo sobre periodização do treinamento de força, que incorpora as referências científicas mais recentes. Traz também para análise e reflexão a discussão sobre os métodos de treinamento publicados em meios não científicos, suas hipóteses e formas de execução, os quais são apresentados no capítulo sobre montagens e métodos de treinamento de força.

A ampliação do livro transcende o incremento de métodos de treinamento e passa pelos capítulos que abordam a fisiologia, a biologia molecular e a prescrição das variáveis do treinamento de força. No primeiro capítulo encontra-se a maior novidade do livro, uma abordagem inovadora de atendimento na musculação fundamentada em teorias da psicologia do *coaching* para ajudar os clientes no processo de mudança e sustentação de novos hábitos, incluindo a adesão ao exercício físico.

É por meio desses modelos e metodologias de treinamento e abordagens que a obra disponibiliza aos profissionais que trabalham em academias e/ou com treinamento personalizado as ferramentas necessárias para uma elaboração segura, eficiente e humanizada do treinamento de força. Aproveitem e ótima leitura!

# Apresentação – 1ª edição

O Brasil é o segundo país do mundo em número de academias de ginástica, e o treinamento de força (musculação) destaca-se como a atividade mais praticada nesses locais (Revista *Fitness Business*, 2009 – p. 6 e 7).

Não só a prática do treinamento de força tem crescido em academias, mas a aplicação de novos conhecimentos também. Entretanto, um desafio enfrentado pelo profissional de educação física no momento de prescrever um programa de treinamento é elaborar a periodização. Essa dificuldade se justifica, sobretudo, pela grande demanda de tempo necessária para a elaboração dos ciclos de treinamento (periodização) e pela desproporção entre o número de profissionais e o número de alunos, fato que garante pouco tempo disponível ao profissional para prescrever um programa de treinamento mais apurado.

A partir dessa problemática, surge a presente obra, na qual os autores buscaram reunir as evidências mais atuais sobre prescrição e periodização do treinamento de força, adequando-as à realidade das academias.

São modelos e metodologias originados de uma revisão da literatura especializada e qualificada, que disponibiliza as ferramentas necessárias para uma elaboração rápida e eficiente do treinamento de força aos profissionais que atuam em academias.

O livro se inicia por uma discussão mais básica e conceitual da prescrição do treinamento de força, navega pelos mares profundos da biologia molecular, passa pelos novos conceitos em periodização aplicados a academias e ao treinamento personalizado e, por fim, apresenta as novas tendências de suplementação para praticantes de treinamento de força. A obra oferece diversos exemplos de periodização para que o leitor os utilize como referência para elaboração de programas periodizados em academias e no treinamento personalizado.

# PREFÁCIO

O livro *Prescrição e Periodização do Treinamento de Força em Academias* aborda de forma exemplar a aplicabilidade de um conteúdo presente em pesquisas científicas que envolvem a prescrição dos exercícios de força.

Com a velocidade de informações e discussões acerca deste tema no campo profissional da Educação Física, observa-se uma exigência crescente da melhor qualificação dos profissionais que atuam nas academias, onde o condicionamento físico deve ser desenvolvido, a partir da adequação das qualidades físicas, de acordo com a necessidade do indivíduo.

Pensando assim, os autores apresentam nesta obra formas eficientes de prescrição do treinamento de força numa linguagem técnica, didática e de fácil compreensão.

Este livro, que tenho orgulho de prefaciar, apresenta todos os passos para um planejamento das diferentes fases do treinamento e seus conteúdos, pois a utilização da periodização nas academias permitirá aos profissionais envolvidos um acompanhamento científico das metodologias empregadas ao treinamento, e com um referencial de qualidade executar um excelente trabalho com maiores ganhos e benefícios aos seus clientes.

Na obra serão abordados conceitos fundamentais sobre a prescrição, a montagem de programas e os modelos de periodização do treinamento de força aplicados em academias.

Os autores, Jonato Prestes, Denis Foschini, Mario Charro e Paulo Marchetti representam grandes exemplos e demonstraram muito cedo seus talentos para a área acadêmica e científica. Com um perfil investigador e cada vez mais maduro, os autores, sem dúvida, entram no campo literário com um trabalho que enriquecerá o conhecimento dos profissionais que atuam na área de prescrição do treinamento de força.

Prof. Dr. Roberto Fares Simão Júnior

# Introdução

Ao longo dos anos, pesquisas evidenciam os benefícios do treinamento de força (TF) e mostram novas perspectivas em relação à aptidão física e à qualidade de vida[1]. Esses achados têm importantes implicações para o estado de saúde da população que frequenta academias de ginástica e/ou indivíduos que precisam de cuidados especiais, como portadores de doenças cardiovasculares, câncer, artrites, diabetes, obesidade, entre outras. Contudo, para que os benefícios do TF sejam otimizados, é preciso que a prescrição seja específica para as características do indivíduo, o que significa considerar fatores como idade, aptidão física, histórico de treinamento e tolerância psicológica e física[2]. O American College of Sports Medicine (ACSM) publica, regularmente, posicionamentos sobre a prescrição do TF para adultos saudáveis; no último posicionamento, em 2009, o ACSM recomendou o TF como método essencial em programas elaborados para desempenho e saúde. Nesse sentido, o TF faz parte de um programa de saúde abrangente e pode se integrar a exercícios aeróbios, treinamento de flexibilidade, treinamento funcional, entre outros.

Entre os benefícios decorrentes do TF, destacam-se o aumento da força máxima, da potência e da resistência musculares[1,3,4], da coordenação, da velocidade, da agilidade e do equilíbrio e a prevenção de lesões[5]. Também já foram bem estabelecidos os benefícios em outros parâmetros fisiológicos, que incluem a melhora dos sistemas cardiovascular e endócrino, do perfil lipídico, da composição corporal e do estresse fisiológico e o aumento da densidade mineral óssea[4,6], além do controle da taxa metabólica de repouso e da pressão arterial[2] (Figura 1).

Contudo, a magnitude dos efeitos do TF é determinada pela associação com outros fatores do estilo de vida da pessoa, incluindo alimentação adequada ao objetivo, quantidade e qualidade do sono, nível de estresse e ansiedade, uso ou abuso de álcool e drogas sociais, nível de satisfação com a vida,

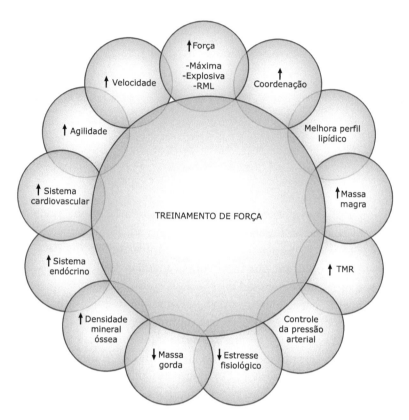

**FIGURA 1.** Modelo esquemático dos benefícios do treinamento de força. RML: resistência de força muscular; TMR = taxa metabólica de repouso.

bem como com fatores peculiares ao sujeito, como alguns aspectos fisiológicos e o próprio perfil genético. Outras questões sociais e culturais também influenciam as escolhas e os comportamentos de pessoas que praticam TF e, consequentemente, a magnitude dos resultados esperados.

Considerando que os principais objetivos de praticantes do TF em academias – hipertrofia muscular, emagrecimento e saúde – têm influência multifatorial, pode-se sugerir que a abordagem seja multidisciplinar.

Nesse sentido, o grupo de estudos da obesidade (GEO/CEPE) da Universidade Federal de São Paulo realizou diversos estudos que verificaram os efeitos da intervenção multi e interdisciplinar para emagrecimento e controle da saúde de adolescentes obesos. É interessante notar que, quando o TF foi combinado com exercício cardiorrespiratório (3 ×/semana) e inter-

INTRODUÇÃO

venções médica (1 ×/mês), nutricional (1 ×/semana) e psicológica (1 ×/mês), os resultados foram superiores aos apresentados com a mesma intervenção interdisciplinar combinada com exercício cardiorrespiratório somente. Os efeitos adicionais do TF ocorreram após 14 semanas[7] ou 1 ano de intervenção interdisciplinar[8-11]. Embora os efeitos do treinamento combinado tenham sido maiores do que o do cardiorrespiratório somente, vale ressaltar que ambos os grupos apresentaram resultados significativos, o que indica que o resultado depende da combinação do exercício com estratégias nutricionais, médicas e sobretudo psicológicas para favorecer a mudança de hábitos determinantes no emagrecimento.

**TABELA 1.** Protocolo de treinamento de força

| Exercícios e ordem dos exercícios | |
| --- | --- |
| (1) Supino aparelho | (6) Extensão da coluna no aparelho |
| (2) *Leg press* | (7) Desenvolvimento no aparelho |
| (3) Abdominal aparelho | (8) Extensão do tornozelo sentada |
| (4) *Pulley* puxada pela frente | (9) Rosca simultânea no aparelho |
| (5) Cadeira flexora | (10) Tríceps no aparelho |

Composição corporal, glicemia, insulinemia, HOMA-IR, perfil lipídico, pressão artéria (PA), $VO_2$máx, taxa metabólica de repouso (TMR), resistência de força muscular (RML), concentração plasmática de adiponectina, transaminase glutâmico pirúvica (TGP), leptina, conteúdo mineral ósseo e tecido adiposo visceral (TAV) e subcutâneo (TAS) foram analisados antes da intervenção e após sua realização.

As Tabelas 2 e 3 apresentam os resultados dos estudos. Na Tabela 2, pode-se observar que, após 14 semanas de intervenção, ambos os grupos apresentaram redução significativa de massa corporal total, índice de massa corporal (IMC), massa gorda (em quilogramas), TAV e TAS. Colesterol total, LDL colesterol, porcentagem de gordura, pressão arterial sistólica (PAS), pressão arterial diastólica (PAD), insulinemia e HOMA-IR diminuíram apenas no grupo combinado (COMB).

É interessante observar que a massa magra (em quilogramas) foi reduzida apenas no grupo treinamento aeróbio (TA) e aumentada no grupo COMB.

O protocolo foi realizado durante 14 semanas, 3 ×/semana (segundas, quartas e sextas-feiras), com carga de trabalho de 6 a 15RM (repetições máximas) e 1 a 1,5 minuto de intervalo entre as séries.

**TABELA 2.** Comparação entre os grupos TA e COMB após 14 semanas de tratamento interdisciplinar[7]

| Efeitos crônicos TA vs. COMB | | | | |
|---|---|---|---|---|
| Medidas | Aeróbio | Δ% | COMB | Δ% |
| Massa corporal total (kg) | ↓ | 6,6 | ↓ | 9,8 |
| IMC (kg/m²) | ↓ | 6,0 | ↓ | 10,1 |
| Porcentagem de gordura | ↔ | 3,6 | ↓ | 17,5 |
| Massa gorda (kg) | ↓ | 10,4 | ↓ | 24,8 |
| Massa magra (kg) | ↓ | 5,3 | ↑ | 2,3 |
| TAV (kg) | ↓ | 13,5 | ↓ | 31,8 |
| TAS (kg) | ↓ | 8,1 | ↓ | 16,7 |
| Colesterol total (mg/dL) | ↔ | 3,5 | ↓ | 13,6 |
| HDL colesterol (mg/dL) | ↔ | 2,7 | ↔ | NS |
| LDL colesterol (mg/dL) | ↔ | NS | ↓ | 15,4 |
| PAS (mmHg) | ↔ | NS | ↓ | 14,7 |
| PAD (mmHg) | ↔ | 3,5 | ↓ | 13,1 |
| VO₂máx | ↑ | 17,5 | ↑ | 13,2 |
| TMR (kcal) | ↔ | NS | ↔ | NS |
| Glicemia (mg/dL) | ↑ | 2,6 | ↔ | NS |
| Insulinemia (μU/dL) | ↑ | 4,3 | ↓ | 22,2 |
| HOMA-IR | ↑ | 26,5 | ↓ | 21 |

IMC: índice de massa corporal; TAV: tecido adiposo visceral; TAS: tecido adiposo subcutâneo; PAS: pressão arterial sistólica; PAD: pressão arterial diastólica; TMR: taxa metabólica de repouso; ↔: não apresentou alteração estatisticamente significativa (NS); ↑: aumentou com a intervenção ($p < 0,05$); ↓: reduziu com a intervenção ($p < 0,05$). Δ%: percentual de alteração.

Na Tabela 3, pode-se observar que, após 1 ano de intervenção, ambos os grupos apresentaram redução significativa de massa corporal total, IMC, massa gorda (em quilogramas), TAV e TAS. Massa magra, conteúdo mineral ósseo e concentração plasmática de adiponectina (adipocina anti-inflamatória) aumentaram apenas no grupo COMB. Insulinemia, HOMA-IR, ALT/TGP reduziram apenas no grupo COMB.

Quando a magnitude de controle das variáveis foi comparada entre os estudos, o COMB foi estatisticamente superior ao exercício cardiorrespiratório com predominância aeróbia sobre: TAS, LDL colesterol, ALT/TGP, adiponectina[10], composição corporal, circunferência da cintura[11], glicemia e colesterol total[10,11].

**TABELA 3.** Comparação entre os grupos TA e COMB após 1 ano de tratamento interdisciplinar

| Medidas | Aeróbio | COMB |
|---|---|---|
| Massa corporal total (kg) | ↓ | ↓ |
| IMC (kg/m²) | ↓ | ↓ |
| Massa gorda (kg) | ↓ | ↓ |
| Conteúdo mineral ósseo | ↔ | ↑ |
| Massa magra (kg) | ↓ | ↑ |
| TAV (kg) | ↓ | ↓ |
| TAS (kg) | ↓ | ↔ |
| Adiponectina | ↔ | ↑ |
| Insulinemia | ↔ | ↓ |
| ALT/TGP | ↔ | ↓ |
| HOMA-IR | ↔ | ↓ |

IMC: índice de massa corporal; TAV: tecido adiposo visceral; TAS: tecido adiposo subcutâneo; TGP: transaminase glutâmico pirúvica; ↔: não apresentou alteração estatisticamente significativa (NS); ↑: aumentou com a intervenção (p < 0,05); ↓: reduziu com a intervenção (p < 0,05).

Todos os benefícios do TF citados anteriormente dependem da colaboração/atendimento do profissional da sala de musculação (Capítulo 1), do conhecimento dos princípios e das adaptações esperadas com a prática regular do TF (Capítulo 2), da "manipulação" das variáveis do treinamento (Capítulo 3), da escolha adequada das montagens e dos métodos de treinamento (Capítulo 4), do planejamento/periodização do programa de treinamento (Capítulo 5) e das estratégias de suplementação adotadas (Capítulo 6).

A partir do próximo capítulo, uma revisão atualizada e aprofundada da literatura será apresentada para que você possa dominar esse conteúdo e aplicar todas as ferramentas para o sucesso do seu trabalho. Aproveite e boa leitura!

## REFERÊNCIAS BIBLIOGRÁFICAS

1. Brown LE. Nonlinear versus linear periodization models. Strength Cond J. 2001;23:42-4.

2. Kraemer WJ, Fragala MS. Personalize it: program design in resistance training. ACSM'S Healh & Fitness Journal. 2006;10(4):7-17.
3. American College of Sports Medicine. Progression models in resistance training for healthy adults. Med Sci Sports Exerc. 2009;41(3):687-708.
4. Brown LE. Treinamento de força. Barueri: Manole; 2008.
5. Harris GR, Stone MH, O'Bryant HS, Proulx CM, Johnson RL. Short term performance effects of high speed, high force or combined weight training. J Strength Cond Res. 2000;14:14-20.
6. Stone MH, Collins D, Plisk S, Haff G, Stone ME. Training principles: evaluation of modes and methods of resistance training. J Strength Cond Res. 2000;22(3):65-76.
7. Foschini D. Efeitos de diferentes tipos de treinamento físico associados à intervenção multidisciplinar em adolescentes obesos. [Tese de doutorado.] Universidade Federal de São Paulo – Unifesp/EPM; 2008.
8. Ackel-D'Elia, Carnier CJ, Bueno CR, Campos, RMS, Sanches P, Clemente AP, et al. Effects of different physical exercises on leptin concentration in obese adolescents. Int J Sports Med. 2013;34:1-8.
9. Campos RMS, de Mello MT, Tock l, Silva PL, Masquio D, de Piano A, et al. Aerobic plus resistance training improves bone metabolism and inflammation in obese adolescents. J Strength Cond Res. 2014;28(3):758-66.
10. de Piano A, de Mello MT, Sanches PL, da Silva PL, Campos RM, Carnier J, et al. Long-term effects of aerobic plus resistance training on the adipokines and neuropeptides in nonalcoholic fatty liver disease obese adolescents. Eur J Gastroenterol Hepatol. 2012;24(11):1313-24.
11. de Mello MT, de Piano A, Carnier J, Sanches PL, Corrêa FA, Tock L, et al. Long-term effects of aerobic plus resistance training on the metabolic syndrome and adiponectinemia in obese adolescents. J Clin Hypertens. 2011;13(5):343-50.

# 1

# Comportamento Humano e Atendimento na Sala de Musculação

*Denis Foschini*
*Jonato Prestes*
*Elaine Batista Borel do Nascimento*

## Objetivos

- Entender os diferentes perfis comportamentais de praticantes de treinamento de força em academias.
- Dominar as estratégias específicas para adesão ao exercício em cada estágio comportamental.
- Conhecer a abordagem fundamentada na psicologia do *coaching*.

**PALAVRAS-CHAVE:** *Coaching*, modelo transteórico de mudança de comportamento, atendimento em musculação, adesão ao exercício, psicologia comportamental.

## Introdução

Atualmente, apesar de a mídia ter aumentado a divulgação sobre os benefícios de se combinar o exercício físico com outros hábitos saudáveis, é comum que frequentadores de academias acreditem que os resultados são decorrentes apenas da prática regular de exercícios físicos.

O resultado dessa crença é que muitas pessoas não atingem os resultados desejados e, com isso, abandonam a prática do exercício físico.

Outro ponto interessante é que muitas pessoas têm dificuldade de mudar e sustentar novos comportamentos, inclusive de aderir ao exercício físico (praticá-lo, regularmente, por pelo menos 6 meses).

De fato, mudar hábitos e sustentar novos comportamentos são tarefas desafiadoras e exigem abordagem adequada do profissional da saúde, incluindo o educador físico.

Apesar de o foco deste livro ser a discussão sobre a prescrição do treinamento de força (TF), é válido recomendar que o profissional se aproprie de ferramentas que facilitem a adesão ao exercício e a incorporação de outros hábitos adequados na rotina, e isso é tão importante quanto saber prescrever o TF.

A sugestão passa a ser mais relevante ao se considerar que[1]:

- A taxa de desistência de programas de exercício é de 80%.
- A taxa de desistência da prática regular de exercícios físicos é o dobro da encontrada em programas para interrupção do uso de álcool e tabaco.

- A taxa de adesão ao exercício físico, em academias, pode variar de 9 a 90%, dependendo da abordagem utilizada.

Por esses motivos, serão apresentadas técnicas comportamentais para que o profissional e/ou a academia possam usá-las para aumentar a fidelização/retenção de cliente. Trata-se de algumas das técnicas utilizadas em *coaching*, mas, aqui, serão apresentadas de forma exequível à realidade de academias.

## O QUE É *COACHING*?

Segundo o Instituto Brasileiro de Coaching, *coaching* é um processo que utiliza abordagens da psicologia e da filosofia para produzir mudanças positivas e duradouras na vida das pessoas. Conduzido de maneira confidencial, individualmente ou em grupo, o *coaching* é uma oportunidade de visualização clara dos pontos individuais, de aumento da autoconfiança, de superação de barreiras limitantes, para que as pessoas possam conhecer e atingir seu potencial máximo, alcançar suas metas/objetivos e sustentá-los.

Outro conceito interessante é apresentado pela International Coaching Federation (ICF)[2], segundo a qual *coaching* é um instrumento para ajudar as pessoas a alcançarem maior nível de bem-estar e desempenho na vida e no trabalho, especialmente quando a mudança é difícil.

Na Figura 1, pode-se observar a representação básica do processo de *coaching*, em que as ferramentas da psicologia e/ou da filosofia são utilizadas para facilitar a(s) mudança(s) do estado inicial (ponto A) rumo ao desejado (ponto B).

Existem diversos tipos de *coaching*, incluindo o executivo, o de liderança, o de boa forma, o de vida e o de saúde, entre outros.

Margarete Moore et al.[3] sugerem o *coaching* em saúde e bem-estar como uma abordagem poderosa para empoderar as pessoas a adotarem e sustentarem comportamentos saudáveis, incluindo a prática regular de exercícios físicos (adesão ao exercício), hábitos alimentares saudáveis, controle e enfrentamento da ansiedade, do estresse, entre muitos outros benefícios dependentes de mudança.

Segundo o American College of Sports Medicine (ACSM)[4], embora as pessoas busquem conquistar resultados associados ao bem-estar físico e mental, existem fatores pessoais, sociais e ambientais que podem dificultar ou facilitar a conquista das metas.

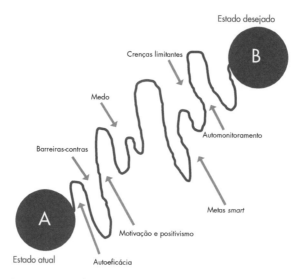

**FIGURA 1.** Representação da visão geral do processo de *coaching*.

A questão central é: será que a utilização de ferramentas e abordagens da psicologia do *coaching* por profissionais de academias e pelas próprias academias pode facilitar a conquista dos resultados desejados?

Entre os estudos publicados nessa área, destaca-se o que comparou uma abordagem tradicionalmente utilizada para redução do peso (orientação de especialistas) com uma abordagem que utiliza ferramentas da psicologia[5].

O estudo avaliou 59 adultos (homens e mulheres) com sobrepeso ou obesidade que tinham o objetivo de emagrecer. Os participantes foram randomizados para um dos três grupos durante 16 semanas de estudo, conforme descrito a seguir.

1. **Grupo abordagem tradicional:** treinamento personalizado 2 dias por semana (cardiorrespiratório + TF) e uma reunião semanal com uma nutricionista que oferecia orientações sobre o cardápio nutricional.
2. **Grupo com abordagem para mudança comportamental:** treinamento personalizado 2 dias por semana (cardiorrespiratório + TF), mais 20 minutos de reunião semanal para mudança de comportamento direcionada para um estilo de vida saudável e orientada por um *coach*.
3. **Grupo-controle:** foi avaliado da mesma forma que os grupos anteriores, mas não realizou nenhuma das intervenções anteriores; os participantes

apenas seguiram as atividades diárias e permaneceram na lista de espera para o próximo estudo.

Os resultados de 4 meses de intervenção mostraram que o grupo-controle aumentou o peso, reduziu a força e não alterou as demais variáveis analisadas.

Na comparação entre os grupos submetidos à intervenção, o grupo 2 (abordagem de *coaching*) apresentou resultados mais significativos do que o grupo 1 (abordagem tradicional), incluindo peso corporal (G2: −4,5 ± 3,4 *vs.* G1: −1,1 ± 2,7), circunferência da cintura (G2: −6,8 ± 3,4 *vs.* G1: −0,42 ± 4,4) e gordura intra-abdominal (G2: −2,8 ± 2,8 *vs.* G1: −0,84 ± 1,6).

Após 16 semanas de intervenção, os três grupos continuaram monitorados por mais 12 semanas, mas apenas os grupos 1 e 2 mantiveram os resultados.

Os autores desse estudo sugerem que a perda e a manutenção de peso são objetivos de um programa que envolve mais de uma mudança de comportamento e que a utilização de teorias psicológicas para planejamento e implementação de novos comportamentos associados à saúde ou à estética é mais eficaz do que o simples fornecimento de informações.

Os benefícios que os estudos sobre *coaching* em saúde e bem-estar apresentam vão além da redução do peso. Qualidade de vida, controle do estresse, da ansiedade, da pressão arterial[6] e da síndrome metabólica[7], melhora de sintomas depressivos[8], de sintomas de cardiopatias[9] e do consumo de energia[10] e aumento do nível de atividade física[9] também são consequências dessa ferramenta.

Outro ponto interessante para reflexão é este: a hipertrofia muscular, o emagrecimento, a melhora ou manutenção da saúde ou o aumentar do condicionamento físico dependem apenas da prática do exercício físico?

A resposta, obviamente, é não. Dependem do padrão alimentar, da qualidade do sono, dos níveis de estresse e de ansiedade, do programa de exercícios entre outros comportamentos que podem influenciar os resultados.

Então, sugere-se que o profissional, antes de prescrever o treinamento, analise o estilo de vida do cliente e aplique as estratégias da psicologia do *coaching* para auxiliá-lo a mudar e a sustentar comportamentos adequados aos resultado esperados. Em outras palavras, muitos clientes necessitam mudar mais de um comportamento para atingirem os objetivos pelos quais procuraram a academia.

Mas o que faz com que as pessoas comecem a mudar? E o que faz com que as pessoas continuem a avançar e a manter os comportamentos modificados?

## TEORIA PARA MUDANÇA COMPORTAMENTAL

Para compreender a mudança comportamental, é importante entender os princípios do behaviorismo, uma das principais teorias da psicoterapia. O behaviorismo, endossado por Jonh Watson, Ivan Pavlov e B. F. Skinner, argumenta que o comportamento humano é determinado pelo meio ambiente, principalmente por fatores que antecedem o comportamento (a que se chama, aqui, de gatilhos), bem como pela consequência do comportamento (chamada, aqui, de recompensas)[10].

Dessa forma, dois tipos de condicionamento são considerados para mudança de comportamento, segundo o behaviorismo, o condicionamento clássico e o operante[9,10].

O condicionamento clássico de Ivan Pavlov afirma que um comportamento pode ser modificado ao se mudar o estímulo (gatilho). Para ilustrar essa teoria, Pavlov condicionou cães por meio de um regime no qual, sempre que uma campainha soava, um alimento era liberado para consumo. Logo, percebeu que, ao soar a campainha, os cães salivavam (estavam condicionados à campainha). Segundo essa teoria, se a intenção é mudar um comportamento, torna-se necessário mudar o gatilho[10].

Já o condicionamento operante de Skinner é a filosofia segundo a qual o comportamento é modelado por consequências ou recompensas. Dessa forma, quando se recebe algo que se aprecie ou de que se gosta (prazer), após determinado comportamento, então é provável que o comportamento seja repetido. Por outro lado, se existe punição ou lesão, então é menos provável que o comportamento seja repetido[10].

Em termos práticos, os comportamentos habituais apresentam um gatilho (algo que induz ao comportamento) e uma ou mais recompensas. Por exemplo, muitas pessoas, ao se sentirem ansiosas, consomem chocolate. Note que, nesse exemplo, o sentimento de ansiedade pode ser entendido como um gatilho que dispara um comportamento (o consumo do chocolate), que, por sua vez, tem uma consequência desejada (recompensa), o prazer.

Entretanto, muitos modelos e teorias para mudança comportamentais foram propostos desde então. Mais recentemente, o Dr. James Prochaska e seus colaboradores unificaram as teorias para mudanças comportamentais. Após estudar o processo de mudança usado em todos os principais métodos psicoterapêuticos que incluíam o behaviorismo, Prochaska et al. verificaram que todas essas teorias psicológicas haviam utilizado processos semelhantes durante épocas diferentes da evolução da mudança comportamental. Nesse momento, Prochaska e DiClemente, em 1983[11], publicaram um modelo unificador de teorias, por isso chamado de transteórico, para descrever que a mudança de comportamento passa por estágios (7 personal).

Apesar de haver diversas teorias da psicologia desenvolvidas para favorecer a mudança de comportamento e a sustentação de novos, neste livro dá-se preferência ao modelo transteórico (MTT), para a discussão de atendimento, pelo fato de unificar as teorias e fornecer ferramentas de fácil entendimento e grande aplicabilidade na árdua missão de auxiliar os clientes a mudarem e a sustentarem comportamentos relacionados aos resultados desejados em academias.

## MODELO TRANSTEÓRICO PARA MUDANÇA DE COMPORTAMENTO

Como citado anteriormente, o MTT prevê que a mudança e a sustentação de um novo comportamento passa por uma progressão, dividida em cinco estágios (Figura 2).

Para entender os estágios e lembrar-se deles, sugere-se que se pense em pessoas do próprio círculo social e que apresentam relações diferentes com a prática regular de exercícios físicos. A prática regular de exercício (adesão a ele) será utilizada como exemplo para ilustrar os estágios de mudança, mas o modelo pode e deve ser aplicado a diversas mudança de comportamentos relacionados ao estilo de vida de pessoas que frequentam academias.

Você conhece pessoas que não se exercitam e não têm intenção de se exercitar? Elas estão na pré-contemplação para prática regular de exercícios físicos, ou seja, nem mesmo estão contemplando (desejando) essa prática.

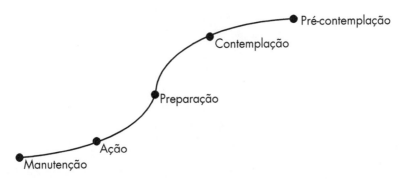

**FIGURA 2.** Apresentação dos estágios de mudança, segundo o modelo transteórico.

O estágio seguinte é o da contemplação, que é aquele no qual a pessoa tem a intenção de se exercitar, mas não consegue fazê-lo.

A preparação é o estágio seguinte de mudança, no qual a pessoa está se preparando para um novo comportamento; no exemplo do exercício físico, seria aquele em que a pessoa se exercita, mas não com a regularidade adequada, ou seja, a prática do novo comportamento é eventual, não sistemática.

Você também deve conhecer pessoas no estágio de ação, que são aquelas que praticam regularmente o exercício físico, porém por menos de 6 meses.

Aqueles que se exercitam regularmente por 6 meses ou mais tempo pertencem ao estágio de manutenção. Nesse caso, as estratégias serão dirigidas para que as pessoas mantenham a prática regular do exercício físico.

Na Figura 3, observa-se que o progresso por intermédio de estágios não é linear e, sim, representado por um espiral, porque a maioria das pessoas comete erros em algum ponto e retorna aos estágios anteriores. É comum o retorno para a contemplação ou até mesmo para a pré-contemplação (no caso da pessoa que sai da academia) antes da obtenção do sucesso na adesão ao exercício.

Considerando que a mudança de comportamento não é linear e que todas as pessoas estão sujeitas a ter relapsos ou recaídas, uma boa reflexão para

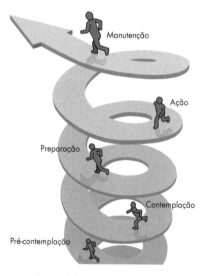

**FIGURA 3.** Apresentação do modelo não linear dos estágios de mudança, segundo o modelo transteórico.

esse momento do conhecimento é: deve-se abordar da mesma forma e usar as mesmas estratégias de comunicação e de intervenção um cliente que está se matriculando na academia (na preparação) e outro já matriculado e que pratica, regularmente, o exercício há 3 anos (manutenção)?

A reposta é não. Evidentemente, um cliente na preparação precisa de auxílio para aumentar a regularidade da prática do exercício, enquanto um sujeito na manutenção precisa de ajuda para se manter motivado com a prática regular, bem como para prevenir a recidiva (volta para estágios anteriores), tão comum nos estágios de ação e manutenção.

Para usar esse modelo com sucesso, é preciso determinar, primeiramente, em que estágio se encontra o cliente para um comportamento particular. O modelo dos estágios de mudança refere-se a comportamentos específicos, não a conceitos gerais. Com frequência, os clientes estarão em diferentes estágios de prontidão para mudarem diferentes comportamentos.

Por exemplo, um cliente pode estar pronto e motivado para realizar musculação (preparação), mas hesitante e inseguro em se alimentar melhor (pré--contemplação).

Antes de abordar as características das pessoas nos diferentes estágios e as estratégias específicas a serem aplicadas, apresenta-se um questionário para identificação do estágio de prontidão para mudança (Figura 4).

As questões apresentadas nessa ferramenta podem ser adaptadas à avaliação da prontidão para mudança de outros comportamentos (p. ex., redução do consumo de *fast food* e doces, melhora do sono, etc.).

## CARACTERÍSTICAS ESTRATÉGICAS ADOTADAS PARA DIFERENTES ESTÁGIOS DE PRONTIDÃO

A seguir, são descritas as características dos clientes em cada estágio de prontidão e as estratégias sugeridas pelo ACSM[4] e Margarete Moore[3] para intervenção em cada um deles.

## ESTÁGIO 1

### PRÉ-CONTEMPLAÇÃO

Nesse estágio, encontram-se os clientes que não possuem intenção de mudar nos próximos 6 meses. Costumam dizer "eu não quero mudar" ou "eu não posso mudar".

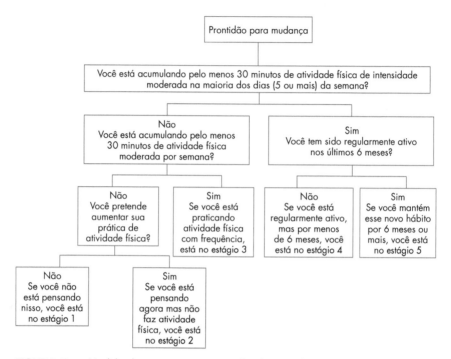

**FIGURA 4.** Modelo de questionários para identificação do estágio de prontidão para mudança.

Em termos gerais, os que alegam que não querem mudar estão desinteressados na mudança, enquanto aqueles que alegam que não podem estão deprimidos ou pouco motivados com a mudança, pois não acreditam que tenham um problema.

Quando um cliente procura o educador físico na academia, é improvável que ele esteja nesse estágio em relação ao exercício, mas é provável que esteja em relação a outro comportamento relacionado ao resultado desejado.

## CARACTERÍSTICAS GERAIS DE PRÉ-CONTEMPLADORES

- Contras > prós (as barreiras para mudança são maiores que o benefícios).
- Defensivos.
- Resistentes.
- Representam 30 de 85% da população com risco.
- Fizeram poucas tentativas de mudança ao longo da vida.
- Menos propensos a acreditar que podem mudar seu comportamento.

# COMPORTAMENTO HUMANO E ATENDIMENTO NA SALA DE MUSCULAÇÃO

*ESTRATÉGIAS PARA AVANÇAR PARA O PRÓXIMO ESTÁGIO*

As estratégias devem ser cognitivas, ou seja, o cliente precisa tornar-se mais informado e menos resistente à mudança. Para isso, pode-se auxiliá-lo a:

- Aumentar o nível de informações sobre os benefícios do exercício (aumentar os prós).
- Ser tocado emocionalmente (efeitos desse comportamento).
- Entender como seu comportamento pode afetar os outros (p. ex., filhos e esposa).
- Falar com pessoas que apresentem comportamentos semelhantes, pois a experiência de outras pessoas sobre o mesmo comportamento pode influenciar positivamente a sua intenção.

*DIRETRIZES PARA INTERVENÇÕES*

- Providenciar vídeos, artigos, livros e *web site*.
- Fornecer informações sobre o comportamento de risco.
- Refletir sobre tendências da sociedade (programas de televisão, ciclovias, academia na praça etc.).
- O profissional deve mostrar empatia.
- Evitar palestras e confrontos.
- Não tentar movê-los para ação.
- Mudança é diferente de ação – mudança significa progresso para o estágio de contemplação.
- Intervenções devem ser menos intensivas.
- Vários contatos breves são úteis.
- O objetivo é engajá-lo no processo de mudança.

## ESTÁGIO 2

### CONTEMPLAÇÃO

Neste estágio, os clientes têm a intenção de mudar nos próximos 6 meses. Costumam dizer "eu posso" ou "eu poderia".

Nesse estágio, os indivíduos estão perfeitamente cientes de que a mudança de determinado comportamento poderia beneficiá-los. Estão se tornando mais insatisfeitos com as consequências de não realizarem a mudança.

No entanto, eles terão de solucionar sua ambivalência antes de suas ações obterem sucesso.

*CARACTERÍSTICAS GERAIS DE CONTEMPLADORES*

- Prós = contras (os benefícios da mudança são equivalentes às barreiras).
- Não tem um motivador forte.
- Não compreendem as barreiras.
- Não têm estratégias para superar as barreiras ou para iniciar o novo comportamento.
- Falta de compromisso.
- Falta de confiança de que podem sustentar a(s) mudança(s).
- Representam de 10 a 50% da população com algum risco associado à saúde.
- Pessoas que pensam na mudança, mas não se comprometem em entrar em ação.
- Podem ficar presos nesse estágio por anos – "contemplação crônica".
- Começam a usar os processos de mudança.
- Não estão prontos para programas de ações orientadas.

*ESTRATÉGIAS PARA AVANÇAR PARA O PRÓXIMO ESTÁGIO*

As estratégias na contemplação também devem ser cognitivas, ou seja, o cliente precisa tornar-se mais informado e menos resistente à mudança. Para isso, é possível auxiliá-lo a:

- Aumentar a quantidade dos prós (benefícios) de se iniciar o novo comportamento.
- Reconhecer ambivalência para reconhecer os contras.
- Contrariar ou desafiá-los.
- Focar na resolução de problemas.
- Imaginar como seriam a vida e os ganhos que teria se aderisse ao novo comportamento.
- Estabelecer um compromisso verbal.

*DIRETRIZES PARA INTERVENÇÕES*

- Fornecer vídeos ou artigos que retratem os efeitos dos problemas nos outros.

- Orientar o cliente a iniciar com pequenos passos (começar a tomar leite desnatado ou caminhar por 10 minutos diários).
- Usar histórias, testemunhos, imagens, vídeos e metáforas que podem evocar emoções positivas sobre os benefícios do novo comportamento.
- Inspirar esperança e emoção sobre a perspectiva de mudança.
- Ler, ouvir e assistir a vídeos sobre o comportamento problema.
- Usar imagens de pessoas que atingiram seus objetivos, mostrando como eram e como ficaram.
- Usar testemunhos e casos de sucesso de pessoas que mudaram.
- Desenvolver senso de esperança e otimismo.
- Estimular contratos e compromissos verbais e públicos, ou seja, encorajar o cliente a falar para alguém que irá mudar.

## ESTÁGIO 3

### PREPARAÇÃO

Neste estágio, os clientes têm a intenção de mudar nos próximos 30 dias. Costumam dizer "eu mudarei".

Nesse estágio, os motivadores são definidos e poderosos e os sentimentos de ambivalência foram essencialmente controlados. Em geral, o cliente deseja experimentar o novo comportamento e pode mudá-lo em seguida. Porém, o limite entre esse estágio e o próximo não está claro. É muito comum os clientes avançarem e recuarem entre fazer o planejamento (que deve ser realizado nesse estágio) de fazer algo rotineiramente e sua execução real. É o estágio mais comum de pessoas que procuram academias. É comum encontrar clientes desse estágio que nem sempre compareçam ou que subitamente "somem" da academia.

#### CARACTERÍSTICAS GERAIS DE CLIENTES NA PREPARAÇÃO

- Conhecem suas motivações, as barreiras e as possíveis soluções.
- Prós > contras.
- Têm um plano ou objetivo.
- Começam a dar os primeiros passos.
- São decisivos.
- Apresentam-se mais confiantes, mas têm medo do fracasso.
- Participam de programas.
- Representam 5 de 35% da população com risco.

*ESTRATÉGIAS PARA AVANÇAR PARA O PRÓXIMO ESTÁGIO*

Diferentemente dos estágios anteriores, na preparação, as estratégias devem ser comportamentais, ou seja, o cliente precisa planejar e iniciar os novos comportamentos. Para isso, é possível auxiliá-lo a:

- Usar metas *smart* (descritas na sequência deste capítulo).
- Encorajar a mudança.
- Focar e desenvolver um plano efetivo com passos corretos e com data de início determinada.
- Fornecer prêmios, suporte e reconhecimento.

*DIRETRIZES PARA INTERVENÇÕES*

- Fortalecer compromissos.
- Falar para outros de seu compromisso.
- Oferecer opções para substituições de exercício (no dia em que não puder ir a academia, o que pode fazer para substituir o exercício?).
- Fornecer apoio e reforço positivo.
- Identificar outras fontes de apoio (pessoas).
- Fazer o cliente imaginar como ele estará no futuro (uso de imagens tanto do cliente como de outros).
- Dar *feedback* por meio de testes e avaliações.
- Apoiar pequenas mudanças.
- Identificar crenças problemáticas.
- Substituir pensamentos negativos por positivos para encontrar mais alternativas positivas (p. ex., "eu não quero viver desse jeito para sempre").
- Evitar situações e lugares tentadores.
- Usar lembretes sobre os benefícios da mudança e sobre o que foi planejado (p. ex., colocar o celular para despertar na hora de tomar água quando se objetiva aumentar o consumo de água).

## ESTÁGIO 4

AÇÃO

Neste estágio, os clientes mantêm o comportamento desejado, regularmente, por menos de 6 meses. Costumam dizer "eu faço".

Esse estágio é o mais atarefado, pois as pessoas estão se concentrando e trabalhando muito intensamente para praticar o novo comportamento. Aperfeiçoando-o e incorporando-o, consistentemente, em suas vidas.

Na ação, existe grande risco de recuar ao estágio de preparação, pois estabelecer um comportamento novo e saudável não é fácil, por isso as técnicas para evitar que isso ocorra ou para recuperar-se e aprender com base nessa ocorrência são extremamente importantes.

### CARACTERÍSTICAS GERAIS DE CLIENTES NA AÇÃO

- Estão alcançando suas metas com um índice próximo a 100%.
- Maior risco de recaída nos momentos de angústia, caso as metas sejam inapropriadas (usar metas *smart*) ou de que o estágio de preparação tenha sido negligenciado.
- Sofrem muitas tentações para recaídas.

### ESTRATÉGIAS PARA AVANÇAR PARA O PRÓXIMO ESTÁGIO

As estratégias devem ser comportamentais, ou seja, o cliente precisa planejar e iniciar os novos comportamentos. Para isso, é possível auxiliá-lo a:

- Usar metas *smart*.
- Utilizar estratégias cognitivas se forem necessárias (p. ex., se a pessoa não está conseguindo cumprir a meta).
- O princípio básico é aumentar a autoeficácia (crença que o cliente tem que poderá sustentar o novo comportamento).
- Prevenir recaída.
- Fazer uso de réguas (Figura 5)– perguntar ao cliente qual o "grau de confiança" para alcançar sua meta.

| 0 | 1 | 2 | 3 | 4 | 5 | 6 | 7 | 8 | 9 | 10 |
|---|---|---|---|---|---|---|---|---|---|----|

| Nenhum | Baixo | Moderadamente alto | Muito alto |
|---|---|---|---|

**FIGURA 5.** Modelo de régua.

### DIRETRIZES PARA INTERVENÇÕES

- Usar lembretes.
- Mudar rotinas.

- Planejar com antecedência.
- Autorrecompensa ao atingirem as metas.
- Elogiar (cuidado com elogios exagerados).
- Reconhecer os benefícios de seu esforço (p. ex., após a reavaliação física).
- Dar *feedback* e reforço positivo.
- Oferecer apoio.
- Estimular o cliente a encontrar outros apoios.

## ESTÁGIO 5

### MANUTENÇÃO

Neste estágio, o cliente está realizando um comportamento saudável por 6 meses ou mais. O comportamento se tornou um hábito, de modo que o cliente está extremamente confiante em mantê-lo. Costuma dizer "eu ainda faço".

A confiança excessiva, o estresse e as emoções negativas são capazes de produzir "deslizes" durante o estágio de manutenção. Se forem reconhecidos rapidamente, você poderá proporcionar o apoio necessário para prevenir os deslizes.

### CARACTERÍSTICAS GERAIS DE CLIENTES NA MANUTENÇÃO

- Possuem menos tentações.
- São mais confiante.
- Possuem alto risco de recaída em situações de angústia.

### ESTRATÉGIAS PARA AVANÇAR PARA O PRÓXIMO ESTÁGIO

- Encorajar o cliente a ter um novo motivador.
- Focar na prevenção da recaída.
- Consolidar ganhos.
- Aumentar a autoeficácia.
- Melhorar as habilidades de enfrentamento.
- Estratégias para lidar com a angústia (apoio social, atividade física e relaxamento).
- Pensar de modo positivo.
- Recompensar.
- Encorajar o cliente a ajudar outra pessoa a mudar o comportamento, ou seja, incentivar outros.

Apesar de haver estratégias diferentes para cada estágio, existe uma interveniente que é comum a todos os estágios, que, apesar de ser mais frequente nos primeiros estágios, pode ocorrer em qualquer momento de um processo de mudança ou manutenção de um novo comportamento. São conhecidas na ciência do exercício como barreiras da mudança (contras).

No roteiro de características de pré-contempladores é comum encontrá-los com os contras (barreiras) maiores do que os prós (benefícios conhecidos em adotar um novo comportamento). Entre as estratégias sugeridas para aumentar o grau de motivação do cliente com o novo comportamento, sugere-se aumentar os prós da mudança. Na contemplação, é comum haver um nível de consciência maior, com os prós iguais aos contras. Nesse estágio, recomendam-se algumas estratégias para diminuir os contras e continuar aumentando os prós.

A principal estratégia para o cliente decidir que adotar o novo comportamento é melhor para o seu objetivo é aplicar o balanço decisório. Ferramenta na qual se eleva o nível de consciência do cliente sobre prós e contras. Essa ferramenta é muito útil quando o cliente inicia o programa de exercícios na academia, mesmo que ele esteja na manutenção da prática regular de exercícios físicos.

### COMO USAR O BALANÇO DECISÓRIO?

#### PASSO 1

Pedir para o indivíduo listar na esquerda todos os benefícios que ele pode usufruir ao realizar exercícios físicos de forma regular (deve-se ajudá-lo a pensar nos benefícios do exercício).

#### PASSO 2

Em seguida, deve-se pedir para ele listar as barreiras ou os desafios que ele pode enfrentar para frequentar regularmente a academia.

#### PASSO 3

Após a listagem, é necessário pedir para ele atribuir um nível de importância que cada pró e contra tem em sua vida (colocar uma nota de 0 a 10 do lado direito de cada coluna ou usar uma régua, descrita anteriormente neste capítulo).

#### PASSO 4

Por fim, deve-se pedir para ele somar os valores na última linha.

**TABELA 1.** Sugestão de ferramenta – balanço decisório

| Prós | | vs. Contras | |
|---|---|---|---|
| **Item** | **Importância** | **Item** | **Importância** |
| | | | |
| | | | |
| | | | |
| | | | |
| | | | |
| | | | |
| | | | |
| | | | |
| | | | |
| | | | |
| | | | |
| | | | |
| | | | |
| | | | |
| | | | |
| Total de prós | Resultante da soma | Total de contras | Resultante da soma |

Ao finalizar as somas, ele poderá comparar prós e contras e elevar o nível de consciência sobre a importância da prática regular de exercícios físicos, aumentando a probabilidade de se sentir motivado.

## COMO AUXILIAR OS CLIENTES A SUPERAREM AS BARREIRAS PARA ADESÃO AO EXERCÍCIO?

Não basta que o cliente liste as barreiras, é extremamente necessário que ele planeje estratégias específicas para cada barreira prevista ou sempre que uma barreira surgir saiba como superá-la, tornando-o mais confiante de que sustentará o novo comportamento. As barreiras são desmotivadores potentes para adesão ao exercício e, consequentemente, os maiores fatores para evasão de academias.

A Tabela 2 apresenta uma série de estratégias sugeridas pelo ACSM para superação de barreiras pessoais, sociais ou ambientais[1].

**TABELA 2.** Descrição das estratégias para superação de barreiras (pessoais, sociais e ambientais) para adesão ao exercício físico

| Barreiras | Estratégias |
|---|---|
| PESSOAIS | |
| Falta de tempo | Pedir para o cliente documentar como tem usado seu tempo durante 1 semana e identificar espaços em que ele possa incorporar o exercício<br>Encorajá-lo a utilizar transportes relacionados com atividade física e fazer escolhas segundo um estilo de vida ativo (p. ex., andar de bicicleta até o trabalho e subir escadas)<br>Explicar que distribuir atividades em curtos espaços de tempo (10 minutos cada uma) pode ser tão eficaz quanto uma atividade de longa duração |
| Falta de motivação | Discutir com o cliente as razões pelas quais irá se exercitar<br>Encorajar o cliente a utilizar estratégias de automonitoramento, como controle de estímulo (gatilhos), para que facilite a obtenção de um estilo de vida ativo<br>Ajudar o cliente a encontrar atividades com as quais eles sintam prazer enquanto as executa |
| Falta de energia | Discutir com o cliente sobre os benefícios do exercício, incluindo o aumento de energia<br>Perguntar a ele em qual período do dia é possível realizar consistentemente os exercícios<br>Discutir sobre a alimentação para assegurar que o cliente tenha energia para realizar o exercício<br>Encorajá-lo a empregar estratégias, como ir direto do trabalho para a academia |
| Falta de conhecimento sobre o exercício | Utilizar "momentos de ensino" durante o treino do cliente para aumentar seu conhecimento sobre os conceitos *fitness*<br>Compartilhar nos murais da academia ou em redes sociais informações relativas aos benefícios da prática regular do exercício |
| Não gostar de suar ou realizar exercícios vigorosos | Encorajar o cliente a se exercitar por um período maior sob menor intensidade<br>Assegurar que ele tenha entendido que se exercitar em menor intensidade também pode promover benefícios à saúde<br>Ensinar o cliente sobre exercícios vigorosos<br>Integrar, aos poucos, exercícios de alta intensidade ao programa do cliente para construir, intrinsecamente, a motivação pelos exercícios vigorosos |

(continua)

**TABELA 2.** Descrição das estratégias para superação de barreiras (pessoais, sociais e ambientais) para adesão ao exercício físico *(continuação)*

| Barreiras | Estratégias |
|---|---|
| Barreiras físicas (p. ex., obesidade, doenças ou machucados) | Ajudar o cliente a aumentar a quantidade de exercícios gradualmente<br>Prover atividades que não exacerbem condições preexistentes ou passadas<br>Discutir com o cliente sobre os benefícios do exercício, uma vez que as barreiras físicas podem vir acompanhadas de medo<br>Desenvolver metas e elaborar um plano para atingi-las |
| Barreiras biológicas (p. ex., gravidez, puberdade ou velhice) | Entender que certas mudanças biológicas podem afetar a participação atual ou passada nas atividades. Formular programas que estejam de acordo com as necessidades do cliente e encaminhá-los a um especialista quando necessário |
| Má imagem corporal | Discutir os benefícios do exercício sobre a dimensão psicológica e sobre a saúde, quando em oposição à perda/manutenção do peso<br>Ajudar o cliente a desenvolver metas e recompensas não relacionadas à perda de peso<br>Encorajá-lo a reconhecer suas próprias qualidades, incluindo atribuições físicas e não físicas<br>Utilizar estratégias para construir a autoestima do cliente |
| Motivação extrínseca | Clientes com metas extrínsecas podem se desencorajar pela falta de resultados ou tornar-se complacentes, uma vez que sejam atingidas. É importante ajudá-lo a desenvolver sua motivação intrínseca pelo exercício<br>Deve-se fazê-lo tomar consciência sobre a eficácia de longa duração das metas intrínsecas quando comparada à eficácia de curta duração das metas extrínsecas, como a perda de peso |
| Más experiências com exercícios no passado | Discutir com o cliente sobre as más experiências passadas antes de começar o programa de treinamento<br>Considerar cada experiência ruim relatada pelo cliente, para assegurar que o programa e as metas darão suporte ao desenvolvimento da autoeficácia e da autoestima |
| Medo de se machucar | Relatar ao cliente a experiência e informar sobre as credenciais de todos os profissionais envolvidos (p. ex., equipe multidisciplinar)<br>Comunicar-se com o cliente ao longo de todo o programa de treinamento<br>Avançar lentamente no programa de treinamento, conforme aumento do nível do condicionamento físico |
| SOCIAIS | |
| Família, amigos, trabalho e obrigações | Encorajar o cliente a ter uma séria discussão com familiares e amigos próximos sobre suas necessidades e seus objetivos<br>Ensiná-lo a acessar o suporte social tangível de que poderá necessitar para dissipar as obrigações<br>Discuta sobre suas prioridades para que possam identificar circunstâncias nas quais as obrigações são autoimpostas (p. ex., dizer "sim" para todo mundo que pede) |

*(continua)*

**TABELA 2.** Descrição das estratégias para superação de barreiras (pessoais, sociais e ambientais) para adesão ao exercício físico *(continuação)*

| Barreiras | Estratégias |
|---|---|
| Falta de apoio social | Encorajar o cliente a ter uma séria discussão com familiares e amigos próximos sobre suas necessidades e seus objetivos<br>Pedir para que ele identifique o apoio social de que precisa para se exercitar. Depois, discutir vários métodos de conseguir esse suporte<br>Ajude-o a identificar atividades que ele possa fazer com familiares e amigos (p. ex., atividades de que os familiares e os amigos também gostem) |
| Atividades culturalmente inapropriadas e papel esperado para o gênero | Os papéis desempenhados pelos gêneros podem variar de acordo com a família, a idade e a cultura. É preciso ser consciente sobre as diferenças entre as obrigações de homens e mulheres. Deve-se ajudar o cliente a desenvolver estratégias para superar as barreiras que estejam de acordo com seu estilo de vida e suas crenças |
| AMBIENTAIS | |
| Falta de acesso a programas e estruturas (custo e estruturas) | Dar ao cliente ideias de transporte relacionadas a atividade física, estilo de vida e atividades ao ar livre, para que ele possa utilizar fora da sessão de treino<br>Preparar o cliente para tornar-se independente em seu comportamento em relação aos exercícios, ensinando, inclusive, sobre como evitar recaídas<br>Ajudá-lo a tornar-se interessado em buscar oportunidades de exercícios gratuitos na comunidade<br>Oferecer opções de vídeos de exercícios que possam ser utilizados em casa |
| Questões de segurança (falta de calçadas, faixa de ciclista, segurança nas ruas) | Ajudar o cliente a identificar parques ou lugares tranquilos em que possa realizar seus exercícios<br>Usar estratégias sobre acesso social para ajudar o cliente a recrutar amigos e familiares para se exercitarem com ele<br>Oferecer uma lista de equipamentos acessíveis para que ele possa ter em casa e prescreva exercícios que possam ser realizados com eles |
| Mau tempo | Ensinar o cliente a criar um plano "B", assim ele terá planos de suportes em caso de adversidades<br>Ensiná-lo como planejar em relação às mudanças de tempo. Discutir com eles sobre vestimenta apropriada e temperaturas extremas |
| Falta de estrutura para banho | Oferecer ao cliente atividades de baixa intensidade que possam ser realizadas em curto período de tempo |

## USANDO A ABORDAGEM DE *COACHING* PARA ATENDIMENTO ACOLHEDOR E FIDELIZADOR DE CLIENTES

Na Tabela 3, podem-se observar as principais diferenças entre a abordagem de especialista e a nova proposta de abordagem, fundamentada na psicologia do *coaching* (coluna da direita)[1].

**TABELA 3.** Comparação entre a abordagem tradicional (abordagem de especialista) e abordagem usada em *coaching*

| Abordagem tradicional | Abordagem de *coaching* |
|---|---|
| Autoridade | Parceiro |
| Instrutor/educador | Facilitador de mudança |
| Sente-se responsável pela saúde do cliente | Cliente é responsável pela própria saúde |
| Define a agenda do cliente | Esclarece a agenda do cliente |
| Resolve problemas | Promove possibilidades |
| Foco no que está errado | Foco no que está correto – apoio |
| Tem as respostas | Auxilia o cliente a buscar a resposta |
| Interrompe se o cliente foge do tópico | Aprende com a história do cliente |
| Trabalha mais do que o cliente – faz pelo cliente | Cliente trabalha tão duro quanto o profissional |
| "Luta" com o cliente | "Dança" com o cliente – está junto e sem julgamento |

A principal vantagem das abordagens é que, no processo de *coaching*, utilizam-se as teorias da psicologia para estabelecimento e fortalecimento da parceria (relacionamento) entre cliente e profissional, de forma que o profissional foca nos pontos fortes do cliente para facilitar a mudança, diminuindo a resistência de suas abordagens.

Enquanto a abordagem tradicionalmente usada em academias e treinamento personalizado difere-se desse contexto por utilizar julgamento dos comportamentos (certo e errado). Consequentemente, o foco da mudança é melhorar os comportamentos errados (pontos fracos) e, como consequência, é comum o cliente justificar e esconder seus erros, "defender-se" do profissional e não avançar nos estágios de mudança.

Clientes de academias e treinamento personalizado precisam de um processo educativo e de liderança que os motive e os encoraje a mudar, que aumente sua autoconfiança, que os ajude a encontrar estratégias para superar as dificuldades e conquistar autonomia para a incorporação e a sustentação de comportamentos relacionados à saúde e à estética.

Caso não se mude a abordagem oferecida ao cliente, o quadro atual de adesão ao exercício será difícil de ser modificado, o que indica que apenas 20% das pessoas que iniciam programas de exercícios físicos conseguem permanecer por mais de 1 ano engajados nessas atividades[3,4].

De forma geral, a abordagem sugerida neste capítulo busca:

- Aumentar a autoconsciência e o autoconhecimento.
- Aumentar a autorresponsabilidade.
- Adquirir novos conhecimentos e habilidades.
- Mudar e sustentar novos comportamentos.
- Aumentar a satisfação com a vida.
- Aumentar a autoeficácia.
- Desenvolver o sentido de propósito e o significado da vida.
- Conquistar o melhor estado pessoal.

Na abordagem em *coaching*, o ponto que determina o sucesso do processo é o relacionamento estabelecido entre cliente e profissional[3].

O relacionamento em *coaching* é determinado pelo nível de confiança que o cliente possui no profissional, e este nível é determinado pela crença que o cliente terá na habilidade do profissional ser:

- Benevolente.
- Honesto.
- Competente.

Sabendo que o nível de confiança que o cliente possui pelo profissional é o ponto central para uma abordagem facilitadora de mudanças, a próxima questão é descrita a seguir.

## COMO CONQUISTAR CONFIANÇA DOS CLIENTES?

Hammerness e Moore[12] recomendam que os profissionais adotem os seguintes comportamentos para estabelecimento de confiança e aumento do vínculo com seus clientes:

- Assegurar considerações incondicionalmente positivas.
- Mostrar empatia.

- Ser um modelo humilde.
- Desacelerar.
- Prometer menos e entregar mais.
- Ser confidencial (a confidencialidade é crucial).
- Ser autêntico.
- Ter atenção plena no que o cliente diz.

Além desses comportamentos sugerido pelo ACSM, existem três habilidades em *coaching* que são essenciais e podem ser adotadas por profissionais que trabalham em academias ou com treinamento personalizado para facilitar o processo de mudança de seus clientes, são elas:

- Escutar com atenção plena (escuta ativa).
- Realizar perguntas abertas.
- Realizar reflexões perceptivas.

## ESCUTAR COM ATENÇÃO PLENA

Esta, possivelmente, é a habilidade mais importante para a construção de confiança e relacionamento. Adicionalmente, é o elemento mais importante para melhorar a qualidade da comunicação entre profissional e cliente.

Trata-se da habilidade extremamente importante de ouvir sem julgar, ou seja, envolve "silenciar" os pensamentos para prestar plena atenção no cliente. Envolve ouvir o que não é dito, incluindo as melhores experiências, os valores fundamentais, sentimentos, desafios (barreiras), medos, hábitos e crenças, entre outros. Além disso, escutar com atenção plena é fundamental para superar a intuição e gerar melhores perguntas e reflexões evocativas. É importante não só ouvir os fatos (escuta cognitiva), mas também os sentimentos e as necessidades por trás dos fatos (escuta afetiva).

Ouvir tudo o que alguém está dizendo, com consciência e sem julgamento, é a grande marca do *coaching*. Entretanto, quando profissionais se distraem durante uma conversa com seu cliente, o relacionamento pode ser abalado.

Muitos clientes aceitam esse baixo nível de foco e engajamento, porque é o comportamento mais comum na cultura moderna. Clientes também devem ser estimulados a desenvolver atenção plena, conhecido como *mindfulness*, que é uma forma de se libertar do "piloto automático" e das emoções do núcleo de ansiedade, tristeza e raiva.

Ao prestar atenção plena aos próprios pensamentos, sentimentos, comportamentos e ambientes sem julgamento ou condenação, é possível ter consciência da experiência do que está acontecendo de fato ao próprio redor e em cada um durante aquele momento. Isso permite tomar decisões conscientes sobre novas direções[12].

O estado de humor dos clientes, emoções, tons, energia, linguagem corporal, hesitações e estimulação fornecem pistas importantes. Ouvir as tendências e os padrões repetidos de comportamentos oferece indícios importantes.

A seguir, constam algumas dicas rápidas para escuta ativa:

- Não pensar sobre o que se vai dizer até que o cliente tenha dito a última palavra do seu pensamento.
- Pausar depois de o cliente ter falado.
- "Ouvir" as emoções, bem como os fatos.
- Não interromper (apenas em momentos raros e extremamente necessários, por exemplo, quando o cliente sair do assunto).
- Repetir o que o cliente disse para confirmar se a informação foi compreendida (parafrasear).
- Então, escutar com atenção plena é uma habilidade que deve ser treinada e desenvolvida para o atendimento de alta qualidade[12].

## Perguntas abertas

Para permitir que clientes se abram para que suas histórias possam ser exploradas, é importante fazer perguntas abertas. Perguntas abertas, por um lado, provocam respostas narrativas longas. Por outro, as perguntas fechadas provocam respostas curtas e pouco exploráveis[3,4,12].

Usar "o que" e "como", muitas vezes, é a melhor maneira de incluir perguntas abertas no trabalho, porque, por um lado, encoraja o cliente a contar histórias. Histórias estimulam as pessoas a mudarem.

Por outro lado, usar "porquês" nas perguntas, na maioria das vezes, não é tão útil, porque induzem o cliente a realizar uma análise, em vez de contar histórias. Também provoca resistência, pois pode sugerir julgamento.

Por exemplo: perguntando "por que você não veio à academia durante a semana toda?".

Ao invés de usar o "porquê" e obter a resposta rápida, poderia-se dizer: "conte-me como foi sua semana".

Neste segundo exemplo, pode-se notar que a ausência na prática do exercício surgirá na história que, provavelmente, apresentará outros elementos importantes, como as barreiras (o porquê), os sentimentos de ter se ausentado, a relação com o trabalho e ambiente etc.

Uma dica interessante é mudar de assunto e retornar a ele em outro momento quando se perceber que o cliente evitou responder ou não foi autêntico em sua resposta. Se isso acontecer de forma consistente a respeito do mesmo assunto, pode-se compartilhar essa percepção com o seu cliente sem julgamento. Aceitar a decisão do cliente sobre o que conversar é um comportamento comum de *coach*.

#### Exemplos de perguntas abertas

- Qual a sua opinião sobre exercício físico?
- Qual a sua melhor experiência com dieta?
- O que você espera do nosso programa de treinamento?
- Como seria sua vida se você conquistasse esse objetivo?
- O que será necessário para você chegar a essa meta?
- O que você pode aprender com isso?

### Reflexões perceptivas

Realizar reflexões perceptivas é uma ótima forma de se ouvir, com base na percepção de outra pessoa, pois trata-se de um processo mais provocador e transformador e tem o propósito de evocar emoções e ideias que auxiliem o cliente no processo de mudança.

#### Exemplos de reflexão perceptiva

**Cliente:** "estou ansioso para estabelecer uma meta de corrida, porque eu não corro desde o colegial, mas eu costumava me divertir muito naquela época".

**Profissional:** "você está me dizendo que se lembra de se divertir correndo e que está ansioso para sentir dessa forma novamente?".

Outro exemplo:

**Cliente:** "eu não vim para a academia, porque fiquei com muita preguiça depois que choveu".

**Profissional:** "você está me dizendo que a chuva te desmotiva a vir para a academia e, por isso, ela é uma barreira?".

Em resumo, as reflexões perceptivas auxiliam o cliente a ouvir o que disse, mas do ponto de vista de uma outra pessoa. Pode ser importante para explorar ambivalência e aumentar a autoconsciência.

## FERRAMENTAS ADICIONAIS PARA UM ÓTIMO RELACIONAMENTO

- Ser positivo sempre.
- Ser bem humorado e divertido (sem excessos).
- Acreditar no cliente sempre.
- Solicitar ideias e sugestões do cliente.

Este capítulo apresentou algumas ferramentas usadas em *coaching* para que o profissional possa ir além da prescrição precisa do TF. A intenção deste capítulo foi apresentar uma nova visão sobre atendimento na musculação e, sobretudo, a necessidade de o profissional que trabalha com TF especializar-se em comportamento humano para contribuir para seus clientes incorporarem e sustentarem comportamentos saudáveis e adequados a seus objetivos.

A partir do próximo capítulo, serão abordadas a prescrição e a periodização do TF em academias.

## REFERÊNCIAS BIBLIOGRÁFICAS

1. Sforzo AG, Moore M, Scholtz M. Health and wellness coaching competencies for exercise professional. ACSM's Health & Fitness Journal. 2015;19:20-6.
2. International Coach Federation. Coaching competencies. Retrieved March 25, 2014. Disponível em: http://coachfederation.org/credential/landing.cfm?ItemNumber=2206&navItemNumber=576.
3. Moore M, Tschannen-Moran B, Jackson E. Coaching psychology manual. Wolters Kluwer: ACSM; 2015.
4. American College of Sports Medicine. Recurces for the personal trainer. Wolters Kluwer: ACSM; 2014.
5. Lutes LD, Winett RA, Barger SD, Wojcik JR, Herbert WG, Nickols-Richardson SM, et al. Small changes in nutrition and physical activity promotes weight loss and maintenance: three-month evidence from the ASPIRE randomized trial. Ann Behav Med. 2008;35:351-7.
6. Clark MM, Bradley KL, Jenkins SM, Mettler EA, Larson BG, Preston HR, et al. The effectiveness of wellness coaching for improving quality of life. Mayo Clin Proc. 2014;89(11):1537-44.

7. Sangster J, Furber S, Allman-Farinelli M, Phongsavan P, Redfern J, Haas M, et al. Effectiveness of a pedometer-based telephone coaching program on wheight an physical activity for people reffered to a cardiac rehabilitation program: a randomized controlled trial. J Cardiopulm Rehabil Prev. 2014. [Epub ahead of print]

8. Shahnazari M, Ceresa C, Foley S, Fong A, Zidaru E, Moody S. Nutrition-focused wellness coaching promotes a reduction in body weight in overweight US veterans. J Acad Nutr Diet. 2013;113(7):928-35.

9. Armitage CJ, Connor M. Efficacy of the theory of planned behavior: a meta-analytic review. Br J Soc Psychol. 2001;40:471-99.

10. Armitage CJ, Sprigg CA. The roles of behavioral and implementation intentions in changing physical activity in young children with low socioeconomic status. J Sport Exerc Psychol. 2010;32:359-76.

11. Prochaska JO, Butterworth S, Redding CA, Burden V, Perrin N, Leo M, et al. Initial efficacy of MI, TTM tailoring, and HRI's in multiple behaviors for employee health promotion. Prev Med. 2008;46:226-31.

12. Hammerness P, Moore M. Organize your mind, organize your life. New York: Harlequin; 2012.

13. Wadden TA, Volger S, Sarwer DB, Vetter MT, TsaI AG, Berkowitz RI, et al. A two--year randomized trial of obesity treatment in primary care practice. N Engl J Med. 2014;365(21):1969-79.

14. Luley C, Blaik A, Gotz A, Kicherer F, Kropf S, Isermann B, et al. Weight loss by telemonitoring of nutrition and physical activity in patients with metabolic syndrome for 1 year. J Am Coll Nutr. 2014;33(5):363-74.

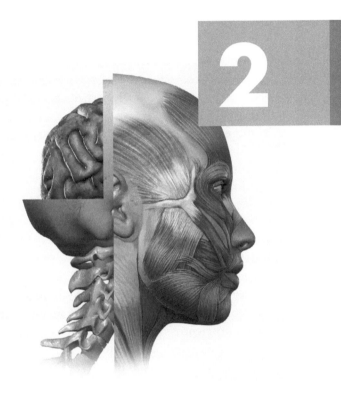

# Força Muscular, Adaptações Neuromusculares e Princípios do Treinamento de Força

*Denis Foschini*
*Jonato Prestes*
*Douglas Popp Marin*
*Ramires Alsamir Tibana*

## Objetivos

- Apresentar o conceito de força muscular.
- Apresentar os conceitos das diversas formas de manifestação da força muscular (força máxima, força hipertrófica, resistência de força e força explosiva).
- Compreender as principais adaptações neuromusculares ao treinamento de força.
- Discutir o processo de adaptação neural ao treinamento de força.
- Discutir o processo de hipertrofia muscular.
- Apresentar as evidências científicas relacionadas ao efeito do treinamento de força sobre as principais vias biomoleculares de sinalização envolvidas na síntese proteica.
- Listar e conhecer os princípios básicos para a prescrição do treinamento de força.
- Discutir o fundamento dos princípios da adaptação, sobrecarga progressiva, acomodação, especificidade, variabilidade, manutenção, reversibilidade, conscientização e individualidade.
- Relacionar os princípios do treinamento e suas teorias à elaboração de programas de treinamento de força.

Palavras-chave: força muscular, força máxima, força hipertrófica, força explosiva, resistência de força, adaptações neuromusculares, adaptações neurais, hipertrofia muscular, hipertrofia sarcoplasmática, hipertrofia miofibrilar, biologia molecular, princípios do treinamento de força muscular.

## Introdução

Antes de explorar a prescrição do treinamento de força (TF), é preciso entender alguns conceitos e características desse tipo de treinamento. Desse modo, a primeira pergunta a ser feita é a seguinte:

## O que é força muscular?

Classicamente, **força muscular** pode ser definida como a superação de uma dada resistência pela contração muscular[1]. De acordo com Komi[2], força muscular é a força ou o torque máximos que um músculo ou um grupo muscular pode gerar em velocidade específica ou determinada.

Knuttgen e Kramer[3] apresentaram um conceito que tem gerado muitas discussões, porque ele caracteriza a força como a quantidade máxima de tensão que um músculo ou um grupo muscular pode produzir em um padrão específico de movimento realizado em determinada velocidade. Entretanto, observa-se que, diante de uma certa carga, para que um sujeito realize um movimento completo no supino, por exemplo, são requeridos diferentes níveis de tensão, sendo que mesmo nos ângulos do movimento em que se exerce menor tensão também pode haver um trabalho de força.

Após o esclarecimento sobre o conceito de força muscular, serão compreendidas suas formas de manifestação.

## FORMAS DE MANIFESTAÇÃO DA FORÇA MUSCULAR

A força é uma capacidade física que pode se manifestar na forma de força absoluta, força máxima, força hipertrófica, resistência de força ou força explosiva (rápida ou potência).

**Força absoluta:** É a máxima quantidade de força que um músculo pode gerar quando todos os mecanismos inibitórios e de defesa são removidos. Em geral, ela ocorre em situações extremas, principalmente em emergências, hipnose ou mediante auxílios ergogênicos[4].

**Força máxima:** É a quantidade máxima de tensão que um músculo ou um grupo muscular pode gerar durante uma repetição em determinado exercício. É também a força máxima gerada por uma contração muscular, podendo ser desenvolvida por meio de ações concêntricas, excêntricas e isométricas[5]. O meio mais utilizado para se avaliar a força máxima em aparelhos de musculação convencionais é o teste de uma repetição máxima ou 1RM[4].

**Treinamento de força para hipertrofia muscular:** Já é bem conhecido o fato de que o TF induz à hipertrofia muscular. Esse processo de aumento de massa muscular é caracterizado, em resumo, pelo aumento de proteínas contráteis no músculo, sobretudo na musculatura esquelética[6] (maiores informações sobre hipertrofia muscular serão abordadas no Capítulo 2). Em dois estudos publicados recentemente, Coffey e Hawley[7] e Spiering et al.[8] reuniram evidências científicas sobre as alterações e as adaptações das vias intracelulares do músculo esquelético após a realização do TF e concluíram que o estímulo mecânico é o responsável pela ativação das vias moleculares que resultam na hipertrofia muscular. Além do estímulo mecânico, serão abordados também os estímulos nutricionais e hormonais no Capítulo 6.

**Resistência de força:** É a habilidade de manter a produção de força por um tempo prolongado ou durante muitas repetições em determinados exercícios. É uma manifestação da força importante para que a pessoa tenha capacidade física para realizar as tarefas do dia a dia. Também contribui substancialmente para modalidades como lutas, ciclismo, natação e fisiculturismo[4].

**Força explosiva:** É o produto da força e da velocidade do movimento [potência = (força $\times$ distância)/tempo][9]. Também é considerada a habilidade de movimentar o corpo e/ou um objeto no menor período de tempo. De modo geral, esse termo é conhecido como potência muscular. É uma forma de manifestação da força determinante para várias modalidades esportivas, como arremesso de peso, lançamento de dardo e salto em distância, e para idosos que apresentam lentificação dos movimentos[4,10].

Esses diferentes trabalhos de força podem ser incluídos no mesmo programa de treinamento. Para isso, recomenda-se que a periodização seja utilizada. Para mais detalhes sobre periodização do TF em academias, ver Capítulo 5.

## COMO OCORRE O AUMENTO DA FORÇA MUSCULAR?

O aumento da força muscular é uma forma de ajuste do organismo à sobrecarga do treinamento, no qual ocorrem alterações fisiológicas e estruturais. São dois os determinantes diretos para o aumento da força muscular: os fatores neurais e os fatores musculares (Figura 1).

Os ajustes do organismo à sobrecarga permitem a manutenção das funções fisiológicas do indivíduo. Em conjunto, as adaptações que ocorrem nos sistemas nervoso e muscular em consequência de um período de TF são chamadas de adaptações neuromusculares.

No entanto, Seynnes et al.[11] analisaram durante 35 dias (antes, 10, 20 e 35 dias de TF) os ganhos de força e hipertrofia (área de secção transversa do quadríceps) em jovens que não possuíam experiência no TF. Os voluntários foram submetidos a três sessões semanais de extensão de joelhos realizada em um ergômetro independentemente da gravidade (YoYo™ Technology) com 3 séries de 7 repetições submáximas como aquecimento e posteriormente 4 séries de 7 repetições máximas concêntricas e excêntricas com dois

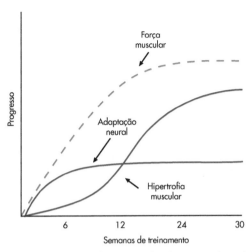

**FIGURA 1.** Aumento progressivo da força muscular decorrente das adaptações fisiológicas (neurais e hipertrofia muscular) ao treinamento de força. Adaptado de Sale[12].

minutos de intervalo entre as séries. Os autores observaram ganhos na área de secção transversa do músculo (3,5 a 5,2%) após apenas 20 dias de treinamento. Esses resultados demonstram que a hipertrofia muscular acontece de maneira precoce e pode contribuir com os ganhos iniciais da força muscular (Figura 2). Sendo assim, apesar de os fatores neurais contribuírem mais para os ganhos de força nas fases iniciais de treinamento em indivíduos destreinados, a hipertrofia já pode ocorrer nas primeiras semanas. Vale ressaltar que em indivíduos treinados os resultados não seriam os mesmos.

A seguir, as adaptações neuromusculares serão descritas para facilitar o entendimento sobre como as variáveis do TF podem ser articuladas a fim de desenvolvê-las.

## ADAPTAÇÕES NEURAIS

As mudanças no sistema nervoso em resposta ao treinamento são chamadas de adaptações neurais[13], e o TF é um potente estímulo para que elas ocorram[14]. Nesse sentido, as adaptações neurais exercem um papel essencial na adaptação global ao TF, visto que estão correlacionadas aos processos de coordenação e organização de novos estímulos inseridos no programa de exercícios[15].

Por conseguinte, conforme apresentado na Figura 1, a força muscular não depende apenas da quantidade de massa muscular envolvida (fatores mus-

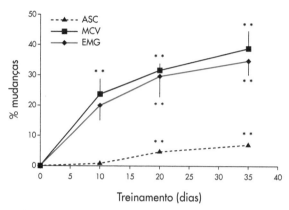

**FIGURA 2.** Mudanças na área de secção transversa proximal do quadríceps (ASC), máxima contração voluntária (MCV) e atividade eletromiográfica (EMG). ** Diferença significativa em relação ao momento inicial. Adaptado de Seynnes et al.[11].

culares), mas também da atividade do sistema nervoso[16]. Nas primeiras 12 semanas de TF consistente, em geral, os principais mecanismos fisiológicos responsáveis pelo aumento da força muscular são as adaptações neurais, de modo que as adaptações musculares podem ocorrer nesse período inicial, mas em menor grau. Por outro lado, após esse período, a hipertrofia muscular passa a predominar como mecanismo responsável pelo incremento na força muscular[14]. É por essa razão que muitas pessoas afirmam que o tempo previsto para um iniciante em TF começar a perceber a hipertrofia muscular (visualmente) é em torno de 3 meses.

Após as primeiras semanas de treinamento, o incremento da força passa a depender de forma primordial da hipertrofia muscular. Então, para que seja possível compreender esses processos, deve-se começar pelas adaptações neurais atribuídas aos seguintes mecanismos:

- Melhora da coordenação intramuscular
    - Maior eficiência nos padrões de recrutamento neural, aumentando a ativação do músculo agonista.
    - Inibição do órgão tendinoso de Golgi (OTG).

- Melhora da coordenação intermuscular
    - Melhora a coordenação entre os músculos agonista/sinergista do movimento a ser realizado.

o    Inibição da cocontração dos antagonistas.

Entretanto, existem ainda outras adaptações neurais resultantes do TF, entre as quais podem ser citadas:

* Expansão nas dimensões da junção neuromuscular.
* Aumento no conteúdo de neurotransmissores pré-sinápticos.
* Aumento no número de receptores pós-sinápticos.
* Maior sincronicidade na descarga de unidades motoras[14,17].

Com o treinamento, aumentam os estímulos nervosos vindos dos centros encefálicos superiores responsáveis pelos comandos motores e que, por consequência, chegam à medula espinal. Outro aspecto interessante é que o TF induz a adaptações nas propriedades de entrada-saída da medula espinal, o que aumenta a chegada de estímulos nervosos centrais para os músculos recrutados. Essas adaptações neurais aumentam a força e a potência, alterando a ativação de músculos individuais e aumentando a coordenação de grupos musculares específicos do movimento a ser realizado[10].

## HIPERTROFIA MUSCULAR

Como citado anteriormente, a desinibição psicológica e os fatores relacionados ao aprendizado modificam profundamente a força muscular na fase inicial do treinamento, porém a capacidade de gerar força também depende de fatores anatômicos e fisiológicos que compõem os músculos e as articulações. O processo de hipertrofia muscular tem início com a aplicação do estresse mecânico gerado pela contração muscular. O estímulo mecânico induz as proteínas sinalizadoras a ativarem os genes que promovem a síntese proteica. Esse mecanismo aumenta o tamanho da fibra muscular e a secção transversa do músculo, o que é denominado hipertrofia muscular[18].

O aumento na área de secção transversa do músculo (hipertrofia muscular), após o TF, ocorre quando a taxa de síntese é maior que a taxa de degradação proteica[19]. A hipertrofia muscular em resposta a uma sobrecarga é tanto qualitativa quanto quantitativamente controlada por meio da produção de proteínas musculares. A adaptação ao TF inclui o aumento na síntese proteica decorrente de mudanças nos mecanismos de transcrição e tradução, que aumentam o número de miofibrilas e, em consequência, o de sarcômeros.

É interessante observar que o TF, além de potencializar as vias de síntese proteica, pode, segundo Jones et al.[20], diminuir a ativação das vias de catabolismo muscular, resultando em síntese proteica adicional.

Na literatura, são utilizadas frequentemente duas terminologias para a hipertrofia muscular: sarcoplasmática e miofibrilar. Partindo do pressuposto de que hipertrofia é o aumento da secção transversa do músculo por meio do aumento do tamanho das fibras musculares, é importante lembrar que essas subdivisões da hipertrofia nada mais são do que fenômenos ocorridos no mesmo processo. Vale ressaltar que ambos podem ocorrer concomitantemente.

O primeiro momento de aumento da secção transversa muscular ocorre durante o treinamento e pode perdurar por alguns dias. Esse aumento é decorrente do redirecionamento do fluxo sanguíneo para o músculo em contração (resposta aguda ao treinamento). Esse ajuste é chamado de **hipertrofia sarcoplasmática**. Esta é, portanto, decorrente principalmente do acúmulo de líquido (edema) nos espaços intersticiais e intracelulares do músculo. Esse processo dura apenas um curto período de tempo, pois o líquido retorna ao sangue algumas horas após o exercício. Por esse motivo, alguns autores utilizam os termos hipertrofia sarcoplasmática e/ou hipertrofia transitória de forma intercambiável.

O TF de longo prazo, realizado com cargas progressivamente maiores, gera, além da resposta aguda, uma adaptação crônica caracterizada por mudanças estruturais resultantes de um aumento do tamanho das fibras preexistentes denominado **hipertrofia miofibrilar**[9]. Tendo em vista que a ocorrência do fenômeno de hiperplasia (aumento do número de células) das fibras musculares é muito contraditória, será focada a discussão dos mecanismos que explicam, pelo menos em parte, a hipertrofia miofibrilar.

A Figura 3 representa um corte transverso de uma fibra muscular em estado de relaxamento e/ou destreinamento (3A) após a hipertrofia sarcoplasmática (3B) e após a hipertrofia miofibrilar (3C).

O paradigma mais recente advém da teoria biomolecular, segundo a qual o TF promove alterações nos mecanismos intracelulares (relacionados à expressão de genes), tendo como resultado a síntese de novas proteínas. Essa teoria foi bem descrita recentemente e será apresentada neste capítulo. Já a teoria mais clássica e, portanto, a mais estudada até a atualidade fundamenta-se no princípio de que as microlesões musculares (dano muscular) são determinantes para a síntese proteica. Essa proposta é alvo de fervorosas dis-

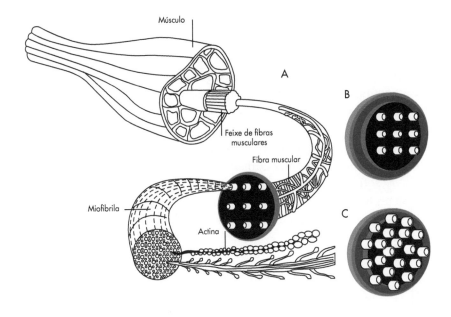

**FIGURA 3.** Corte transversal de uma fibra muscular em estado de relaxamento e/ou destreinamento (A), após a hipertrofia sarcoplasmática (B) e após a hipertrofia miofibrilar (C).

cussões e, para conhecimento do leitor, é apresentada de forma resumida a seguir.

### Hipertrofia muscular com base na teoria das microlesões

O processo de hipertrofia muscular é iniciado pelo estresse tensional causado pelas contrações durante o TF com sobrecarga. Essa carga tensional maior que aquela com qual o indivíduo está acostumado causa microlesões (dano muscular) em diversas áreas do músculo exercitado. Em seguida, macrófagos e neutrófilos (células imunes inflamatórias) iniciam o processo de regeneração muscular e, provavelmente, a inflamação que origina a dor muscular de início tardio (DMIT) (para mais detalhes sobre a etiologia da DMIT, consultar Foschini, Prestes e Charro[21]). Nesse momento, as alterações locais provocadas pelo treinamento (p. ex., aumento da temperatura muscular, fator de crescimento semelhante à insulina [IGF-1], interleucina-6 [IL-6], óxido nítrico e outros diversos fatores, como apresentado na Figura 4) ativam as células satélites, que sofrem proliferação e subsequente diferenciação em mionúcleos (novos núcleos). As células satélites são pequenas células-tronco musculoesqueléticas mononucleadas, que permanecem em estado quiescente até serem ativadas e estão localizadas entre a lâmina basal do músculo e o sarcolema das miofibrilas (Figura 5). Em resposta ao dano e/ou à lesão tecidual, elas são mobilizadas para iniciar o processo de regeneração. A fibra muscular com maior número de núcleos pode ser mais estimulada por hormônios anabólicos e obter aumento da síntese proteica. As miofibrilas das células sofrem espessamento e aumentam em número (Figura 5). Logo, a síntese proteica acelerada e a correspondente redução na degradação das proteínas colaboram para a formação de novos sarcômeros[9].

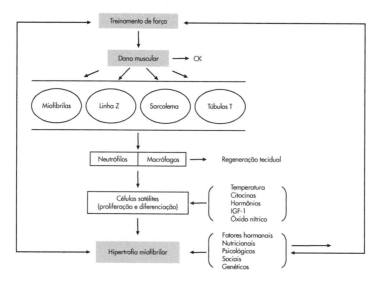

**FIGURA 4.** Esquema ilustrativo da sequência de reações com base na teoria das microlesões para hipertrofia muscular. CK = creatina quinase; IGF-1 = fator de crescimento semelhante à insulina-1. Adaptado de Foschini, Prestes e Charro[21].

Contrações excêntricas são mais eficientes para provocar o dano muscular, por esse motivo muitos autores associaram a valorização das contrações excêntricas à hipertrofia muscular. A hipertrofia é produto de uma relação complexa dependente do treinamento e de fatores hormonais, nutricionais, psicológicos e genéticos[21].

FORÇA MUSCULAR, ADAPTAÇÕES NEUROMUSCULARES E PRINCÍPIOS DO TF 39

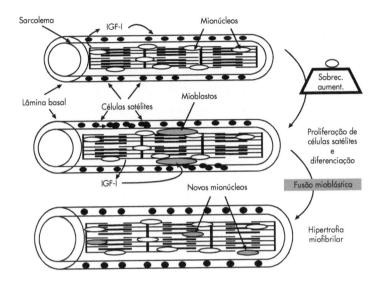

**FIGURA 5.** Estímulos mecânicos e hormonais que atuam nos processos de proliferação e diferenciação das células satélites, que culminará na hipertrofia miofibrilar. IGF-1 = fator de crescimento semelhante à insulina. Adaptado de Adams[22] e Prestes et al.[23].

## Hipertrofia muscular com base na teoria da biologia molecular

Esta teoria sugere que, para ocorrer hipertrofia muscular induzida pelo TF, é necessário que as vias de sinalização intracelulares sejam ativadas e/ou inibidas. Seus autores não negam a teoria das microlesões, apenas consideram que a microlesão é uma parte do processo e não o único motivo para que o músculo se adapte, hipertrofiando-se.

Quanto ao aspecto celular, o objetivo implícito dos programas de TF designados para a hipertrofia muscular é promover a ativação máxima dos mecanismos anabólicos e miogênicos, que resultam no acréscimo de proteína necessária para suportar o aumento da fibra muscular.

O TF desencadeia várias alterações nos sistemas fisiológicos e nas vias de sinalização intracelular, uma cascata de reações sequenciais (Figura 6):

1. Ativação muscular.
2. Sinalização de eventos decorrentes de alterações estruturais nas fibras musculares, hormonais e respostas imune/inflamatórias.

3. Síntese proteica após o aumento da transcrição e da tradução.
4. Hipertrofia da fibra muscular.

Para que haja hipertrofia muscular, é necessário que ocorra aumento da síntese de proteína realizada pelos ribossomos. Bolster et al.[24] mostraram que o TF potencializa esse processo. O aumento da síntese de proteína observado nas etapas iniciais do TF ocorre sem alteração no conteúdo de ácido ribonucleico (RNA), o que sugere um aumento na quantidade de proteína sintetizada por molécula de RNA.

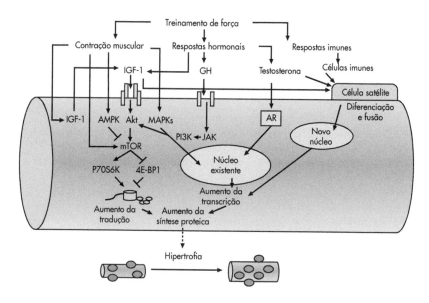

**FIGURA 6.** Resumo da sinalização em resposta ao treinamento de força. O treinamento de força estimula a contração da fibra muscular e desencadeia respostas endócrinas e imunes. Esses vários sinais estimulam a transcrição e a tradução e, ao longo do tempo, a hipertrofia muscular. O aumento de mionúcleos derivados das células satélites acompanha a hipertrofia da fibra muscular. Setas significam uma resposta estimulatória; linhas bloqueadas indicam uma resposta inibitória. AR = receptor androgênico; 4E-BP1 = proteína de ligação 1 do fator de iniciação eucariótico 4E; Akt = proteína quinase B; AMPK = adenosina monofosfato ativada por proteína quinase; GH = hormônio do crescimento; IGF-1 = fator de crescimento semelhante à insulina-1; JAK = janus quinase; MAPKs = mitogênio ativado por proteínas quinases; mTOR = alvo da rapamicina em mamíferos; PI3K = fosfatidilinositol-3-OH quinase; p70S6K = proteína quinase S6 ribossomal de 70 kDa. Adaptado de Spiering et al.[8]

FORÇA MUSCULAR, ADAPTAÇÕES NEUROMUSCULARES E PRINCÍPIOS DO TF        41

A modulação do início da tradução tem particular importância na regulação da síntese de proteína global em resposta ao TF, sendo o momento mais limitante da etapa e o alvo mais frequente para o controle da tradução[25]. A regulação da etapa de iniciação da tradução de proteína é controlada por meio da fosforilação (adição de um grupo fosfato) de fatores de iniciação e proteínas quinases reguladas pelas vias de sinalização posterior à ativação de PI3K (fosfatidilinositol-3-OH quinase).

O estresse mecânico causado pela contração muscular estimula várias vias de sinalização, independentemente das mudanças hormonais e dos fatores de crescimento[26]. Em particular, o estímulo mecânico ativa:

1. PI3K e Akt (quinases serina/treonina) ou PKB (proteína quinase B).
2. mTOR (alvo da rapamicina em mamíferos).
3. AMPK (proteína quinase ativada por adenosina monofosfato).
4. MAPK (mitogênio ativado por proteína quinase).

As vias Akt-mTOR são cruciais para a hipertrofia muscular[27]. Quando as fibras musculares se contraem, a sinalização dessas vias aumenta de forma dramática, e essa resposta é fundamental para o aumento da síntese proteica e hipertrofia muscular. A Akt é ativada por uma série de cascatas de sinalização intracelular, que envolvem o IGF-1 de modo predominante.

Até o momento, três isoformas humanas de IGF-1 foram encontradas: IGF-1a (isoforma hepática), IGF-1b e IGF-1c. O MGF (fator de crescimento mecânico) parece ser especialmente ativado em resposta à sinalização mecânica do músculo esquelético durante o TF[28]. A atividade contrátil do músculo esquelético estimula a secreção de IGF-1, o qual age como um fator de crescimento autócrino/parácrino[18] e se liga a seu receptor de membrana iniciando uma cascata de eventos moleculares. Basicamente, a ligação do IGF-1 induz à alteração conformacional em seu receptor IGFR na face externa do sarcolema (membrana muscular), resultando na fosforilação (adição de um grupo fosfato) do IRS-1 (substrato-1 do receptor de insulina) e na ativação de PI3K. Em seguida, a PI3K promove a formação de fosfatidilinositol--3,4,5-trifosfato, que, por sua vez, ativa a Akt, recrutando-a para a membrana plasmática[28].

Duas vias subsequentes da ativação da Akt podem mediar a hipertrofia muscular: Akt-mTOR e Akt-GSK-3β (glicogênio sintase quinase-3β). A ativação de mTOR pela fosforilação da Akt (Akt-mTOR) resulta em aumento da tradução de proteína por: (1) mTOR ativa proteína S6 quinase ribossomal de 70 kDa (p70S6K), um regulador positivo que controla a etapa de iniciação da tradução de proteína eIF-4E[17]; (2) mTOR inibe a atividade de 4E-BP1 (PHAS-1), um regulador negativo do fator de iniciação da tradução de proteína (eIF-4E)[29]. A proteína quinase mTOR é considerada o fator-chave do crescimento celular que integra sinais de fatores de crescimento, nutricionais e do estado energético celular[30].

A fosforilação da Akt também resulta na inativação de GSK-3β. Essa proteína quinase suprime a hipertrofia muscular bloqueando a tradução de proteína iniciada pelo fator de iniciação eucariótico (eIF-2B)[29]. De forma coletiva, entende-se que a ativação da Akt-mTOR durante/após a sobrecarga muscular conduz a sinalização efetora anabólica e, ao mesmo tempo, atua como potente inibidora dos sinais catabólicos. Com relação aos processos moleculares desencadeados pelos aspectos nutricionais, ver Capítulo 6.

A via Akt-mTOR colabora também com o crescimento muscular por fosforilar a GSK-3β e a FOXO (*fork-head box O* da família dos fatores de transcrição). A fosforilação da FOXO pela Akt evita que a FOXO estimule a transcrição das ubiquitinas ligasesproteolíticas, as quais promovem degradação proteica[31].

Léger et al.[32] investigaram a cascata de sinalização da Akt após oito semanas de TF para hipertrofia muscular, seguidas por oito semanas de destreinamento. O programa produziu incremento de 10% na área da secção transversa do quadríceps associado com aumento na quantidade de proteínas fosforiladas como a Akt, GSK-3β e mTOR. Esses dados sugerem que o TF promove aumento da fosforilação da Akt e de seus subsequentes alvos na cascata de sinalização da síntese de proteína (Akt, mTOR, GSK-3β, p70S6K, 4E-BP1 e eIF-2B). Observou-se também que o TF induziu ao decréscimo na FOXO1– um fator de transcrição associado a genes responsáveis pela atrofia muscular. Quando fosforiladas, as proteínas FOXO são sequestradas do núcleo para o citosol, no qual são incapazes de transcrever genes associados com a atrofia muscular. Com o destreinamento, todas essas observações foram revertidas, exceto pela mTOR. De forma coletiva, os resultados desse estudo sugerem fortemente que a hipertrofia muscular induzida pelo treinamento de força é regulada em parte pela fosforilação da Akt e pela inibição da FOXO.

Outro importante sinalizador intracelular é a AMPK, considerada o principal sensor energético da célula. Em particular, quando ativada pela AMP (adenosina monofosfato), ela é responsável pela inibição dos processos anabólicos que necessitam de ATP (síntese de proteínas e ácidos graxos), assim como pela ativação dos processos catabólicos envolvidos na gênese de energia, como a oxidação de ácidos graxos. A via da AMPK é ativada de modo predominante durante exercícios aeróbios e pode colaborar com a inibição da hipertrofia muscular, provavelmente inibindo de forma direta a via da mTOR[30].

No entanto, Lundberg et al.[33] analisaram as respostas agudas (antes e após 3 horas) e crônicas (cinco semanas de treinamento) de ativação e adaptação neuromuscular em duas condições diferentes: TF isolado (quatro séries de sete contrações máximas isocinéticas) e treinamento combinado (45 minutos de ciclismo à 70% da carga máxima com a cadência de 60 RPM, intervalo de 15 minutos e TF) em homens moderadamente treinados. De forma interessante, após uma sessão aguda, treinamento aeróbio associado ao de força, ocorreu redução da quantidade de glicogênio muscular (32%), bem como houve aumento da fosforilação da AMPK (1,5 vez), sem alteração nas vias da p70S6K e 4E-BP1. Além disso, após as cinco semanas de treinamento, o grupo combinado apresentou maior hipertrofia muscular (6%) quando comparado ao de TF isolado (3%), independentemente de maior aumento na fosforilação da AMPK. Os autores sugerem que a ativação aguda da AMPK pode não ter papel determinante nas adaptações crônicas da força e da hipertrofia muscular, desde que haja um intervalo de recuperação de pelo menos quinze minutos entre as sessões (aeróbio + força).

A importância da sinalização da AMPK e da MAPK para os mecanismos envolvidos na adaptação ao treinamento de força precisa ser elucidada, visto que grande parte dos estudos foi realizada agudamente e, como mostrado anteriormente, nem sempre uma resposta aguda pode predizer respostas crônicas. Adicionalmente, a interferência do treinamento aeróbio durante o treinamento combinado sobre a hipertrofia deve ser investigada em estudos com biópsia muscular e utilização de outros ergômetros, como esteira e de membros superiores. O número de sessões semanais de treinamento combinado também pode interferir nesse processo, visto que com mais de três sessões por semana a interferência do treinamento aeróbio parece ser maior (Wilson et al.[34] – recomenda-se a leitura dessa revisão sistemática para mais detalhes sobre o assunto).

Alguns pesquisadores têm investigado intensamente o papel do IGF-1, e as evidências apontam que ele pode ter forte ligação com o início da tradução de proteínas (Figura 6). Por exemplo, foi demonstrado que a expressão e a infusão localizadas de IGF-1 favorecem a hipertrofia muscular de forma significativa[35]. A síntese de proteína mediada pelo IGF-1 envolve primeiro a via de sinalização PI3K-Akt-mTOR[36]. O IGF-1 parece também aumentar o recrutamento de células satélites, que sofrem proliferação e se difundem na célula muscular, originando novos mionúcleos[37]. Assim, o IGF-1 é capaz de induzir a hipertrofia muscular pelo aumento da expressão gênica e da tradução ribossomal e pela ativação de células satélites.

Em resumo, o TF com sobrecarga promove estresse mecânico (contração muscular), respostas hormonais (aumento de IGF-1, GH e testosterona e redução do cortisol) e respostas imunes responsáveis pelo início das reações biomoleculares (Figura 6). A principal via intracelular é a das proteínas Akt-mTOR, que, além de estimularem a síntese, inibem a degradação proteica, criando um ambiente favorável à hipertrofia muscular.

Contudo, pode-se notar, na Figura 4, que a hipertrofia muscular não depende apenas da ativação das vias intracelulares, sendo necessário criar um ambiente nutricional que colabore com essa ativação. Para isso, uma dieta balanceada é fundamental, uma vez que o consumo adequado de carboidratos (CHO) e proteínas deve se tornar um hábito para quem deseja hipertrofiar[38]. Para melhor entendimento da relação entre a biologia molecular e o TF, bem como as perspectivas futuras sobre o assunto, ver o "Posicionamento do especialista".

A influência da dieta no processo intracelular da hipertrofia é apresentada no Capítulo 6. Já a influência das variáveis agudas do treinamento (p. ex., volume e intensidade) é discutida no Capítulo 4.

A magnitude das adaptações neuromusculares ao TF depende da maneira como ele é executado. Realizar um treinamento consistente é fundamental para alcançar o ajuste desejado do organismo. Para isso, é necessário manipular as variáveis agudas do treinamento de forma adequada (Capítulo 3), bem como seguir alguns princípios básicos do TF. Esses princípios são discutidos mais adiante neste capítulo, no tópico "Princípios básicos do treinamento de força".

## Hipertrofia muscular e estresse metabólico

Já é sabido que o estresse mecânico propiciado pelo exercício de força pode promover hipertrofia muscular. No entanto, mais recentemente, têm crescido as evidências sobre o papel do estresse metabólico sobre o anabolismo celular. O estresse metabólico oriundo do exercício de força é resultante da produção de energia (ATP) por meio da glicólise anaeróbia, sendo responsável pelo acúmulo de metabólitos, como o lactato, o fosfato inorgânico e os íons de hidrogênio (H⁺) (Schoenfeld, 2013[39]).

Nishimura et al.[40] demonstraram que realizar um protocolo do treinamento de força tradicional (quatro séries de dez repetições com 70% de 1RM) em condição de hipóxia (baixa oferta de oxigênio) resultou em ganhos significativos de área de secção transversa dos músculos extensores e flexores do cotovelo quando comparado ao mesmo programa de treinamento mas em um ambiente de normoxia.

Não obstante, outro método conhecido por propiciar grande estresse metabólico é o de restrição de fluxo sanguíneo (oclusão vascular parcial). Os mecanismos primários associados à efetividade do treinamento com restrição de fluxo para estimular o crescimento muscular incluem: o estresse metabólico que possui papel importante no recrutamento muscular de fibras de contração rápida, a liberação de hormônios anabólicos e o aumento da síntese proteica com ativação das vias associadas à mTOR.

Nesse sentido, Takarada et al.[41] avaliaram o efeito do treinamento de flexão de cotovelo com restrição de fluxo e baixa intensidade (50% de 1RM) ou o treinamento sem restrição de fluxo com alta intensidade (80% de 1RM) e com baixa intensidade sem restrição de fluxo (50% de 1RM) sobre as respostas neuromusculares (força e hipertrofia) em idosas. Após 16 semanas de treinamento, foram observados aumentos de 18,4, 22,6 e 1,4% respectivamente na força muscular nos grupos com restrição de fluxo, alta intensidade e baixa intensidade sem restrição de fluxo. Resultados similares foram observados para hipertrofia muscular, com aumentos de 20,3, 18,4 e 6,7%, respectivamente.

É interessante notar que estudos têm demonstrado que realizar exercícios com baixa intensidade até a falha concêntrica, mesmo sem restrição de fluxo, pode propiciar benefícios na ativação muscular, na liberação hormonal, no estresse metabólico, no inchaço muscular e na hipertrofia (Barcelos et al.[42]; Yasuda et al.[43]).

Por conseguinte, os mecanismos responsáveis pelas adaptações musculoesqueléticas induzidas pelo estresse metabólico durante o TF são: o aumento no recrutamento muscular, a alteração na produção de miocinas, a produção aumentada de espécies reativas de oxigênio (ERO) e o inchaço muscular (Figura 7).

**FIGURA 7.** Mecanismos responsáveis pela hipertrofia muscular induzida pelo estresse metabólico durante o treinamento de força. ERO = espécies reativas de oxigênio. Adaptado de Schoenfeld[39].

## Novos mecanismos relacionados com a hipertrofia muscular

O músculo esquelético é capaz de secretar e liberar diversas substâncias conhecidas como miocinas e outros peptídeos capazes de modular diversas reações metabólicas. Portanto, o músculo esquelético pode atuar de forma autócrina (produzindo substâncias que agem no próprio músculo), parácrina (substâncias que agem em células adjacentes) ou endócrina (liberando substâncias na corrente sanguínea).

Um peptídeo emergente que pode estar envolvido na hipertrofia muscular é a decorina. Kanzleiter et al.[44] analisaram a importância da decorina (uma miocina que faz parte da matriz extracelular e está envolvida no processo de hipertrofia muscular). Os autores demonstraram que após uma sessão aguda de exercício de força, as concentrações plasmáticas da decorina estavam aumentas; não obstante, após 12 semanas de treinamento, a expressão da decorina no músculo esquelético aumentou e foi associada aos ganhos na hipertrofia muscular. Essas respostas podem estar relacionadas ao papel da decorina de inibir fatores relacionados com a atrofia muscular (miostatina e MuRF1).

Mitchell et al.[45] investigaram a relação da liberação pós-exercício de testosterona, GH, IGF-1, IL-6 (miocina/citocina), quantidade de receptores de andrógenos no músculo esquelético e fosforilação da via intracelular da p70S6K com a hipertrofia muscular induzida pelo TF (16 semanas/4 sessões semanais/3 a 4 séries com 8 a 12 repetições até a falha concêntrica) em homens jovens. Os resultados reportados pelos autores demonstraram que houve aumento de 20% na área de secção transversa do músculo; esse aumento foi correlacionado com a alteração na quantidade de receptores de andrógenos no músculo esquelético (r = 0,60) e com a fosforilação da via intracelular da p70S6K (r = 0,54). É interessante notar que não foram observadas correlações significativas da liberação aguda pós-exercício de testosterona, GH e IGF-1 com o aumento crônico de massa muscular. Além disso, a elevação de IL-6 foi correlacionada com a hipertrofia muscular (r = 0,48). Essa correlação da liberação aguda de IL-6 com a hipertrofia pode ser, em parte, explicada pela ativação e pela função das células satélites induzida pela IL-6 (McKay et al.[46]).

## O PAPEL DA INDIVIDUALIDADE BIOLÓGICA NA HIPERTROFIA MUSCULAR

Existe alto grau de variação interindividual na hipertrofia muscular após o TF, apesar do mesmo volume e da mesma intensidade do treinamento aplicado (Hubal et al.[47]; Petrella et al.[48]). A resposta individual a estímulos hipertróficos como o TF leva a uma resposta altamente variável no que diz respeito aos ganhos de massa magra (Hubal et al.[47]). A base para a variabilidade nas respostas hipertróficas ao TF não é totalmente compreendida. Entre os principais contribuintes estão: a variação genética (Pescatello et al.[49]), os polimorfismos genéticos (Clarkson et al.[50]; Riechman et al.[51]), a capacidade de ativar as proteínas de sinalização específicas conhecidas por serem importantes na síntese de proteínas do músculo (Terzis et al.[52]) e a expressão de microRNAs (Davidsen et al.[53]). Os microRNAs (miRNAs) são pequenos RNAs, com cerca de 20 a 22 nucleotídeos, resultantes da clivagem de um RNA maior não codificante que possui uma estrutura secundária em gancho (Davidsen et al.[53]).

Hubal et al.[47] avaliaram o efeito da variação individual sobre os ganhos de força e hipertrofia em 585 homens e mulheres destreinados após 12 semanas de TF (3 exercícios para bíceps e 2 para o tríceps/3 séries de 6 a 12RM). Os pesquisadores encontraram uma variação de -2 até 59% na área de secção transversa do bíceps braquial (imagem de ressonância magnética) e 0 até 250% nos ganhos de força muscular (1RM). Bellamy et al.[54] analisaram os efeitos agudos do exercício de força sobre as respostas das células satélites 72 horas após a sessão e correlacionaram essas respostas com a hipertrofia muscular após 16 semanas de TF (16 semanas/4 sessões semanais/3 a 4 séries com 8 a 12 repetições) até a falha concêntrica em homens jovens destreinados. Após as 16 semanas de treinamento, os pesquisados demonstraram ganhos de 7,9 ± 1,6% (variação de -1,9 a 24,7%) e 21,0 ± 4,0% (variação de -7,0 a 51,7%) no volume muscular e na área de secção transversa do quadríceps, respectivamente. Os indivíduos que apresentaram maior ativação aguda das células satélites foram aqueles que obtiveram maiores aumentos na massa muscular do quadríceps ($r^2$ = 0,56). Não obstante, Davidsen et al.[12] demonstraram que, após 12 semanas de TF (5 vezes por semana), houve grande variação individual nos ganhos de massa muscular (Figura 4), e essa variação foi parcialmente explicada pelas respostas aumentadas/diminuídas dos microRNAs (miRNA, pequenos RNA que podem atuar na repressão da expressão gênica).

Os microRNA ligam-se ao complexo RISC (complexo de indução do silenciamento de RNA) e direcionam a clivagem dos RNAm com os quais têm complementaridade ou fazem repressão da tradução, ficando ligados ao RNAm, impedindo a sua tradução pelo ribossomo (Zacharewicz et al.[55]). Os miRNA do músculo esquelético são chamados de miomiRs. Interessantemente, a redução do MiR-1 e miR-133a induzida pelo treinamento parece contribuir para a hipertrofia muscular pela retirada do seu efeito inibitório sobre fatores de crescimento, como o IGF-1 (Zacharewicz et al.[55]). Vale ressaltar que outros miRNA estão envolvidos nos processos de anabolismo e catabolismo muscular por meio dos seus efeitos nas cascatas intracelulares mencionadas anteriormente neste capítulo, conforme Figura 8.

Portanto, fica evidente pela literatura investigada que os ganhos de força e hipertrofia são altamente variáveis, apesar do mesmo protocolo seguido (Figura 9). Adicionalmente, mecanismos genéticos e variações de respostas biológicas (células satélites e microRNAs) podem, em parte, explicar esses graus de variabilidade nas respostas de força e hipertrofia.

# FORÇA MUSCULAR, ADAPTAÇÕES NEUROMUSCULARES E PRINCÍPIOS DO TF

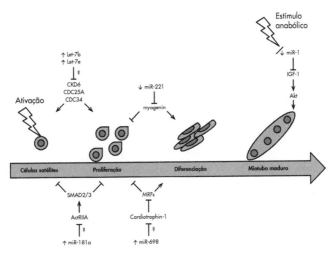

**FIGURA 8.** O potencial papel dos miRNA na atenuação do processo miogênico em idosos. Let-7b e Let-7e podem contribuir com a inibição da ativação e a proliferação das células satélites por meio da diminuição dos reguladores do ciclo celular CKD6, CDC25A e CDC34. Adicionalmente, o miR-181a pode inibir o ActRIIa (receptor de ativina do tipo IIa) e como consequência permite a ativação dos inibidores da proliferação SMAD2/3. A combinação do miR-2211 e miR-698 ainda inibe a proliferação por meio da desregulação de vários moduladores de fatores miogênicos (MRF) e da diferenciação terminal de condução dos miócitos. Estímulos anabólicos são conhecidos como bloqueadores de miR-1. A falha na inativação dos miR-1 no músculo esquelético de idosos por meio de estímulos anabólicos pode contribuir com a resistência ao anabolismo em miotubos maduros pela inibição da via de sinalização IGF-1/Akt. ? = relação de causa e efeito ainda não estabelecida; ┬ = via inibitória; ↑ = via estimulatória.

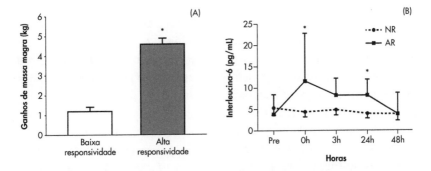

**FIGURA 9.** Respostas altamente variáveis nos ganhos de massa magra após um período de treinamento de força (A) e na liberação da miocina/citocina interleucinas-6 após uma sessão aguda de exercício de força (B). NR = não responsiva; AR = altamente responsiva. (A) Adaptado de Davidsen et al.[53]; (B) adaptado de Tajra et al.[56].

## Posicionamento do especialista

O Prof. Dr. Marcelo Saldanha Aoki é licenciado em Educação Física pela Universidade de São Paulo (USP), Mestre e Doutor em Ciências (ICBUSP) e docente do curso de Ciências da Atividade Física (USP); pesquisador associado do Laboratório de Plasticidade Muscular do Instituto de Ciências Biomédicas (USP), pesquisador associado do Grupo de Adaptações Neuromusculares ao Treinamento de Força (GEPAN-USP) e coordenador do Grupo de Pesquisa em Adaptações Biológicas ao Exercício (GABEF-USP – www.gabef.com.br).

### Questões:

*Em sua opinião, após a evolução dos métodos de análise em biologia molecular, houve mudança nos paradigmas de pesquisa relacionados ao treinamento de força?*

O advento das técnicas de biologia molecular propiciou avanços significativos a respeito dos mecanismos intracelulares que determinam as adaptações induzidas pelo treinamento de força. No entanto, até o presente momento, acredito que o conhecimento sobre esses mecanismos não promoveu mudanças nos paradigmas relacionados à prescrição do treinamento de força. Recentemente, o ACSM publicou o novo *position stand* sobre treinamento de força para adultos (2009) e, apesar dos avanços no campo da biologia molecular, as recomendações para prescrição não sofreram alterações significativas.

*Como os estudos em biologia molecular têm contribuído para aumentar o conhecimento sobre os mecanismos de adaptação ao treinamento de força?*

As pesquisas recentes que utilizam as ferramentas de biologia molecular têm contribuído muito para o entendimento do processo de hipertrofia do músculo esquelético[8,57-61]. Outro aspecto que tem despertado o interesse dos pesquisadores se refere aos mecanismos responsáveis pela interferência observada no treinamento concorrente[62-64].

*De que maneira as pesquisas em biologia molecular podem contribuir para o trabalho do profissional que prescreve o treinamento de força em academias?*

Na minha opinião, os recentes achados sobre os mecanismos moleculares ainda não apresentam aplicação prática direta. A maioria das pesquisas realizadas utiliza desenhos experimentais diferentes da situação real do treinamento de força. Outro ponto importante é que a maior parte dos estudos analisou esses mecanismos moleculares em caráter agudo.

*Quais são as perspectivas para o futuro da pesquisa em treinamento de força?*

Acredito que dois pontos devem nortear o futuro das pesquisas relacionadas ao treinamento de força. Os estudos deverão investigar as interações entre a organização das variáveis agudas do treinamento, a ativação de mecanismos moleculares e a especificidade das adaptações ao treinamento. Mais especificamente, o objetivo dessas pesquisas será entender como a organização do treinamento de força determina as adaptações esperadas. Nesse contexto, recentemente, nosso grupo de pesquisa realizou um estudo, no qual foram avaliadas adaptações moleculares em resposta a dois protocolos diferentes de treinamento de força (potência *vs.* força máxima). É curioso que, apesar de a organização do treinamento ter sido bastante distinta, a expressão de genes envolvidos na hipertrofia muscular (mTOR, rictor e raptor) e na determinação do fenótipo (calcineurina e calcipressina) foi similar entre os dois protocolos[59]. O segundo tópico de grande interesse está relacionado aos mecanismos moleculares envolvidos nos benefícios do treinamento de força para populações especiais (obesos, hipertensos, diabéticos, candidatos à sarcopenia etc.).

## Princípios básicos do treinamento de força

### O que significa princípio do treinamento de força?

Antes de discutir os princípios do TF, é preciso conhecer a terminologia da palavra princípio, que significa origem, causa, opinião. Esses elementos são cruciais para o sucesso de um processo, em outras palavras, são regras que direcionam as ideias e as atitudes a serem tomadas. Então, princípios do TF são os procedimentos básicos que nortearão a prescrição do treinamento. Entre os princípios já descritos na literatura, Kraemer e Fleck[16] sugerem que os princípios da sobrecarga progressiva, da adaptação e da especificidade sejam necessários para uma prescrição de TF segura e eficaz.

Entre outros princípios descritos na literatura, podem ser citados variação, manutenção, acomodação, reversibilidade e conscientização.

## Princípio da conscientização

Segundo Monteiro[65], o princípio da conscientização se fundamenta na justificativa de que o indivíduo deve compreender os motivos pelos quais ele realiza determinado exercício. Isso o ajudaria a conseguir resultados mais eficientes.

É indiscutível que a globalização disponibiliza diversos meios de comunicação que favorecem o acesso ao conhecimento à população. Com a população mais informada, é necessário que os profissionais estejam mais fundamentados e seguros sobre suas habilidades. Então, o profissional de Educação Física, além de prescrever os exercícios, deve ser um agente capaz de mudar determinados comportamentos por meio do seu conhecimento, o qual deve ser utilizado para persuadir o aluno a iniciar e a aderir aos programas de atividade física, incluindo o treinamento de força.

Em resumo, o princípio da conscientização nada mais é do que a informação adequada e fundamentada a ser transmitida ao cliente/aluno a fim de favorecer o processo de **adoção** (ato de escolher, iniciar), **modificação** (p. ex., comportamento relacionado à saúde) e **adesão** (manutenção da prática consistente) ao TF.

## Princípio da adaptação

Para Zatsiorsky e Kraemer[66], em um sentido mais amplo da palavra, adaptação significa um ajuste do organismo ao seu meio ambiente, o que indica que o organismo sofre modificações para viver melhor quando o meio muda. É fundamental saber que as melhoras no organismo não ocorrem durante uma sessão de treinamento, já que o estresse causado nesse momento normalmente gera degradação das fontes energéticas e de estruturas do organismo, piorando suas condições. O treinamento agudo poderia, então, ser considerado um estímulo que, de forma crônica, poderá incorrer em melhoras orgânicas. Quando esse processo ocorre de modo sistemático, o estresse causado resulta em ajustes do organismo (adaptação) ao novo regime ao qual ele é submetido. Segundo Zatsiorsky e Kraemer[66], esse é o motivo pelo qual ocorrem diferentes respostas ao treinamento, conhecidas como efeitos do treinamento. Para os autores, são cinco os efeitos do treinamento[9]:

1. **Efeitos agudos:** alterações que ocorrem durante o treinamento.
2. **Efeitos parciais:** são específicos, em geral, localizados e provocados por meio de um treinamento simples, por exemplo, a realização exclusiva do supino, e não de uma sessão completa de treinamento para o peitoral maior.
3. **Efeitos imediatos:** são decorrentes de uma sessão de treinamento, manifestando-se imediatamente após.
4. **Efeitos crônicos:** aqueles que se evidenciam após um período de treinamento.
5. **Efeitos residuais:** são retidos com a interrupção do treinamento.

Os mesmos autores apontam quatro fatores que determinam a adaptação ao treinamento: a magnitude do estímulo (sobrecarga), a acomodação, a especificidade e a individualidade. Esses fatores são os próximos princípios a serem discutidos.

## PRINCÍPIO DA SOBRECARGA PROGRESSIVA

É provável que o princípio da sobrecarga seja o mais antigo de que se tem relatos. Porém, foi apenas em 1948 que DeLorme e Watkins[67] descreveram um princípio já conhecido desde o ano VI a.C. Segundo a mitologia grega, Milo de Croton, um famoso atleta grego, foi a primeira pessoa a perceber e aplicar o princípio da sobrecarga. Para treinar a força, ele erguia e carregava um bezerro todos os dias. Sua força aumentava em proporção ao crescimento do bezerro e, quando o bovino tornou-se um touro, Milo de Croton já era campeão de luta romana em várias olimpíadas e intitulado, na época, como o homem mais forte do mundo.

O princípio da sobrecarga progressiva fundamenta-se no fato de que, para evoluir, o organismo necessita de treinos com cargas maiores que aquelas às quais está adaptado. A evolução do resultado é determinada pela qualidade do treinamento. Desde o estágio inicial do treinamento até o mais avançado, o aumento da carga deve ser gradual e de acordo com as capacidades fisiológicas e psicológicas de cada indivíduo. O organismo responde fisiológica e psicologicamente ao aumento da carga de treinamento. Todos os processos exigem um tempo adequado para adaptação[38].

Uma exigência importante do princípio da sobrecarga progressiva é a necessidade de variação do treinamento, a qual propicia períodos de descanso planejados e diferentes níveis de estresse do exercício. Uma vez adaptado ao estresse imposto por um programa de treinamento específico, caso o indivíduo não ajuste as variáveis do treinamento a fim de torná-lo mais difícil, as adaptações ocorridas até então (p. ex., adaptações neurais ou hipertróficas) não ocorrerão mais. A maneira mais comum de se aplicar a sobrecarga progressiva é aumentar o peso (em kg) durante um número específico de repetições. Entretanto, Kraemer e Fleck[16] corroboram o último posicionamento do ACSM ao descreverem outras formas de promoção de sobrecarga:

1. Aumento da intensidade (resistência/peso absoluto ou relativo para um determinado exercício/movimento).
2. Aumento do número de repetições realizadas com uma determinada sobrecarga.
3. A velocidade e o tempo da repetição com cargas submáximas podem ser alterados em função dos objetivos (p. ex., aumenta-se a velocidade da fase concêntrica de um determinado movimento quando o objetivo do treinamento é aumentar a potência muscular).
4. Diminuição ou aumento do período de intervalo entre as séries e os exercícios. Recomenda-se diminuir o intervalo quando o objetivo é aumentar a resistência muscular, dessa forma, realiza-se mais trabalho para o mesmo período de treinamento. É sugerido aumentar o tempo de intervalo quando o objetivo é aumentar a força máxima ou a potência muscular, pois, ao se aumentar o intervalo, permite-se adicionar peso ou resistência maiores.
5. Aumento do volume do treinamento por meio do número de séries ou repetições por série (obs.: trabalho total em TF é produto do total de repetições realizadas e da resistência/peso). O aumento deve ser gradual, em torno de 2 a 10%, quando ocorre adaptação.

Nesse momento, é importante ponderar o quanto se deve aumentar a sobrecarga. Em 2002, o ACSM recomendou que a adição da carga fosse de até 5 a 10%. Na edição atual, de 2009, a recomendação de aumento passou a ser de 2 a 10%, sendo de 2 a 5% para pequenos grupos musculares e de 5 a 10% para grandes grupos. Para aumentar o peso, o critério sugerido é que o indivíduo realize uma ou duas repetições acima da zona de treinamento em duas sessões seguidas. Por exemplo, é pedido ao sujeito que realize no supino aparelho 10 a 12RM com 50 kg. Caso ele consiga realizar em duas sessões seguidas 13 ou 14RM com 50 kg, pode-se adicionar 1 a 5 kg de peso, ou seja, 2 a 10%, respectivamente.

## Princípio da acomodação

Indivíduos que praticam de forma sistemática uma modalidade na qual aplicam a mesma carga durante um período prolongado estarão sujeitos a um decréscimo na evolução da variável em questão. Essa manifestação biológica é chamada por Zatsiorsky e Kraemer[66] de acomodação. De acordo com os pesquisadores, a resposta de um determinado objeto biológico a um estímulo constante diminui ao longo do tempo. Com o aumento do volume e da intensidade do treinamento, a magnitude da melhora diminui proporcionalmente, o que é chamado de **princípio da treinabilidade**. Em outras palavras, quanto mais treinado é um indivíduo menor é a magnitude do "ganho".

## Princípio da especificidade

No TF, assim como em outros tipos de treinamento, existe alto grau de especificidade na tarefa motora realizada[6]. Isso significa que se deve treinar de forma específica para produzir efeitos específicos[4]. Assim, as adaptações fisiológicas decorrentes do TF são próprias dos grupos musculares treinados, do tipo de ação muscular (concêntrica, excêntrica ou isométrica), da velocidade e da amplitude do movimento e da fonte de energia predominante[6,16].

O princípio da especificidade tem íntima relação com programas de treinamento esportivo, sendo fundamental para os atletas de alto rendimento. No entanto, aprofundar-se em modalidades esportivas foge ao escopo deste livro, por isso literaturas específicas da área de treinamento esportivo são sugeridas.

## Princípio da individualidade

É a teoria que garante a individualização do programa de treinamento, para tanto, consideram-se as necessidades específicas ou os objetivos e as habilidades do indivíduo para quem o programa foi elaborado[4].

Esse princípio parte do pressuposto de que existe uma diferença substancial entre as pessoas, logo, não é surpreendente que o estímulo de um mesmo exercício provoque diferentes respostas[66]. Desse modo, é possível extrair de um protocolo de treinamento já descrito ou realizado somente a ideia geral do procedimento. Com base no conhecimento desse modelo, deve-se agregar a criatividade e adequá-la às características de cada pessoa, de modo a elaborar um programa sólido e confiável.

A análise de todos os fatores individuais, antes mesmo que um programa de TF seja iniciado, não pode ser esquecida, pois, tendo por base a complexidade que caracteriza o ser humano, é preciso considerar não somente os aspectos biológicos, mas também os aspectos psicológicos, sociais, culturais, entre outros (como a religião) com a mesma relevância. Todos esses aspectos podem parecer abrangentes e distantes da realidade, mas são vitais para o desenvolvimento do trabalho.

## Princípio da variabilidade

Fundamenta-se no fato de que não importa o quão eficaz seja um programa de treino, ele poderá ser executado apenas por um curto período. Esse fato sugere que, no caso de um indivíduo apresentar algum tipo de adaptação ao treinamento, um novo estímulo deve ser aplicado ao músculo ou seu progresso ficará estagnado (acomodação)[4]. O princípio da acomodação, entre outros princípios, consolida a periodização.

A variação, base da periodização, é o processo sistemático de alteração de uma ou mais variáveis do programa de treinamento. Já está bem descrito que a variação sistemática do volume e da intensidade é a mais eficaz para programas de longa duração (superior a 24 semanas)[6]. Para mais detalhes sobre a periodização do TF em academias, ver Capítulo 5.

Além de potencializar o resultado, a modificação nas variáveis agudas nos sistemas de treinos e/ou na periodização do treinamento diminui o tédio e a monotonia, que são obstáculos para a motivação e razão de evasão em academias[38]. Contudo, a forma como se aplica a variação deve atender não somente à demanda da pessoa, mas também ser viável ao ambiente de trabalho.

A seguir, são listadas algumas sugestões acerca das variações para o TF baseadas em Bompa e Cornacchia[38]:

1. Variar o tipo e a ordem dos exercícios tão frequentemente quanto possível.

2. Variar o número de séries.
3. Variar o sistema de treinamento.
4. Variar a ênfase nos tipos de contração muscular (concêntrica, excêntrica e isométrica).
5. Variar a velocidade de contração quando possível (lenta, média e rápida).
6. Variar a forma de realização dos exercícios entre pesos livres e aparelhos.
7. Variar o modelo de periodização.

## PRINCÍPIO DA MANUTENÇÃO

Quando um indivíduo atinge o resultado esperado de um programa e pretende mantê-lo, ele deve seguir o princípio da manutenção. Este princípio fundamenta-se em achados científicos e clínicos de que a redução do volume (dias de treinos, tempo de execução de um exercício, número de séries etc.) associada à manutenção da intensidade do treinamento ajuda a manter os resultados relativos à variável em questão. No esporte, esse período é interessante para incorporar outros tipos de treinamento[4].

No âmbito de academias, esse período pode ser usado pelo indivíduo que pratica o TF nos momentos, ao longo do ano, em que estiver mais ocupado, em férias, viajando, com menos tempo ou disposição para praticá-lo. Cabe ao instrutor de musculação ou *personal trainer* determinar junto ao seu cliente qual é a fase do ano que mais se enquadra nessas características.

## PRINCÍPIO DA REVERSIBILIDADE

Uma consequência da interrupção ou da diminuição da intensidade e/ou do volume de treinamento (abaixo de um nível mínimo) é a regressão dos resultados obtidos[4]. A reversibilidade é a expressão da capacidade do organismo de eliminar as estruturas não utilizadas a fim de que os recursos estruturais liberados sejam aproveitados por outros sistemas do organismo[68].

Em resumo, os princípios do treinamento revelam a conduta básica para aplicação das variáveis agudas do TF, bem como da periodização.

Os capítulos seguintes são relativos à prescrição do TF, abordam a discussão das variáveis agudas do treinamento, as montagens e os sistemas de treinamento e finalizam com a periodização do TF.

## Referências bibliográficas

1. Uchida MC, Charro MA, Bacurau RF, Navarro F, Pontes Júnior FL. Manual de musculação. Uma abordagem teórico-prática do treinamento de força. 5. ed. São Paulo: Phorte; 2008.
2. Komi PV. Força e potência no esporte. Porto Alegre: Artmed; 2006.
3. Knuttgen HG, Kramer WJ. Terminology and measurement in exercise performance. J Appl Sport Sci Res. 1987;1:1010.
4. Stoppani J. Eiclopédia de musculação & força. Porto Alegre: Artmed; 2008.
5. Matveev LP. Teoría general del entrenamiento deportivo. Barcelona: Paidotribo; 2001.
6. American College of Sports Medicine. Progression models in resistance training for healthy adults. Med Sci Sports Exerc. 2009;41(3):687-708.
7. Coffey VG, Hawley JA. The molecular bases of training adaptation. Sports Med. 2007;37:1-27.
8. Spiering BA, Kraemer WJ, Anderson JM, Armstrong LE, Nindl BC, Volek JS, et al. Resistance exercise biology manipulation of resistance exercise programme variables determines the responses of cellular and molecular signalling pathways. Sports Med. 2008;38(7):527-40.
9. Wilmore JH, Costill DL. Fisiologia do esporte e do exercício. 2. ed. Barueri: Manole; 2001.
10. Barry BK, Carson RG. The consequences of resistance training for movement control in older adults. J Gerontol. 2004;7:730-54.
11. Seynnes OR, De Boer M, Narici MV. Early skeletal muscle hypertrophy and architectural changes in response to high-intensity resistance training. J Appl Physiol. 2007;102:368-73.
12. Sale DG. Neural adaptation to resistance training. Med Sci Sports Exerc. 1988;20:135-45.
13. Simão R. Fundamentos fisiológicos para o treinamento de força e potência. São Paulo: Phorte; 2003.
14. Deschenes MR, Kraemer WJ. Performance and physiologic adaptations to resistance training. Am J Phys Med Rehabil. 2002;81:S3-S16.
15. Rich C, Cafarelli E. Submaximal motor unit firing rates after 8 wk of isometric resistance training. Med Sci Sports Exerc. 2000;32(1):190-6.
16. Kraemer WJ, Fleck SJ. Otimizando o treinamento de força: programas de periodização não linear. Barueri: Manole; 2009.
17. Häkkinen K, Alen M, Kallinen M, Newton RU, Kraemer WJ. Neuromuscular adaptation during prolonged strength training, detraining and re-strength-training in middle-aged and elderly people. Eur J Appl Physiol. 2000;83(1):51-62.

18. McArdle WD, Katch FI, Katch FL. Fisiologia do exercício: energia, nutrição e desempenho humano. 5. ed. Rio de Janeiro: Guanabara Koogan; 2003.
19. Phillips SM, Tipton KD, Aarsland A, Wolf SE, Wolfe RR. Mixed muscle protein synthesis and breakdown after resistance exercise in inhumans. Am J Physiol Endocrinol Metab. 1997;36:E99-107.
20. Jones SW, Hill RJ, Krasney PA, O'Conner B, Peirce N, Greenhaff PL. Disuse atrophy and exercise rehabilitation in humans profoundly affects the expression of genes associated with regulation of skeletal muscleremass. FASEB J. 2004;18(9):1025-7.
21. Foschini DF, Prestes J, Charro M. Relação entre exercício físico, dano muscular e dor muscular de início tardio. Rev Bras Cine Des Hum. 2007;9(1):101-6.
22. Adams GR. Exercise effects on muscle insulin signaling action invited review: autocrine/paracrine IGF-I and skeletal muscle adaptation. J Appl Physiol. 2002;93:1159-67.
23. Prestes J, Donatto F, Figueira Júnior AR, Ferreira CK, Foscchini D, Urtado CB, et al. Efeitos do fator de crescimento insulínico-I sobre o músculo esquelético e suas relações com o exercício. Rev Bras Ciênc Mov. 2006;4(3):97-104.
24. Bolster DR, Kimball SR, Jefferson LS. Translational control mechanisms modulate skeletal muscle gene expression during hypertrophy. Exerc Sport Sci Ver. 2003a;31(3):111-6.
25. Richter JD, Sonenberg N. Regulation of cap-dependent translation by eIF4E inhibitory proteins. Nature. 2005;433(7025):477-80.
26. Atherton PJ, Babraj JA, Smith K, Singh J, Rennie MJ, Wackerhage H. Selective activation of AMPK-PGC-1α; or PKB-TSC2-mTOR signaling can explain specific adaptive responses to endurance or resistance training like electrical muscle stimulation. FASEB J. 2005;19(7):786-8.
27. Bodine SC, Stitt TN, Gonzalez M, Kline WO, Stover GL, Bauerlein R, et al. Akt/mTOR pathway is a crucial regulator of skeletal muscle hypertrophy and can prevent muscle atrophy in vivo. Nat Cell Biol. 2001;3(11):1014-9.
28. Toigo M, Boutellier V. New fundamental resistance exercise determinants of molecular and cellular muscle adaptations. Eur J Physiol. 2006;97(6):643-63.
29. Glass DJ. Skeletal muscle hypertrophy and atrophy signaling pathways. Int J Biochem Cell Physiol. 2005;37:1974-84.
30. Sandri M. Signaling in muscle atrophy and hypertrophy. J Physiol. 2008;23:160-70.
31. Sartorelli V, Fulco M. Molecular and cellular determinants of skeletal muscle atrophy and hypertrophy. Sci STKE. 2004;244:re11.
32. Léger B, Cartoni R, Praz M, Lamon S, Dériaz O, Crettenand A, et al. Akt signalling through GSK-3β, mTOR and Foxo1 is involved in human skeletal muscle hypertrophy and atrophy. J Physiol. 2006;576(3):923-33.

33. Lundberg TR, Fernandez-Gonzalo R, Tesch PA. Exercise-induced AMPK activation does not interfere with muscle hypertrophy in response to resistance training in men. J Appl Physiol. 2014;116(6):611-20.
34. Wilson JM, Marin PJ, Rhea MR, Wilson SM, Loenneke JP, Anderson JC. Concurrent training: a meta-analysis examining interference of aerobic and resistance exercises. J Strength Cond Res. 2012;26(8):2293-307.
35. Song YH, Godard M, Li Y, Richmond SR, Rosenthal N, Delafontaine P. Insulin-Like growth factor I-mediated skeletal muscle hypertrophy is characterized by increased mTOR-p70S6K signaling without increased Akt phosphorylation. J Investig Med. 2005;53(3):135-42.
36. Vary TC. IGF-I stimulates protein synthesis in skeletal muscle through multiple signaling pathways during sepsis. Am J Physiol Regul Integr Comp Physiol. 2006;290(2): R313-21.
37. Jacquemin V, Furling D, Bigot A, Butler-Browne GS, Mouly V. IGF-1 induces human myotube hypertrophy by increasing cell recruitment. Exp Cell Res. 2004;299(1):148-58.
38. Bompa TO, Cornacchia L. A periodização no treinamento esportivo. Barueri: Manole, 2001.
39. Schoenfeld BJ. Potential mechanisms for a role of metabolic stress in hypertrophic adaptations to resistance training. Sports Med. 2013;43(3):179-94.
40. Nishimura A, Sugita M, Kato K, Fukuda A, Sudo A, Uchida A. Hypoxia increases muscle hypertrophy induced by resistance training. Int J Sports Physio Perform. 2010;5(4):497-508.
41. Takarada Y, Takazawa H, Sato Y, Takebayashi S, Tanaka Y, Ishii N. Effects of resistance exercise combined with moderate vascular occlusion on muscular function in humans. J Appl Physiol. 2000;88(6):2097-106.
42. Barcelos LC, Nunes PRP, Souza LRMF, Oliveira AA, Furlanetto R, Marocolo M, et al. Low load resistance training promote muscular adaptation regardless of vascular occlusion, load, or volume. Eur J Appl Physiol. [no prelo, 2015].
43. Yasuda T, Fukumura K, Iida H, Nakajima T. Effect of low-load resistance exercise with and without blood flow restriction to volitional fatigue on muscle swelling. Eur J Appl Physiol. 2015;115(5):919-26.
44. Kanzleiter T, Rath M, Görgens SW, Jensen J, Tangen DS, Kolnes AJ et al. The myokine decorin is regulated by contraction and involved in muscle hypertrophy. Biochem Biophys Res Commun. 2014;450(2):1089-94.
45. Mitchell CJ, Churchward-Venne TA, Bellamy L, Parise G, Baker SK, Phillips SM. Muscular and systemic correlates of resistance training- induced muscle hypertrophy. PLoS ONE. 2013;8(10):e78636.

46. McKay BR, De Lisio M, Johnston AP, O'Reilly CE, Phillips SM, Tarnopolsky MA, et al. Association of interleukin-6 signalling with the muscle stem cell response following muscle-lengthening contractions in humans. PLoS ONE. 2009;4(6):e6027.
47. Hubal MJ, Gordish-Dressman H, Thompson PD, Price TB, Hoffman EP, Angelopoulos TJ, et al. Variability in muscle size and strength gain after unilateral resistance training. Med Sci Sports Exerc. 2005;37:964-72.
48. Petrella JK, Kim JS, Mayhew DL, Cross JM, Bamman MM. Potent myofiber hypertrophy during resistance training in humans is associated with satellite cell-mediated myonuclear addition: a cluster analysis. J Appl Physiol. 2008;104:1736-42.
49. Pescatello LS, Kostek MA, Gordish-Dressman H, Thompson PD, Seip RL, Price TB, et al. ACE ID genotype and the muscle strength and size response to unilateral resistance training. Med Sci Sports Exerc. 2006;38(6):1074-81.
50. Clarkson PM, Devaney JM, Gordish-Dressman H, Thompson PD, Hubal MJ, Urso M, et al. ACTN3 genotype is associated with increases in muscle strength in response to resistance training in women. J Appl Physiol. 2005;99(1):154-63.
51. Riechman SE, Balasekaran G, Roth SM, Ferrell RE. Association of interleukin-15 protein and interleukin-15 receptor genetic variation with resistance exercise training responses. J Appl Physiol. 2004;97:2214-9.
52. Terzis G, Georgiadis G, Stratakos G, Vogiatzis I, Kavouras S, Manta P, et al. Resistance exercise-induced increase in muscle mass correlates with p70S6 kinase phosphorylation in human subjects. Eur J Appl Physiol. 2008;102:145-52.
53. Davidsen PK, Gallagher IJ, Hartman JW, Tarnopolsky MA, Dela F, Helge JW, et al. High responders to resistance exercise training demonstrate differential regulation of skeletal muscle microRNA expression. J Appl Physiol. 2011;110:309-17.
54. Bellamy LM, Joanisse S, Grubb A, Mitchell CJ, McKay BR, Phillips SM, et al. The acute satellite cell response and skeletal muscle hypertrophy following resistance training. PLoS One. 2014.
55. Zacharewicz E, Lamon S, Russell AP. MicroRNAs in skeletal muscle and their regulation with exercise, ageing, and disease. Front Physiol. 2013;4(1):1-11.
56. Tajra V, Tibana RA, Vieira DC, de Farias DL, Teixeira TG, Funghetto SS, et al. Identification of high responders for interleukin-6 and creatine kinase following acute eccentric resistance exercise in elderly obese women. J Sci Med Sport. 2014;17(6):662-6.
57. Favier FB, Benoit H, Freyssenet D. Cellular and molecular events controlling skeletal muscle mass in response to altered use. Pflugers Arch. 2008;456(3):587-600.
58. Spangenburg EE. Changes in muscle mass with mechanical load: possible cellular mechanisms. Appl Physiol Nutr Metab. 2009;34(3):328-35.

59. Lamas L, Aoki MS; Ugrinowitsch C, Campos GE, Regazzini M, Moriscot AS, et al. Expression of genes related to muscle plasticity after strength and power training regimens. Scand J Med Sci Sports. 2010;20(2):216-25.

60. Miyazaki M, Esser KA. Cellular mechanisms regulating protein synthesis and skeletal muscle hypertrophy in animals. J Appl Physiol. 2009;106(4):1367-73.

61. Mackenzie MG, Hamilton DL, Murray JT, Taylor PM, Baar K. mVps34 is activated following high-resistance contractions. J Physiol. 2009;15(587):253-60.

62. Baar K. Training for endurance and strength: lessons from cell signaling. Med Sci Sports Exerc. 2006;38(11):1939-44.

63. Nader GA. Concurrent strength and endurance training: from molecules to man. Med Sci Sports Exerc. 2006;38(11):1965-70.

64. Hawley JA. Molecular responses to strength and endurance training: are they incompatible? Appl Physiol Nutr Metab. 2009;34(3):355-61.

65. Monteiro AG. Treinamento personalizado: uma abordagem didático-metodológica. 3. ed. São Paulo: Phorte; 2006.

66. Zatsiorsky VM, Kraemer WJ. Ciência e prática do treinamento de força. São Paulo: Phorte; 2008.

67. De Lorme TL, Watkins AL. Technics of progressive resistance training. Arch Phys Med Rehabil. 1948; 29(5):263-73.

68. Platonov VN. La adaptación en el desporte. Barcelona: Paidotribo; 1994.

# Prescrição do Treinamento de Força

*Denis Foschini*
*Jonato Prestes*
*Ramires Alsamir Tibana*

## Objetivos

- Conhecer as características que determinam o nível de treinamento de praticantes de treinamento de força, sejam eles iniciantes, intermediários ou avançados.
- Conhecer as variáveis agudas do treinamento de força (carga, seleção e ordem dos exercícios, tipo de ação muscular, velocidade de execução do movimento, volume do treinamento, frequência semanal e intervalo entre as séries e os exercícios).
- Apresentar a prescrição do TF pelo método de repetições máximas (RM).
- Conhecer as diferenças na prescrição de acordo com o nível de treinamento e com o objetivo de cada indivíduo (obter aumento de força máxima, força hipertrófica e resistência de força).

······································

**Palavras-chave:** nível de aptidão física, variáveis agudas do treinamento de força, repetições máximas, intensidade, seleção e ordem dos exercícios, tipos de ação muscular, velocidade de execução do movimento, volume, frequência semanal e tempo de intervalo entre as séries e os exercícios.

······································

## Introdução

Após o conhecimento dos mecanismos básicos da adaptação neuromuscular ao treinamento de força (TF) e dos princípios que nortearão a prescrição desse tipo de exercício, serão discutidas as diversas formas de organização das variáveis do treinamento para obtenção de diferentes respostas.

O TF tem sofrido grande evolução metodológica, sobretudo pelo importante aumento do número de pesquisas realizadas, fato que reflete no *status* e na procura pelo TF, principalmente em academias. Porém, a prescrição do TF para a prevenção, a promoção e a reabilitação da saúde ainda carece de conhecimento. Esse é um dos motivos que levaram à busca das melhores referências em prescrição de TF para a elaboração deste capítulo. O objetivo é adequar as evidências científicas à realidade das academias, fornecendo subsídios para que o profissional possa elaborar um programa de treinamento de forma crítica e consciente, considerando as características do indivíduo.

Antigamente, quando se discutia o TF para um determinado objetivo, não se diferenciava o nível de treinamento dos praticantes. Quando se tratava de TF para hipertrofia, por exemplo, dizia-se que ele deveria ser realizado com cargas que variassem entre 70 e 85% de 1RM (uma repetição máxima) e com 6 a 12 repetições, independentemente do nível de treinamento do sujeito. Em 2002, o American College of Sports Medicine (ACSM)[1] publicou um posicionamento sobre os modelos de progressão do TF para adultos saudáveis. Nessa revisão, os autores diferenciaram a prescrição do TF, de acordo com os diferentes objetivos como: força máxima, resistência de força, força explosiva e TF para hipertrofia, bem como pelo nível de treinamento (iniciantes, intermediários e avançados). No posicionamento mais recente do próprio ACSM (2009)[2], esses conceitos sobre a forma de prescrição foram mantidos e ampliados em alguns aspectos, os quais serão abordados na sequência deste capítulo.

Após a consideração dos princípios do TF, o primeiro passo para sua prescrição é identificar o nível de treinamento do indivíduo.

## NíVEL DE TREINAMENTO

O nível do treinamento pode ser classificado de acordo com o tempo decorrido desde seu início. Por se tratar de uma classificação exclusivamente cronológica, é interessante ressaltar que a realização do treinamento durante um determinado período de tempo deve ser suficiente para causar as adaptações desejadas. Com a proposta do ACSM (2002)[1] adaptada, chegou-se à seguinte classificação:

**Iniciantes:** indivíduos sem experiência em TF ou que não praticam esta modalidade de exercício por um tempo suficiente para rever as adaptações obtidas durante o período anterior de treinamento.

**Intermediários:** indivíduos que estão em treinamento consistente há aproximadamente seis meses.

**Avançados:** indivíduos com pelo menos um ano de experiência em TF realizado de forma sistemática e que obtiveram ganhos significativos de força e hipertrofia muscular.

Para que o indivíduo seja classificado como nível intermediário ou avançado em TF, não se deve considerar apenas o fator tempo de treinamento, mas, sobretudo, a relação entre o tempo e a consistência do treinamento.

Um indivíduo que pratica TF há oito meses pode ser considerado um praticante de nível intermediário?

A resposta depende de alguns fatores, por exemplo, da forma como o treinamento foi executado durante esse tempo. Se utilizada a hipótese de uma frequência de treinos de uma vez por semana, é provável que as adaptações fisiológicas não sejam suficientes para classificá-lo como intermediário.

Logo, para uma classificação fidedigna do nível do treinamento, diversos fatores devem ser considerados durante o processo. Destaca-se, inclusive, a palavra "processo" como um reflexo criterioso do principal aspecto a ser considerado para a classificação e a subsequente prescrição do TF. O tempo de experiência é apenas uma referência quantitativa que busca facilitar a prescrição do treinamento, desse modo o bom senso do profissional deve ser considerado.

## VARIÁVEIS AGUDAS DO TREINAMENTO

### INTENSIDADE DE TREINAMENTO

A carga representa a quantidade de peso levantado ou a resistência utilizada durante o exercício. A intensidade máxima a ser utilizada depende muito de outras variáveis do programa, como o volume, a ordem dos exercícios[3], a ação muscular[4] e o tempo de intervalo entre as séries e os exercícios[5]. No TF tradicional, é intrínseca a relação entre intensidade e volume, ou seja, com o aumento da intensidade, diminui o número de repetições que podem ser realizadas.

Ao longo dos anos, muitos profissionais de Educação Física, incluindo os pesquisadores e os professores de academias, indicaram a prescrição da intensidade por porcentual de uma repetição máxima (% de 1RM). Entretanto, essa metodologia de prescrição apresenta algumas limitações, em especial quando o programa é composto por vários exercícios. Em uma sala de musculação com 3 instrutores e 40 alunos, por exemplo, torna-se inviável realizar o teste de 1RM em todos os exercícios do programa de cada pessoa que estiver mudando a carga e/ou o sistema de treino. Além do grande tempo despendido para que uma bateria de testes de 1RM seja realizada, o tempo de adaptação neuromuscular pode ser suficientemente rápido para desencorajar a realização de uma reavaliação a cada bimestre ou até mesmo a cada mês para um indivíduo iniciante/intermediário.

PRESCRIÇÃO DO TREINAMENTO DE FORÇA

Por esses e outros motivos, como a aplicabilidade prática e a otimização de tempo, a prescrição do TF passou a ser realizada por meio de **repetições máximas (RM)**. Esta metodologia, que surgiu do empirismo e, por isso, foi muito criticada, agora tem sido utilizada por muitos profissionais e recentemente foi reconhecida pelo ACSM[1]. Treinar por RM representa utilizar a carga máxima para um determinado número de repetições. Como é difícil determinar a carga exata para um certo número de repetições, sugere-se utilizar uma **zona de treinamento** de acordo com a intensidade.

## EXEMPLO DE AJUSTE DA CARGA POR REPETIÇÕES MÁXIMAS

Um indivíduo utiliza um peso de 50 kg no exercício supino aparelho. Pede-se para que ele execute de 10 a 12RM (zona de treinamento). Caso ele consiga executar mais de 12RM, realizando movimentos completos e sem ajuda, adiciona-se de 2 a 10% do peso utilizado, porém, caso não consiga chegar à zona de treinamento, ou seja, não for capaz de executar no mínimo 10RM, retira-se o mesmo valor de peso. O ajuste da intensidade será inversamente proporcional à dificuldade relatada.

Esse método, descrito em um estudo realizado por Foschini et al.[6], possui a grande vantagem de ajustar a intensidade ao estado físico e psicológico do indivíduo no dia do treino, bem como ao aumento da força entre as sessões de treinamento. Desse modo, é possível ajustar a intensidade sempre que necessário, enquanto pelo método de percentual de 1RM o ajuste só ocorre após a realização dos testes de 1RM. Prescrever por % de 1RM, além de demandar muito tempo (aproximadamente vinte minutos por exercício), limita o ajuste diário da intensidade de treinamento, que pode ser influenciado por diversos fatores ambientais e psicobiológicos do indivíduo no dia do treinamento, como alimentação, sono, motivação, temperatura, entre outros[7]. Além disso, quando se utiliza o % de 1RM, existem diferenças entre os membros superiores (MMSS) e os membros inferiores (MMII) e, com frequência, um número maior de repetições pode ser realizado para o mesmo porcentual de carga nos exercícios de MMII.

As características de desempenho muscular são determinadas com maior precisão quando é utilizado o treinamento com RM, porém, observa-se, em academias, que esse procedimento não é comum entre a maioria das pessoas que pratica TF. Então, para potencializar o princípio da sobrecarga, o profissional deve conscientizar seu cliente sobre a necessidade de se treinar em RM ou próximo delas, quando o objetivo do programa for condizente.

Como sugestão, em casos de doenças que limitem o uso de sobrecarga no treinamento e/ou de pessoas que não tenham como objetivo principal aumentar as manifestações de força muscular, podem-se utilizar repetições submáximas, ou seja, sem realizar a falha concêntrica.

De modo geral, cargas que permitem 1-6RM, 8-12RM e 15-25RM são recomendadas para maximizar a força, a hipertrofia e a resistência muscular, respectivamente. Campos et al.[8] confirmaram essas suposições, avaliando as adaptações neuromusculares após oito semanas de TF progressivo em grupos que utilizaram cargas para 3-5RM (poucas repetições), 9-11RM (repetições intermediárias) e 20-28RM (muitas repetições). A investigação revelou: (1) aumentos na força máxima (poucas > intermediárias > muitas repetições); (2) aumentos na resistência muscular (altas > intermediárias > poucas repetições); (3) aumento na área de secção transversa do músculo apenas nos grupos de poucas e intermediárias RM, sem diferença entre os dois grupos; e (4) aumento na potência aeróbia máxima apenas para o grupo de muitas repetições. Esses resultados suportam a noção de que diferentes faixas de RM maximizam adaptações musculares específicas.

Atualmente, a influência da intensidade do treinamento sobre a sinalização das vias biomoleculares tem sido investigada, mas, até o presente momento, nenhum estudo isolou a influência da dose-resposta da carga nas respostas de sinalização intracelulares e subsequente adaptação ao TF. Um estudo indicou, por meio da estimulação elétrica de baixa e alta frequência, a influência da intensidade do estímulo na sinalização das respostas musculares e mostrou que a estimulação elétrica de alta frequência promove um potente estímulo na via Akt-mTOR (Akt = proteína quinase B; mTOR = alvo da rapamicina em mamíferos, via relacionada à hipertrofia muscular), enquanto a estimulação elétrica de baixa frequência aumenta a atividade de AMPK (AMPK = adenosina monofosfato ativada por proteína quinase, via antagônica à via Akt-mTOR)[9]. Esses resultados sugerem que as intensidades altas promovem crescimento muscular e as intensidades mais baixas com maior tempo de estímulo, aumento da resistência muscular (a ativação de AMPK promove adaptações de resistência)[10]. No entanto, Barcelos et al.[11] demonstraram que o TF (8 semanas/três vezes por semana/cadeira extensora unilateral) realizado com cargas baixas (20% de 1RM) e apenas uma série até a falha concêntrica foi tão efetivo quanto maiores a intensidade (50%) e o volume (3 séries) sobre os ganhos de força (1RM) e a hipertrofia (área de secção transversal do músculo, imagem de ressonância magnética) em homens sem experiência prévia no com TF. Já em indivíduos treinados (cerca de 3 anos de experiência), Schoenfeld et al.[12] compararam o treinamento com cargas baixas (25 a 35RM) ou treinamento de cargas altas (8 a 12RM) durante 8 semanas (três vezes por semana) com exercícios para os principais grupamentos musculares. Ambos os protocolos de treinamento com cargas altas e cargas baixas foram efetivos em aumentar o volume muscular dos flexores de cotovelo (5,3 *vs.* 8,6%), extensores do cotovelo (6,0 *vs.* 5,2%) e do quadríceps (9,3 *vs.* 9,5%), respectivamente. No entanto, os ganhos de força no agachamento foram superiores para o grupo com altas cargas (19,6 *vs.* 8,8%) quando comparado ao treinamento com baixas cargas, respectivamente.

Mais detalhes sobre essas vias podem ser encontrados na Figura 3 do Capítulo 2.

## SELEÇÃO E ORDEM DOS EXERCÍCIOS

A escolha dos exercícios é determinada pelos grupos musculares ativados, e a sequência específica dos exercícios em cada sessão afeta significativamente o rendimento, a produção de força e a razão de fadiga muscular durante uma sessão de TF[13,14]. Por exemplo, ao se comparar a execução do agachamento como primeiro ou último movimento de uma sequência de exercícios, observa-se uma redução significativa do número de repetições realizadas quando esse exercício é o último a ser executado[13]. A ativação muscular reduzida (mensurada por eletromiografia – EMG) e a fadiga metabólica (redução do glicogênio muscular e/ou das concentrações de fosfocreatina) podem explicar a queda no rendimento[15]. A magnitude de como a ordem dos exercícios altera as respostas de sinalização intracelular ao TF depende do ajuste das outras variáveis do treinamento, como redução da intensidade e/ou volume e aumento do intervalo, realizadas para compensar as alterações no rendimento neuromuscular.

Os exercícios com ativação de grandes grupos musculares promovem respostas hormonais e metabólicas mais pronunciadas do que aqueles que trabalham grupos musculares pequenos[16]. Esses achados sugerem que a quantidade de massa muscular recrutada afeta de forma direta as respostas hormonais e metabólicas ao TF. Assim, o aumento das respostas hormonais pelo uso de exercícios que envolvem grandes grupos musculares pode favorecer as adaptações ao TF, visto que os hormônios aumentam a sinalização da mTOR[17] e a atividade de células satélites[18], promovendo ganhos de força após o treinamento crônico[19] (ver Figura 3 do Capítulo 2).

Apesar de o ACSM[2] corroborar esses resultados, é importante que sejam feitas algumas ponderações. Supondo que uma pessoa tenha como principal objetivo hipertrofiar o bíceps e o tríceps braquiais (considerados grupos musculares pequenos) com um treino parcelado em A, B e C realizado seis vezes por semana (Tabela 1), cada um desses treinos abordará dois grupos musculares. Considerando o objetivo desse indivíduo, por que não iniciar os treinos A e B pelos menores grupos musculares? Em outras palavras, se a recomendação do ACSM[2] fosse usada como parâmetro, nos dias em que o aluno realizasse o treino A, ele deveria começar pelo peitoral maior e, no dia do treino B, iniciaria pelos dorsais. Mas, levando em conta o seu principal objetivo – hipertrofiar bíceps e tríceps braquiais –, não seria mais apropriado começar pelos grupos musculares que ele deseja hipertrofiar, uma vez que, no início do treino, ele provavelmente estaria se sentido mais disposto?

TABELA 1.   Modelo de parcelamento do treino de acordo com os grupos musculares priorizados

|   | Seg | Ter | Qua | Qui | Sex | Sáb |
|---|---|---|---|---|---|---|
| Parcelamento do treino | Treino A 4 a 6RM | Treino B 4 a 6RM | Treino C 4 a 6RM | Treino A 12 a 15RM | Treino B 12 a 15RM | Treino C 12 a 15RM |
| Grupos musculares priorizados | Peitoral maior e bíceps braquial | Dorsais, tríceps braquial e abdome | MMII e deltoide | Peitoral maior, bíceps braquial e abdome | Dorsais e tríceps braquial | MMII e deltoide |

MMII = membros inferiores.

Uma visão mais detalhada sobre os efeitos da ordem de execução dos exercícios pode ser encontrada a seguir, no tópico Posicionamento do especialista.

## Posicionamento do especialista

Roberto Fares Simão Júnior é Doutor em Educação Física pela Universidade Gama Filho e Professor Adjunto da Universidade Federal do Rio de Janeiro. O Professor Roberto Simão é autor de diversos artigos, capítulos de livros e livros relacionados ao treinamento de força e revisor científico de vários periódicos nacionais e internacionais.

## QUESTÕES

*O paradigma de que os grandes grupos musculares devem sempre iniciar uma sessão de treinamento de força é correto? Esse parâmetro pode ser alterado de acordo com o nível de aptidão física do aluno? Comente sobre as principais atualizações relativas à ordem dos exercícios no treinamento de força.*

Ao se revisar o parecer do ACSM de 2009[2], observa-se que o tópico que aborda a ordem dos exercícios é similar ao de 2002[1], ou seja, deve-se iniciar uma sessão de treinamento de força pelos grupamentos maiores. No entanto, as evidências atuais já não corroboram essa vertente. Diversos estudos encontrados no MEDLINE[13,20-23] são categóricos em afirmar que a sessão de treinamento deve ser iniciada pelo grupamento muscular a ser priorizado. Em estudo mais recente, Bellezza et al.[24] afirmam que, se a intenção é promover menor fadiga e maior possibilidade de aderência ao treinamento de força, deve-se iniciá-lo pelos grupamentos musculares menores, quando este for o objetivo do aluno. Mesmo com as evidências atuais, o ACSM (2009)[2], ainda afirma que se deve iniciar pelos grupamentos maiores, já que não existem evidências em estudos de efeito crônico ou de evidência categorizada como nível A.

Recentemente, Dias et al.[20] romperam de forma definitiva com esse paradigma. Em estudo de efeito crônico, os resultados foram similares aos obtidos no de efeito agudo, ou seja, concluiu-se que uma sessão de treinamento de força deve ser iniciada pelo grupamento a ser priorizado, independentemente se este é maior ou menor. A aplicação prática desse estudo é apropriada no caso de um aluno que objetiva priorizar o ganho de força e/ou massa muscular em que um pequeno grupo muscular deverá ser abordado no início da sessão.

---

Existe uma discussão frequente entre pesquisadores e profissionais que trabalham com TF sobre a eficácia dos exercícios multiarticulares e monoarticulares. Na maioria dos casos, recomenda-se que ambos sejam realizados por iniciantes, intermediários e avançados. Entretanto, apesar de não existirem evidências científicas suficientes por questões de segurança e facilidade no aprendizado do movimento, muitos profissionais do TF recomendam exercícios multiarticulares para iniciantes e, à medida que o nível de treinamento aumenta, essa predominância pode desaparecer ou ser revertida. Nesse sentido, o ACSM recomenda que cada sessão de treinamento seja iniciada pelos exercícios multiarticulares.

## TIPO DE AÇÃO MUSCULAR

De forma geral, os programas de TF incluem ações musculares concêntricas (CON) e ações musculares excêntricas (ECC), sendo que as ações musculares isométricas (ISOM) exercem papel secundário nesses tipos de programas. Maiores níveis de força são encontrados durante ações musculares ECC[25], que também resultam em menor ativação de unidades motoras por nível de tensão específica, necessitando de menor quantidade de energia para um determinado nível de força[4]. As ações excêntricas são consideradas ótimas para promover hipertrofia muscular e apresentam resultados mais significativos no dano muscular (microlesão) e na dor muscular de início tardio (DMIT), quando comparadas às ações concêntricas[26]. Em geral, a elaboração de programas de TF envolve ações musculares CON e ECC. Entretanto, em certos programas, podem ser incluídas algumas formas de ações ISOM (p. ex., treinamento funcional), com o uso de diferentes formas de resistência, como as *terabands*.

## TIPO DE AÇÃO MUSCULAR E BIOLOGIA MOLECULAR

O tipo de ação muscular também tem impacto sobre as respostas e as adaptações ao TF. Ações excêntricas máximas aumentam a fosforilação de p70 S6K (proteína quinase S6 ribossomal), enquanto ações concêntricas máximas e ações excêntricas submáximas produzem efeitos menores nessa fosforilação[27]. Adicionalmente, ações excêntricas promovem um potente estímulo sobre as MAPKs (mitogênio ativado por proteínas quinases)[28]. É importante lembrar que tanto a via da p70 S6K como a das MAPKs participam da hipertrofia muscular. No entanto, estudos com animais demonstram que ações concêntricas, excêntricas e isométricas induzem a respostas de sinalização similares quando a força é equalizada. Todavia, o músculo esquelético pode gerar ~30% mais tensão durante a ação excêntrica, quando comparada à concêntrica, o que explica por que a ação excêntrica máxima promove respostas mais pronunciadas em humanos e em animais[29,30]. Esses resultados indicam que a ação excêntrica pode ser incluída para otimizar as adaptações ao TF. Vale ressaltar que volumes desproporcionais de ações excêntricas podem ser contraprodutivos, podendo gerar dano muscular excessivo[31].

## VELOCIDADE DE EXECUÇÃO DO MOVIMENTO

A velocidade do movimento é diferente para os três níveis de treinamento, por esse motivo, esse tópico será mais bem detalhado nas sessões de prescrição de TF para iniciantes, intermediários e avançados.

A seguir, são conceituadas as características das contrações lenta, moderada e rápida.

- **Lenta:** duração > a 4 segundos (concêntrica + excêntrica).
- **Moderada:** duração > 2 e < 4 segundos (concêntrica + excêntrica).
- **Rápida:** duração < 2 segundos (concêntrica + excêntrica).

A duração total de uma repetição deve levar em consideração as ações concêntrica, excêntrica e isométrica, podendo ser representada em três dígitos, em que o primeiro número (em segundos) reflete o tempo da ação concêntrica, o segundo indica o tempo da ação isométrica (transição entre as fases concêntrica e excêntrica, por vezes negligenciado nos estudos) e o terceiro número expressa o tempo da ação excêntrica[12]. Um exemplo de 2-1-3 seria 2 segundos de concêntrica, 1 segundo de isometria e mais 3 segundos de trabalho excêntrico. Nesse caso, a duração total da repetição é de 6 segundos.

A revisão sistemática de Schoenfeld et al.[12] revelou que, até o presente momento, resultados similares de hipertrofia muscular podem ocorrer com repetições que duram entre 0,5 e 8 segundos até a falha concêntrica. Sendo assim, quando o objetivo do treinamento é o crescimento muscular, uma ampla variedade na duração das repetições pode ser utilizada. As evidências apontam que o treinamento com a repetição muito lenta, mais de 10 segundos, produz um resultado inferior de ganhos musculares. Vale ressaltar que os estudos controlados com velocidade muito lenta (*super slow*) ainda são muito limitados e que resultados inferiores não significam não hipertrofiar com esse tipo de treino, apenas menores ganhos. Uma possível explicação é que para manter um tempo superlento das repetições o peso utilizado acaba sendo excessivamente reduzido. Outro ponto interessante é que o treino com menos peso e velocidade mais lenta das repetições pode ser interessante para populações especiais e pessoas com limitações osteoarticulares ou mesmo situações nas quais não é possível aumentar o peso por falta de equipamentos e materiais.

É interessante notar que pela literatura científica ainda não está claro se a combinação de várias velocidades no mesmo treino ou ao longo de uma periodização produziria resultados superiores. No entanto, na prática a variação de treino, incluindo a velocidade da repetição, parece ser uma ótima opção para os melhores resultados.

## VOLUME DO TREINAMENTO

O volume total do TF é tipicamente expresso como volume = séries $\times$ repetições $\times$ resistência (kg)[32]. Assim, pode-se manipular o volume do treinamento alterando o número de exercícios realizados por sessão, o número de séries realizadas por exercício, o número de repetições realizadas por série ou a resistência utilizada. Mudanças no volume de treinamento influenciam as respostas hormonais, moleculares, neurais e metabólicas ao TF[30,33-35]. Um TF com múltiplas séries promove maiores respostas do hormônio do crescimento (GH) e da testosterona que programas com apenas uma série[5]. Além disso, treinamentos crônicos que utilizam múltiplas séries promovem adaptações superiores quando comparados aos programas de série única[36,37].

Recentemente, Radaelli et al.[38] analisaram durante 6 meses (três vezes por semana/8 a 12RM) os efeitos de diferentes séries (1, 3 ou 5) sobre os ganhos de força (5RM), resistência muscular (20RM) e hipertrofia (volume muscular) em 48 homens sem experiência prévia no TF. De acordo com os resultados do estudo, apesar de todos os grupos apresentarem melhoras significativas na força e resistência muscular, o treinamento com séries múltiplas (3 e 5) foi mais efetivo quando comparado ao treinamento com série única para os ganhos de força. Adicionalmente, somente os grupos com séries múltiplas apresentaram melhoras na hipertrofia muscular. De forma análoga, Fröhlich et al.[39] demonstraram por meio de uma metanálise que o TF realizado com séries múltiplas é mais efetivo do que o treinamento de séries simples, principalmente em estudos de longa duração (tamanho do efeito: 3,4 *vs.* 1,25 em estudos com 25 a 30 semanas) e em indivíduos com experiência prévia no TF (Figura 1).

Parece que uma das questões principais relacionadas com o volume de séries parece ser o tempo de treino e a treinabilidade dos indivíduos, ou seja, iniciantes conseguem resultados similares com menos séries nos primeiros meses de treinamento, enquanto treinados podem precisar de mais sé-

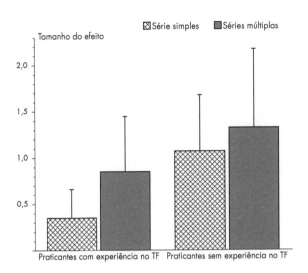

**FIGURA 1.** Tamanho do efeito de série simples e múltiplas séries no treinamento de força (TF) são dependentes da experiência do praticante. Adaptado de Fröhlich et al.[39].

ries para apresentarem evolução, advogando a favor do princípio da sobrecarga progressiva.

Adiante será apresentada uma proposta para o número de séries e a frequência semanal para indivíduos iniciantes, intermediários e avançados.

A alteração no volume do TF pode causar um impacto significativo na sinalização intramuscular: maior volume promove depleção dos estoques de glicogênio, estimulando assim a atividade de AMPK. O aumento da atividade de AMPK promove adaptações relacionadas ao metabolismo aeróbio muscular e inibição da síntese proteica por meio da inibição da via Akt-mTOR[40-42].

São necessários, portanto, mais estudos que analisem, durante a mesma sessão ou período de treinamento, o efeito da dose-resposta sobre as adaptações hormonais e biomoleculares decorrentes do aumento do volume de TF.

## POSICIONAMENTO DO ESPECIALISTA

Mathew Rhea completou o seu Ph.D. em Ciência do Exercício na Arizona State University e é professor-associado da A. T. Still University. O seu foco de pesquisa acadêmica tem sido o desempenho físico. O professor Rhea tem mais de 100 estudos na área de exercício e ciência do esporte, publicando artigos em revista de grande referência e em congressos internacionais. Ele foi nomeado o Jovem Pesquisador de destaque pela National and Strength Conditioning Association (NSCA) em 2008 e palestrou em congressos internacionais do ACSM, International Conference on Strength Training, and the International Olympic Committee. Ele também presta consultoria para vários atletas profissionais (San Francisco Giants, Pittsburgh Pirates, Phoenix Suns, Carolina Panthers, Athletes' Performance) e universitários (Arizona State, Brigham Young University, College of Southern Idaho, Dixie State University). O professor Rhea é dono de sua própria empresa de consultoria em treinamento, RACE Rx, e desenvolveu sistemas de treinamento para academias, fábricas de equipamentos e clínicas de fisioterapia.

## QUESTÃO

*Qual o seu posicionamento sobre o número de séries, repetições e sessões semanais para praticantes iniciantes, intermediários e avançados em treinamento de força quando o objetivo é obter hipertrofia?*

Os resultados sobre dose-resposta que eu e meus colaboradores publicamos há alguns anos fornecem evidências sobre a dose-resposta para os ganhos de força[43]. Apesar de isso ajudar, nós ainda não temos dados suficientes sobre todas essas variáveis para hipertrofia. Nos últimos anos, eu estive trabalhando nos estudos acumulados para uma grande metanálise sobre o assunto, mas ainda não temos dados suficientes. No entanto, baseado nos dados que eu tenho, sinto-me confortável em projetar faixas de dose-resposta para diferentes graus de treinamento. Para iniciantes, 4 a 5 séries de 15 a 20 repetições, duas vezes por semana, são suficientes para induzir a um processo hipertrófico considerável. À medida que o indivíduo progride no treinamento, e fique mais acostumado com maiores volumes de treinamento, deve-se progredir para sobrecarga progressiva. Indivíduos intermediários vão experienciar maiores ganhos hipertróficos realizando 10 a 15 séries de 12 a 15 repetições, uma vez por semana. Para indivíduos avançados, recomendam-se 15 a 30 séries de 10 a 15 repetições, uma vez por semana. O número de séries recomendado refere-se ao total de séries por grupamento muscular, não por exercício. Vale ressaltar que esse número de séries poderá ser reduzido caso o praticante resolva repetir o mesmo grupamento muscular na mesma semana. Outro ponto importante, em todas as recomendações, é a utilização do princípio da sobrecarga progressiva, de modo que dentro de uma periodização esses praticantes intermediários e especialmente os avançados poderão treinar algumas semanas com intensidades de carga inferiores a 6RM, típicas de treinos de força máxima, mas que resultam em hipertrofia significativa.[1]

---

1 Recomenda-se a leitura do Capítulo 5 para o entendimento dos diferentes tipos de periodização.

## FREQUÊNCIA SEMANAL

A frequência de treinamento refere-se ao número de vezes que um músculo ou grupo muscular é exercitado na semana. Para Zatsiorsky e Kraemer[7], a frequência ideal depende de algumas variáveis do treinamento, como:

- Volume.
- Intensidade.
- Seleção dos exercícios.
- Nível de aptidão física.
- Capacidade de recuperação de um grupo muscular.

É interessante notar que, Serra et al.[44] analisaram os efeitos de diferentes frequências (2, 3 ou 4 sessões semanais) sobre os ganhos de força em homens sem experiência no TF durante 8 meses. Os resultados reportados pelos autores indicaram que uma baixa frequência semanal (duas vezes por semana) é tão efetiva quanto (3 ou 4 sessões semanais) para o aumento da força muscular de 10 RM em indivíduos sem experiência no TF. Não obstante, Burt et al.[45] demonstraram em mulheres sem experiência prévia no TF que 1 sessão semanal é tão efetiva quanto 2 sessões semanais para ganhos de força muscular. É importante ressaltar que nesses dois estudos foi analisada apenas a força muscular e não a hipertrofia.

Não se deve esquecer que o jargão "quanto mais melhor" na maioria das vezes não é saudável e nem eficaz, porque pode gerar prejuízos ao praticante, por exemplo, o *overtraining* (excesso de treinamento que causa diminuição do desempenho). Os detalhes sobre a frequência semanal a ser aplicada para iniciantes, intermediários e avançados, de acordo com os objetivos específicos, serão apresentados posteriormente neste capítulo.

## INTERVALO ENTRE AS SÉRIES

O período de intervalo entre as séries tem significante influência sobre as respostas e as adaptações ao TF. Períodos de intervalo reduzidos são tipicamente recomendados em programas de TF para maximizar a hipertrofia muscular, em função do aumento de GH, quando comparados com longos períodos de recuperação[23,33,46]. Entretanto, curtos períodos de intervalo prejudicam o rendimento físico durante as séries subsequentes e, durante várias semanas, atenuam o aumento de força muscular, em comparação aos intervalos longos[47,48]. Portanto, intervalos de curta duração não são recomendados para otimizar ganhos na força muscular[1].

Intervalos curtos podem aumentar a atividade de AMPK e inibir a síntese de proteína imediatamente após o TF[47,48]. Entretanto, essa relação teórica entre períodos curtos de intervalo, atividade de AMPK e prejuízo na síntese proteica é muito discutida, pois:

1. A importância do aumento transitório (~1-2 horas após o exercício) na atividade de AMPK no comprometimento do crescimento muscular após TF crônico ainda não está esclarecida.
2. Pequenos períodos de intervalo aumentam a resposta do GH ao TF, podendo influenciar a hipertrofia muscular.

A influência direta do tempo de intervalo nas respostas de sinalização induzidas pelo TF foi pouco explorada. Portanto, curtos períodos de intervalo estimulam a hipertrofia, e longos períodos de intervalo maximizam os ganhos de força.

Nesse sentido, Salles et al.[49] ressaltam que intervalos de descanso mais longos (p. ex., 2 a 3 minutos) resultam em aumentos significativamente superiores de força muscular em comparação com intervalos mais curtos (p. ex., 30 a 90 segundos). Além disso, intervalos de descanso mais longos permitem que o treinamento seja executado com maiores intensidade e volume. Evidências também sugerem que intervalos excessivamente prolongados (acima de 5 minutos) não são necessários e podem não ser interessantes para outras manifestações da força[49,50].

Em resumo, se o objetivo do TF com múltiplas séries for o desenvolvimento de força máxima, com cargas superiores a 90% de 1RM ou 1 a 3RM, intervalos de 3 a 5 minutos são necessários para manter o número de repetições por série, sem grandes reduções na carga do treinamento. Em contrapartida, intervalos mais curtos entre as séries (p. ex., < 1 minuto) produzem melhores resultados para a resistência de força[51], porém esses intervalos podem inviabilizar a manutenção do número de repetições por série.

Por conseguinte, quando intervalos inferiores a um minuto forem utilizados, se necessário, a carga pode ser reduzida ao longo das séries para manter a faixa de repetições de acordo com o objetivo do treinamento[49]. Outra possibilidade é utilizar intervalos de até dois minutos no início do programa e depois reduzi-los à medida que o aluno progride no treinamento. No caso da hipertrofia, a combinação de intensidades moderadas com intervalos de 30 a 60 segundos pode ser a melhor alternativa para a maior parte do ano. No entanto, quando maiores intensidades (p. ex., 3 a 6RM) forem inseridas no processo da periodização (Capítulo 5) para hipertrofia, serão necessários intervalos superiores a um minuto e/ou auxílio concomitante de um colega de treino. Mais pesquisas sobre a necessidade de se manter o número de repetições ao longo das séries e o resultado final sobre o aumento de massa muscular são necessárias para elucidação do assunto.

Outra questão importante é a diferença entre os músculos dos MMII e MMSS do corpo. Os MMII parecem exibir maiores características de resistência de força quando comparados aos MMSS[52]. Assim, a combinação de músculos específicos pode afetar a prescrição do intervalo de descanso. Os praticantes podem utilizar intervalos de descanso mais longos para exercícios de MMSS (p. ex., supino barra) e intervalos mais curtos para exercícios MMII (p. ex., agachamento com barra livre). A razão disso é que, quando a mesma intensidade é aplicada nos MMII e nos MMSS (8RM e intervalos de 1, 2 ou 5 minutos), maior número de repetições é realizado para os MMII[52]. É importante ressaltar que a maioria dos estudos que investigaram os efeitos do intervalo de descanso sobre o número de repetições realizadas utilizou apenas um ou dois exercícios, o que não traduz a realidade de uma sessão de treinamento em academias. Desse modo, um estudo realizado pelo nosso grupo, com três séries de 10RM em três exercícios, também verificou redução no número de repetições com um intervalo de descanso mais curto[53].

As recomendações supracitadas são gerais, de tal modo que a especificidade do intervalo de descanso para a força máxima, a hipertrofia e a resistência de força, de acordo com o nível de aptidão física, será apresentada a seguir.

## Posicionamento do especialista

O professor Jeff Willardson é especialista em treinamento de força certificado pela National Strength and Conditioning Association. Ele também é professor-associado no departamento de Kinesiology and Sports Studies na Eastern Illinois University e leciona as disciplinas de biomecânica, princípios da fisiologia do exercício e do treinamento de força. Jeff recebeu o seu título de Ph.D. em Exercise and Wellness na Arizona State University em 2005; já conduziu mais de 50 estudos científicos na área de treinamento de força e participou deles. O professor Jeff é também fisiculturista e, em 2011, ficou em segundo lugar na categoria Open Tall INBA Mr. Illinois Competition.

### Questões

*Qual o seu posicionamento com relação ao intervalo de descanso para melhorar a resistência muscular, a hipertrofia, a potência e a força máxima? Existem intervalos de descanso ótimos para cada um desses objetivos?*

O intervalo entre as séries é uma variável-chave na prescrição do treinamento de força que é frequentemente negligenciada quando comparada a outras variáveis como a intensidade da carga, o número de séries e a zona de repetições. O monitoramento objetivo do intervalo de descanso entre as séries pode garantir que o músculo esteja nas condições ideais para a realização das séries seguintes. No entanto, indivíduos treinados conseguem subjetivamente monitorar os seus intervalos de descanso entre as séries e, baseados na percepção, podem determinar o melhor momento de preparação muscular para iniciar a próxima série.

O intervalo de descanso entre as séries é tipicamente determinado de acordo com o objetivo desejado ou o tipo de força a ser treinado. Temos quatro fundamentos geralmente aceitos como objetivos de um programa de treinamento de força, que incluem: potência, força máxima, hipertrofia e resistência muscular. Essas manifestações não são exclusivamente treinadas, ao passo que o treinamento direcionado para uma dessas características também pode melhorar as outras, mas em menor grau. No entanto, a prescrição do treinamento de força vai tipicamente enfatizar a melhora de uma dessas manifestações.

O intervalo de descanso entre as séries pode afetar o estado de fadiga relativa dos músculos ao longo das séries. Para alguns objetivos de treinamento, como a hipertrofia e a resistência muscular, realizar a próxima série sem que os músculos tenham atingido a recuperação completa pode ser desejável para aumentar a síntese proteica, a resistência e eventualmente a hipertrofia. Intervalos de descanso mais curtos entre as séries aumentam o uso da via glicolítica rápida para sustentar as demandas energéticas, resultando em maior acidose muscular com aumento da capacidade de tamponamento. Sendo assim, para objetivos como hipertrofia e resistência muscular, intervalos de descanso entre 30 segundos e 2 minutos são recomendados[2]. A utilização de intervalos mais curtos entre séries consecutivas pode gerar a necessidade de reduzir a carga para manter o desempenho das repetições, caso desejado[54].

Por outro lado, para outros objetivos como a potência e a força máxima, intervalos de descanso acima de 2 minutos entre as séries consecutivas são recomendados[2]. O objetivo é atingir repetições de qualidade por série sem reduções na carga. Intervalos mais longos permitem a potenciação neural de cada repetição para produzir força e potência. Esse ponto é crítico na prescrição do treinamento de força para enfatizar o desenvolvimento da potência, sendo extremamente relevante a manutenção da velocidade da repetição[55]. O recrutamento consistente das unidades motoras de maior limiar é facilitado com intervalos de descanso mais longos entre as séries.

Sumariamente, o desenvolvimento de algumas adaptações características como a hipertrofia e a resistência de força pode ser maximizado com intervalos mais curtos entre as séries, que promovem maior estado de fadiga. Já o desenvolvimento da potência e da força máxima pode ser beneficiado pelo uso de intervalos mais longos de descanso entre séries que promovem maior grau de potenciação neural.

*Quais são as principais aplicações do intervalo dentro da série (intrassérie)?*

Diferentemente do método tradicional em que se realiza uma série toda de repetições consecutivamente (e então um intervalo de descanso entre as séries é permitido), evidências apontam para a efetividade de se realizar blocos ou dividir uma série completa em grupos de repetições menores, com intervalos dentro da série (intrassérie). Um estudo prévio demonstrou maior produção de potência em cada repetição quando seis repetições foram divididas em repetições únicas, duplas ou triplas versus a realização das seis repetições consecutivamente com a carga de 6RM. Nesse estudo, os descansos dentro da série foram de 20 segundos entre as repetições únicas; 50 segundos entre as duplas e 100 segundos entre as triplas[56].

Portanto, blocos de repetições ou a interrupção de uma série antes de atingir a repetição máxima (com determinada carga) podem ser interessantes para o desenvolvimento da potência. Considerando que o sistema fosfagênio de energia se recupera rapidamente[57] quando não completamente exaurido (i.e., 20-30 segundos), a realização de blocos de repetições é eficiente em termos de tempo e permite a manutenção da velocidade da repetição, sendo esse um fator crítico para o desenvolvimento da potência.

## FALHA CONCÊNTRICA

A realização do TF até a falha concêntrica (inabilidade de completar uma repetição por causa da fadiga) foi primeiramente proposta como um meio de acelerar a reabilitação de soldados feridos na Segunda Guerra Mundial[58] e, nos dias atuais, tem despertado interesse de praticantes e treinadores. O principal motivo de realizar a repetição até a falha concêntrica está relacionado ao maior aumento no recrutamento de unidades motoras e ao maior estresse mecânico, que por sua vez geram aumento na expressão gênica, dano muscular e maior processo de reparo do músculo. No entanto, alguns estudos têm demonstrado que agudamente o treinamento até a falha concêntrica reduz a produção de força gerada pelo músculo. Adicionalmente, o dano muscular propiciado pelo treinamento com a falha concêntrica pode diminuir a velocidade e a produção de força muscular nas sessões subsequentes[59-61].

É interessante observar que, Izquierdo et al.[59] analisaram dois grupos, um que realizava o TF até a falha concêntrica (3 × 10RM) e outro que realizava o mesmo treinamento mas não chegava até a falha concêntrica (6 × 5 repetições com carga de 10RM); após onze semanas de treinamento, os pesquisadores demonstraram ganhos similares na força de 1RM no supino reto,

1RM no agachamento, na produção de potência muscular de MMSS e MMII e na resistência muscular (avaliada pelo número de repetições no agachamento com 75% de 1RM). Não obstante, o grupo que treinava até a falha concêntrica apresentou redução das concentrações de IGF-1, enquanto o grupo que treinava sem falha concêntrica aumentou as concentrações séricas de testosterona em repouso e ainda reduziu o cortisol.

Em relação à hipertrofia muscular, Sampson e Groeller[60] analisaram os efeitos do TF (flexão de cotovelo/três vezes por semana/85% de 1RM) realizado até a falha concêntrica ou não sobre a força muscular (1RM) e hipertrofia (área de secção transversa do músculo avaliada por meio da imagem de ressonância magnética) em homens adultos sem experiência prévia durante 12 semanas. Os resultados apresentados demonstraram que a realização do treinamento sem falha concêntrica foi igualmente efetiva em aumentar a força (~30%) e a hipertrofia (~10%) quando comparada ao treinamento até a falha concêntrica mesmo realizando menor volume de treino (17 *vs.* 24), respectivamente.

Nesse aspecto, parece que o treinamento sem falha concêntrica pode resultar em ganhos similares em força, hipertrofia e potência muscular quando comparado ao treinamento até a falha concêntrica (que apresenta ganhos significativos na resistência muscular de MMSS).

No entanto, em praticantes treinados e fisiculturistas, quando o objetivo é obter a hipertrofia muscular, a falha concêntrica parece contribuir sobremaneira para o ganho de massa muscular. A questão é saber o *status* de treinamento e as necessidades do cliente.

## TREINAMENTO DE FORÇA PARA INICIANTES

O resumo das características do TF para iniciantes é apresentado na Tabela 2. Para mais detalhes sobre a manipulação das variáveis agudas do treinamento para iniciantes, consultar o parecer do ACSM[2].

Quanto à sugestão de intensidade apresentada nas Tabelas 2, 3 e 4, pode-se observar que, em alguns momentos, ela é apresentada de duas formas: como % de 1RM e por RM. O valor do % de 1RM foi considerado apenas para se ter um parâmetro da diferença de intensidade entre os níveis de treinamento (iniciante *versus* intermediário *versus* avançado) e da forma de manifestação da força (força máxima, força hipertrófica, resistência de força e força explosiva). Por conseguinte, sugere-se que seja utilizado o número de RM para a prescrição do TF.

De modo geral, quando um indivíduo inicia um programa de TF em academias, independentemente do seu objetivo, o profissional de Educação Física prescreve um treinamento de resistência de força (> 15 repetições). O novo parecer do ACSM[2] apresenta uma sugestão interessante para que o objetivo em questão seja alcançado mais rapidamente, contudo, isso não quer dizer que a conduta mais frequente dos profissionais do TF seja incoerente ou que a recomendação do ACSM seja uma regra. Considera-se que as condutas dos profissionais e o parecer do ACSM devem interagir de forma segura e bem fundamentada. A interação desses fatores é apresentada ao longo deste Capítulo.

Ao prescrever o TF para um indivíduo inexperiente nessa prática ou que não treinava há vários meses, não se pode esquecer de dois fatores cruciais:

1. Esse indivíduo é mais suscetível à DMIT que indivíduos treinados. Isso é importante quando são considerados relatos de pessoas que desistem de praticar o TF por causa do incômodo causado pela DMIT. Por esse motivo, sugere-se que a carga de treinamento para iniciantes seja menor que aquela que provoca falha concêntrica. Essa sugestão não é uma regra, visto que o profissional deve estar atento à motivação e à magnitude da adaptação do cliente, pois caso ocorra uma rápida adaptação sem que a prescrição do profissional progrida da mesma maneira, o cliente poderá se sentir desmotivado. Então, bom senso é sempre importante.

2. A força muscular aumenta entre as 10 e 12 primeiras semanas do TF predominantemente em função das adaptações neurais, sugerindo que não serão obtidos resultados tão expressivos de hipertrofia muscular nessas primeiras semanas.

## Prescrição do treinamento de força para indivíduos iniciantes com o objetivo de aumentar a força máxima

Por se tratar de indivíduos iniciantes, mesmo que o objetivo seja aumentar a força máxima, deve-se considerar que nas primeiras semanas o aumento da força ocorre basicamente em função de adaptações neurais, logo não há necessidade de o treinamento ter a mesma característica de um programa clássico para aumento da força máxima, com intensidade próxima a 100%. As recomendações a seguir são inovadoras e servem como suporte ao profissional que precise elaborar um programa para esse público.

- **Intensidade:** realizar 8 a 12 repetições sem necessidade de chegar à falha concêntrica.
- **Número de séries:** 1 a 3 séries por exercício.
- **Intervalo:** 1 a 2 minutos de intervalo entre as séries dos exercícios.
- **Velocidade do movimento:** de lenta a moderada.
- **Frequência semanal:** 2 a 3 vezes por semana para todo o corpo.
- **Seleção e ordem dos exercícios:** combinar pesos livres com aparelhos, lembrando que os aparelhos são mais seguras para iniciantes, pois guiam o movimento.

## PRESCRIÇÃO DO TREINAMENTO DE FORÇA PARA INDIVÍDUOS INICIANTES COM O OBJETIVO DE HIPERTROFIAR A MUSCULATURA

Lembre-se de que o processo de hipertrofia muscular fica mais evidente, em média, doze semanas após o início de um programa de TF realizado de forma consistente (Capítulo 2). Portanto, a justificativa de se prescrever o TF de forma peculiar ao iniciante que objetiva hipertrofiar a musculatura é otimizar os mecanismos responsáveis pelas adaptações neurais. Nesse sentido, recomenda-se que o profissional dê esclarecimentos ao cliente sobre o tempo necessário para que o resultado esperado comece a ser percebido de acordo com o princípio da conscientização. Isso é extremamente importante para se ater às expectativas possíveis de serem alcançadas. Dessa forma, o profissional pode favorecer a retenção do aluno por mais tempo na academia ou no treinamento personalizado, pois ele terá a consciência de que os resultados, em termos de hipertrofia, não serão expressivos em curto prazo (~12 semanas).

- **Intensidade:** realizar 8 a 12RM. Isto será importante para otimizar o processo de adaptações neurais. Não se esquecer de administrar uma intensidade menor nas primeiras semanas de treinamento para evitar o surgimento excessivo da DMIT. A um iniciante que objetiva obter hipertrofia, pode-se iniciar por um treinamento de resistência de força (> 15RM), o qual também promove adaptações neurais. Ainda assim, é sugerido que nas primeiras semanas ele não chegue à falha concêntrica voluntária.
- **Número de séries:** 1 a 3 séries por exercício.
- **Intervalo:** 1 a 2 minutos entre as séries e os exercícios.
- **Velocidade do movimento:** moderada.
- **Frequência semanal:** 2 a 3 vezes por semana para todo o corpo.

- **Seleção e ordem dos exercícios:** combinar pesos livres com aparelhos, lembrando que os aparelhos são mais seguras para iniciantes, pois guiam o movimento.

## PRESCRIÇÃO DO TREINAMENTO DE FORÇA PARA INDIVÍDUOS INICIANTES COM O OBJETIVO DE AUMENTAR A FORÇA EXPLOSIVA

Encontrar um iniciante treinando para aumentar a força explosiva é tão incomum quanto para a força máxima. Esse objetivo é buscado com mais frequência por pessoas envolvidas em modalidades esportivas, por isso a discussão do TF explosiva não será muito enfatizada. A seguir, são apresentadas as recomendações do ACSM[2]:

- **Intensidade:** 3 a 6 repetições, sem necessidade de chegar à falha concêntrica, com intensidade de referência de 30 a 60% de 1RM para MMSS e de 0 a 60% de 1RM para MMII.
- **Número de séries:** 1 a 3 séries por exercício.
- **Intervalo:** 2 a 3 minutos quando o treinamento for mais intenso e 1 a 2 quando for mais leve.
- **Velocidade do movimento:** para aumentar a potência muscular, é importante a realização de movimentos rápidos, porém, para se evitar lesões musculares, é recomendado que a velocidade do movimento seja rápida quando a carga de trabalho for submáxima e moderada quando a carga for máxima.
- **Frequência semanal:** 2 a 3 vezes para todo o corpo.
- **Seleção e ordem dos exercícios:** combinar pesos livres com aparelhos, lembrando que os aparelhos são mais seguras para iniciantes, pois guiam o movimento. Recomendam-se, preferencialmente, exercícios multiarticulares e os que envolvam vários grupos musculares[62].

## PRESCRIÇÃO DO TREINAMENTO DE FORÇA PARA INDIVÍDUOS INICIANTES COM O OBJETIVO DE AUMENTAR A RESISTÊNCIA DE FORÇA

Da mesma forma que a recomendada para os outros objetivos, nas primeiras semanas não há necessidade de o indivíduo realizar as repetições até a falha concêntrica, evitando assim o surgimento excessivo da DMIT (Tabela 2).

- **Intensidade:** 10 a 15RM.
- **Número de séries:** 1 a 3 por exercício.
- **Intervalo:** menor que 1 minuto entre as séries e os exercícios.
- **Velocidade do movimento:** lenta.
- **Frequência semanal:** 2 a 3 vezes para todo o corpo.
- Seleção e ordem dos exercícios: combinar pesos livres com aparelhos, lembrando que os aparelhos são mais seguras para iniciantes, pois guiam o movimento.

**TABELA 2.** Caracterização das formas de manifestação da força muscular para iniciantes

| | Intensidade | Número de séries (por exercício) | Intervalo/ séries (minutos) | Velocidade do movimento | Frequência semanal (dias/ semana) |
|---|---|---|---|---|---|
| Força máxima | 8 a 12 SFC (60 a 70% FM) | 1 a 3 | 1 a 2 | Lenta para moderada | 2 a 3 x p/ todo o corpo |
| Força hipertrófica | 8 a 12RM (70 a 85% FM) | 1 a 3 | 1 a 2 | Moderada | 2 a 3 x p/ todo o corpo |
| Força explosiva | 3 a 6 SFC 30 a 60% FM (MMSS) 0 a 60% FM (MMII) | 1 a 3 | 2 a 3 (IA) 1 a 2 (IL) | Moderada para rápida | 2 a 3 x p/ todo o corpo |
| Resistência de força | 10 a 15RM | 1 a 3 | < 1 | Lenta | 2 a 3 x p/ todo o corpo |

SFC = sem falha concêntrica; RM = repetições máximas; FM = força máxima; IA = intensidade alta; IL = intensidade leve/moderada; MMSS = membros superiores; MMII = membros inferiores.

## TREINAMENTO DE FORÇA PARA INTERMEDIÁRIOS

O resumo da característica do TF para intermediários é apresentado na Tabela 3. Lembre-se de que é considerado intermediário o indivíduo que treina de forma consistente há seis meses. Nesse momento, como a prescrição das variáveis agudas do treinamento não é muito diferente da dos indivíduos iniciantes, recomenda-se ao profissional que mantenha o cliente estimulado, buscando mudar o sistema de treino com maior frequência ou periodizando o programa. Para mais detalhes sobre os sistemas de treinamento, consultar o Capítulo 4, e para a periodização, consultar o Capítulo 5.

## Prescrição do treinamento de força para indivíduos intermediários com o objetivo de aumentar a força máxima

- **Intensidade:** 8 a 12 repetições, sem necessidade de chegar à falha concêntrica.
- **Número de séries:** múltiplas.
- **Intervalo:** 1 a 2 minutos entre as séries e os exercícios.
- **Velocidade do movimento:** moderada.
- **Frequência semanal:** quatro vezes, com parcelamento dos grupos musculares.
- **Seleção e ordem dos exercícios:** combinar pesos livres com aparelhos.

## Prescrição do treinamento de força para indivíduos intermediários com o objetivo de hipertrofiar a musculatura

- **Intensidade:** 8 a 12RM.
- **Número de séries:** 1 a 3 por exercício.
- **Intervalo:** 1 a 2 minutos de intervalo entre as séries e os exercícios.
- **Velocidade do movimento:** moderada.
- **Frequência semanal:** 4 vezes com parcelamento do treino. Buscar estimular duas vezes cada grupo muscular na semana.
- **Seleção e ordem dos exercícios:** combinar pesos livres com aparelhos.

## Prescrição do treinamento de força para indivíduos intermediários com o objetivo de aumentar a força explosiva

- **Intensidade:** 3 a 6 repetições, sem necessidade de chegar à falha concêntrica, com uma intensidade de referência de 30 a 60% de 1RM para MMSS e 0 a 60% de 1RM para MMII.
- **Número de séries:** 1 a 3 por exercício.
- **Intervalo:** 2 a 3 minutos quando o treinamento for mais intenso e 1 a 2 minutos quando for mais leve.
- **Velocidade do movimento:** rápida.
- **Frequência semanal:** 3 ou 4 vezes, sendo 3 vezes quando o treino for para todo o corpo e 4 quando for parcelado.
- **Seleção e ordem dos exercícios:** é possível usar tanto os pesos livres como os aparelhos, mas o ideal é dar prioridade aos exercícios mais es-

pecíficos para o objetivo. Recomendam-se, preferencialmente, exercícios multiarticulares[62] e exercícios que envolvem vários grupos musculares.

## PRESCRIÇÃO DO TREINAMENTO DE FORÇA PARA INDIVÍDUOS INTERMEDIÁRIOS COM O OBJETIVO DE AUMENTAR A RESISTÊNCIA DE FORÇA

- **Intensidade:** 10 a 15RM.
- **Número de séries:** 1 a 3 por exercício.
- **Intervalo:** inferior a 1 minuto.
- **Velocidade do movimento:** lenta.
- **Frequência semanal:** 3 vezes para todo o corpo e 4 vezes caso o treino seja parcelado.
- **Seleção e ordem dos exercícios:** combinar pesos livres com aparelhos.

## DIFERENÇA ENTRE A PRESCRIÇÃO DO TREINAMENTO DE FORÇA PARA INICIANTES E INTERMEDIÁRIOS

Nas Tabelas 2 e 3, é possível observar que a principal diferença entre a prescrição do TF para pessoas classificadas como iniciantes e intermediárias está na frequência semanal. Então, comparando-se a prescrição do TF para aumento da força máxima verifica-se que: para iniciantes, é sugerida a realização de 1 a 3 séries, de 2 a 3 vezes por semana, para todo o corpo, enquanto para indivíduos intermediários, é indicada a realização de múltiplas séries, 3 a 4 vezes por semana com parcelamento dos grupos musculares na semana (p. ex., treinos A e B).

Com relação ao TF para hipertrofia muscular, a diferença encontra-se basicamente na frequência semanal, sendo que, para iniciantes, é sugerida a prática de 2 a 3 vezes por semana de TF para todo o corpo e, para intermediários, 4 vezes por semana, parcelado em treino A (MMSS) e treino B (MMII).

A mesma situação ocorre no treinamento voltado para resistência de força; a diferença também se encontra na frequência, de maneira que iniciantes devem praticar o TF de 2 a 3 vezes por semana para todo o corpo. Já os intermediários podem optar por praticar 3 vezes por semana, quando o treino é elaborado para todo o corpo, ou 4 vezes, parcelado em MMSS e MMII.

**TABELA 3.** Caracterização das formas de manifestação da força muscular para intermediários

| | Intensidade | N° de séries/ exercício | Intervalo/ séries (minutos) | Veloci- dade do movimento | Frequência semanal (dias/ semana) |
|---|---|---|---|---|---|
| Força máxima | 8 a 12 SFC (60-70% FM) | Múltiplas séries | 1 a 2 | Moderada | 3 a 4 x (com parcelamento dos grupos musculares) |
| Força hipertrófica | 8 a 12RM (70-85% FM) | 1 a 3 | 1 a 2 | Moderada | 4 x (2 x MMSS) (2 x MMII) |
| Força explosiva | 3 a 6 SFC 30-60% FM (MMSS) 0-60% FM (MMSS) | 1 a 3 | 2 a 3 (IA) 1 a 2 (IL) | Rápida | 3 a 4 x p/ todo o corpo ou parcelando MMSS e MMII |
| Resistência de força | 10 a 15RM | 1 a 3 | < 1 | Lenta | 3 x p/ todo o corpo ou 4 x parcelando MMSS e MMII |

SFC = sem falha concêntrica; RM = repetições máximas; FM = força máxima; IA = intensidade alta; IL = intensidade leve/moderada; MMSS = membros superiores; MMII = membros inferiores.

## TREINAMENTO DE FORÇA PARA AVANÇADOS

O resumo da característica do TF para avançados é apresentado na Tabela 4. Para mais detalhes sobre a manipulação das variáveis agudas do treinamento para esses indivíduos, consultar o parecer do ACSM[2].

## PRESCRIÇÃO DO TREINAMENTO DE FORÇA PARA INDIVÍDUOS AVANÇADOS COM O OBJETIVO DE AUMENTAR A FORÇA MÁXIMA

- **Intensidade:** 1 a 6RM.
- **Número de séries:** múltiplas.
- **Intervalo:** 1 a 2 minutos entre as séries e os exercícios.
- **Velocidade do movimento:** lenta a rápida.
- **Frequência semanal:** 4 a 6 vezes com parcelamento dos grupos musculares.
- **Seleção e ordem dos exercícios:** dar ênfase aos pesos livres e complementar com os aparelhos.

# PRESCRIÇÃO DO TREINAMENTO DE FORÇA

**TABELA 4.** Caracterização das formas de manifestação da força muscular para avançados

| | Intensidade | N° de séries/ exercício | Intervalo/ séries (minutos) | Velocidade do movimento | Frequência semanal (dias/ semana) |
|---|---|---|---|---|---|
| Força máxima | 1 a 6RM (80-100% FM) | Múltiplas séries | 2 a 3 (IA) 1 a 2 (IL) | Lenta a rápida | 4 a 6 x (com parcelamento dos grupos MM) |
| Força hipertrófica | 1 a 12RM (70-100% FM) (ênfase 6-12RM) | 3-6 (periodi- zado) | 2 a 3 (IA) 1 a 2 (IL) | Lenta, moderada e rápida | 4 a 6 x (com parcelamento dos grupos MM) |
| Força explosiva | Treino p/ força má- xima = 85 a 100% Treino p/ velocidade = 30 a 60% FM (MMSS) 0 a 60% FM (MMII) | 3-6 (periodi- zado) | 2 a 3 (IA) 1 a 2 (IL) | Rápida | 4 a 5 x p/todo o corpo ou parcelando MMSS e MMII |
| Resistência de força | ≥ 15RM | Múltiplas séries | 1 a 2 | Moderada p/ rápida | 4 a 6 x (com parcelamento dos grupos MM) |

RM = repetições máximas; FM = força máxima; IA = intensidade alta; IL = intensidade leve/moderada; MMSS = membros superiores; MMII = membros inferiores.

## PRESCRIÇÃO DO TREINAMENTO DE FORÇA PARA INDIVÍDUOS AVANÇADOS COM O OBJETIVO DE HIPERTROFIAR A MUSCULATURA

- **Intensidade:** 1 a 12RM, periodizando o programa com ênfase em 6 a 12RM.
- **Número de séries:** 3 a 6 por exercício.
- **Intervalo:** 2 a 3 minutos quando o treinamento for mais intenso (1 a 6RM) e 1 a 2 quando for mais leve (6 a 12RM).
- **Velocidade do movimento:** lenta, moderada ou rápida, de acordo com a carga usada.
- **Frequência semanal:** 4 a 6 vezes, com parcelamento dos grupos muscu- lares.
- **Seleção e ordem dos exercícios:** dar ênfase aos pesos livres e comple- mentar com os aparelhos.

## Prescrição do treinamento de força para indivíduos avançados com o objetivo de aumentar a força explosiva

- **Intensidade:** para aumentar a força explosiva, é determinante aumentar a força máxima e a velocidade do movimento, por esse motivo o treino deve ser **periodizado** de modo a proporcionar fases nas quais a prescrição seja direcionada ao aumento da força máxima (85 a 100% de 1RM) e momentos em que o objetivo seja aumentar a força rápida (30 a 60% de 1RM para MMSS e 0 a 60% de 1RM para MMII).
- **Número de séries:** 3 a 6 por exercício.
- **Intervalo:** 2 a 3 minutos quando o treinamento for mais intenso e 1 a 2 minutos quando for mais leve.
- **Velocidade do movimento:** rápida.
- **Frequência semanal:** 4 ou 5 vezes para todo o corpo ou parcelando o treinamento.
- **Seleção e ordem dos exercícios:** dar ênfase aos pesos livres e complementar com os aparelhos. Recomendam-se preferencialmente exercícios multiarticulares[62] e exercícios que envolvam vários grupos musculares.

## Prescrição do treinamento de força para indivíduos avançados com o objetivo de aumentar a resistência de força

- **Intensidade:** 15 ou mais repetições máximas.
- **Número de séries:** múltiplas.
- **Intervalo:** 1 a 2 minutos.
- **Velocidade do movimento:** moderada a rápida.
- **Frequência semanal:** 4 a 6 vezes, com divisão dos grupos musculares.
- **Seleção e ordem dos exercícios:** dar ênfase aos pesos livres e complementar com os aparelhos.

## Diferença entre a prescrição do treinamento de força para intermediários e avançados

Observar nas Tabelas 3 e 4 que, diferentemente da comparação entre iniciantes e intermediários, quando são comparados intermediários e avançados, encontra-se uma diferença expressiva na forma como são articuladas as variáveis agudas do TF. Segundo o ACSM[2], o motivo fundamental para essa expressiva mudança na prescrição do TF é que indivíduos avançados estão mais suscetíveis à estabilização dos resultados, por esse motivo, é sugerido que o estímulo seja alterado frequentemente. É proposto que a alteração seja feita por meio da mudança de cada uma ou de diversas variáveis agudas e crônicas do treinamento. Como exemplo de mudança em uma variável aguda, pode ser citada a alteração na ordem de execução dos exercícios de uma sessão de treino para a outra e, como exemplo de variação crônica, a periodização, uma forma de alteração do volume e intensidade programada para longo prazo. Os modelos e as propostas de periodização são abordados no Capítulo 5.

Nota-se que a intensidade é diferente em todas as formas de manifestação da força (força máxima, força hipertrófica, força explosiva e resistência de força), existindo um acréscimo na intensidade e na amplitude da zona de treinamento. Como exemplo, pode-se observar a prescrição do treinamento para hipertrofia muscular: a zona de treinamento para intermediários está entre 8 e 12RM, enquanto, para indivíduos avançados, é sugerido treinar entre 1 e 12RM, com ênfase em 6 a 12RM. Em função dessa variação na intensidade de treinamento, o tempo de intervalo entre as séries, o número de séries por exercício, a velocidade de execução do movimento e a frequência semanal também são diferentes, ou seja, serão adaptados para essas funções. Essa conduta segue o mesmo padrão para as outras formas de manifestação da força.

Outro aspecto que se destaca na comparação entre intermediários e avançados é a periodização do treinamento. Nesse sentido, é indicado que indivíduos avançados sejam submetidos à periodização do TF na perspectiva de potencializar os resultados. Quanto mais treinado é o sujeito, menor é a magnitude de adaptação do organismo. Esse fator justifica fortemente a utilização da periodização para indivíduos avançados. É interessante ressaltar que essa sugestão não impede a elaboração da periodização para sujeitos iniciantes e intermediários em TF.

## Referências bibliográficas

1. American College of Sports Medicine (ACSM) Position S. Progression models in resistance training for healthy adults. Med Sci Sports Exerc. 2002;34(2):364-80.
2. American College of Sports Medicine. Progression models in resistance training for healthy adults. Med Sci Sports Exerc. 2009;41(3):687-708.
3. Sforzo FA, Touey PR. Manipulating exercise order affects muscular performance during a resistance exercise training session. J Strength Cond Res. 1996;10:20-4.

4. Komi PV, Kaneko M, Aura O. EMG activity of the leg extensor muscles with special reference to mechanical efficiency in concentric and eccentric exercise. Int J Sports Med. 1987;8(1):22-9.

5. Gotshalk LA, Loebel CC, Nindl BC, Putukian M, Sebastianelli WJ, Newton RU, et al. Hormonal responses of multiset versus single-set heavy-resistance exercise protocols. Can J Appl Physiol. 1997;22(3):244-55.

6. Foschini DF, Araújo RC, Bacurau RFP, De Piano A, Almeida SS, Carnier J, et al. Treatment of obese adolescents: the influence of periodization models and ACE genotype. Obes Res. 2009;13.

7. Zatsiorsky VM, Kraemer WJ. Ciência e prática do treinamento de força. São Paulo: Phorte; 2008.

8. Campos GE, Luecke TJ, Wendeln HK, Toma K, Hagerman FC, Murray TF, et al. Muscular adaptations in response to three different resistance-training regimens: specificity of repetition maximum training zones. Eur J Appl Physiol. 2002;88(1-2):50-60.

9. Nader GA, ESSER KA. Intracellular signaling specificity in skeletal muscle in response to different modes of exercise. J Appl Physiol. 2001;90(5):1936-42.

10. Winder WW, Taylor EB, Thomson DM. Role of AMP-activated protein kinase in the molecular adaptation to endurance exercise. Med Sci Sports Exerc. 2006;38(11):1945-9.

11. Barcelos LC, Nunes PR, De Souza LR, De Oliveira AA, Furlanetto R, Marocolo M, et al. Low-load resistance training promotes muscular adaptation regardless of vascular occlusion, load, or volume. Eur J Appl Physiol. 2015 [in press].

12. Schoenfeld BJ, Peterson MD, Ogborn D, Contreras B, Sonmez GT. Effects of low-versus high-load resistance training on muscle strength and hypertrophy in well-trained men. J Strength Cond Res. 2015 [in press].

13. Spreuwenberg LP, Kraemer WJ, Spiering BA, Volek JS, Hatfield DL, Silvestre R, et al. Influence of exercise order in a resistance-training exercise session. J Strength Cond Res. 2006;20(1):141-4.

14. Hakkinen K, Pakarinen A, Alen M, Kauhanen H, Komi PV. Relationships between training volume, physical performance capacity, and serum hormone concentrations during prolonged training in elite weight lifters. Int J Sports Med. 1987;8(Suppl.1):61-5.

15. Augustsson J, Thomee R, Hornstedt P, Lindblom J, Karlsson J, Grimby G. Effect of pré-exhaustion exercise on lower-extremity muscle activation during a leg press exercise. J Strength Cond Res. 2003;17(2):411-6.

16. Ballor DL, Becque MD, Katch VL. Metabolic responses during hydraulic resistance exercise. Med Sci Sports Exerc. 1987;19(4):363-7.

17. Bush JA, Kimball SR, O'Connor PM, Suryawan A, Orellana RA, Nguyen HV, et al. Translational control of protein synthesis in muscle and liver of growth hormone-treated pigs. Endocrinology. 2003;144(4):1273-83.

18. Hawke TJ. Muscle stem cells and exercise training. Exerc Sport Sci Rev. 2005;33(2):63-8.

19. Hansen S, Kvorning T, Kjaer M, Sjogaard G. The effect of short-term strength training on human skeletal muscle: the importance of folphysiologically elevated hormone levels. Scand J Med Sci Sports. 2001;11(6):347-54.

20. Dias I, Salles BF, Novaes J, Costa P, Simão R. Influence of exercise order on maximum strength in untrained young men. J Sci Med Sport. 2009;23.

21. Simão R, Farinatti PTV, Polito MD, Maior AS, Fleck SJ. Influence of exercise order on the number of repetitions performed and perceived exertion during resistance exercises. J Strength Cond Res. 2005;19(1):152-6.

22. Simão R, Farinatti PTV, Polito MD, Castro LEV, Fleck SJ. Influence of exercise order on the number of repetitions performed and perceived exertion during resistance exercise in women. J Strength Cond Res. 2007;21:23-8.

23. Gentil P, Oliveira E, De Araújo Rocha Junior V, Do Carmo J, Bottaro M. Effects of exercise order on upper-body muscle activation and exercise performance. J Strength Cond Res. 2007;21(4):1082-6.

24. Bellezza PA, Hall EE, Miller PC, Bixby WR. The influence of exercise order on blood lactate, perceptual, and affective responses. J Strength Cond Res. 2009;23(1):203-8.

25. Kraemer WJ, Fleck SJ, Dziados JE, Harman EA, Marchitelli LJS, Gordon E, et al. Changes in hormonal concentrations after different heavy-resistance exercise protocols in women. J Appl Physiol. 1993;75(2):594-604.

26. Foschini DF, Prestes J, Charro M. Relação entre exercício físico, dano muscular e dor muscular de início tardio. Rev Bras Cine Des Hum. 2007;9(1):101-6.

27. Eliasson J, Elfegoun T, Nilsson J, Köhnke R, Ekblom B, Blomstrand E. Maximal lengthening contractions increase p70 S6 kinase phosphorylation in human skeletal muscle in the absence of nutritional supply. Am J Physiol Endocrinol Metab. 2006;291(6): E1197-205.

28. Long YC, Widegren U, Zierath JR. Exercise-induced mitogen-activated protein kinase signalling in skeletal muscle. Proc Nutr Soc. 2004;63(2):227-32.

29. Garma TM, Kobayashi CA, Haddad F, Adams GR, Bodell PW, Baldwin KM. Similar acute molecular responses to equivalent volumes of isometric, lengthening or shortening mode resistance exercise. J Appl Physiol. 2007;102(1):135-43.

30. Bolster DR, Kubica N, Crozier SJ, Williamson DL, Farrell PA, Kimball SR, et al. Immediate response of mammalian target of rapamycin (mTOR)-mediated signalling following acute resistance exercise in rat skeletal muscle. J Physiol. 2003;553(1):213-20.

31. Spiering BA, Kraemer WJ, Anderson JM, Armstrong LE, Nindl BC, Volek JS, et al. Resistance exercise biology manipulation of resistance exercise programme variables

determines the responses of cellular and molecular signalling pathways. Sports Med. 2008;38(7):527-40.

32. Deschenes MR, Kraemer WJ. Performance and physiologic adaptations to resistance training. Am J Phys Med Rehabil. 2002;81:S3-S16.

33. Kraemer WJ, Marchitelli L, Gordon SE, Harman E, Dziados JE, Mello R, et al. Hormonal and growth factor responses to heavy resistance exercise protocols. J Appl Physiol. 1990;69(4):1442-50.

34. Hakkinen K, Komi PV, Alen M. Effect of explosive type strength training on isometric force- and relaxation-time, electromyographic and muscle fibre characteristics of leg extensor muscles. Acta Physiol Scand. 1985;125(4):587-600.

35. Willoughby DS, Chilek DR, Schiller DA, Coast JR. The metabolic effects of three different free weight parallel squatting intensities. J Hum Mov Stud. 1991;21:53-67.

36. Berger RA. Effect of varied weight training programs on strength. Res Q. 1962;33:168-81.

37. Stowers T, McMillian J, Scala D, Davis V, Wilson D, Stone M. The short-term effects of three different strength-power training models. Nat Strength Cond Assoc J. 1983;5:24-7.

38. Radaelli R, Fleck SJ, Leite T, Leite RD, Pinto RS, Fernandes L, et al. Dose-response of 1, 3, and 5 sets of resistance exercise on strength, local muscular endurance, and hypertrophy. J Strength Cond Res. 2015;29(5):1349-58.

39. Fröhlich M, Emrich E, Schmidtbleicher D. Outcome effects of single-set versus multiple-set training – an advanced replication study. Res Sports Med. 2010;18(3):157-75.

40. Steinberg GR, Watt MJ, McGee SL, Chan S, Hargreaves M, Febbreio MA, et al. Reduced glycogen availability is associated with increased AMPKα2 activity, nuclear AMPKα2 protein abundance, and GLUT4 mRNA expression in contracting human skeletal muscle. Appl Physiol Nutr Metab. 2006;31(3):302-12.

41. Churchley EG, Coffey VG, Pedersen DJ, Shield A, Carey KA, Cameron-Smith D, et al. Influence of preexercise muscle glycogen content on transcriptional activity of metabolic and myogenic genes in well-trained humans. J Appl Physiol. 2007;102(4):1604-11.

42. Creer A, Gallagher P, Slivka D, Jemiolo B, Fink W, Trappe S. Influence of muscle glycogen availability on ERK1/2 and Akt signaling after resistance exercise in human skeletal muscle. J Appl Physiol. 2005;99(3):950-6.

43. Rhea MR, Alvar BA, Burkett LN, Ball SD. A meta-analysis to determine the dose response for strength development. Med Sci Sports Exerc. 2006;35(3):456-64.

44. Serra R, Saavedra F, De Salles BF, Dias MR, Costa P, Alves H, et al. Effects of resistance training frequency on strength gains. JEP online. 2015;18(1):37-45.

45. Burt J, Wilson R, Willardson JM. A comparison of once versus twice per week training on leg press strength in women. J Sports Med Phys Fitness. 2007;47:13-7.
46. Kraemer WJ, Gordon SE, Fleck SJ, Marchitelli LJ, Mello R, Dziados JE, et al. Endogenous anabolic hormonal and growth factor responses to heavy resistance exercise in males and females. Int J Sports Med. 1991;12(2):228-35.
47. Pincivero DM, Gandhi V, Timmons MK, Coelho AJ. Quadriceps femoris electromyogram during concentric, isometric and eccentric phases of fatiguing dynamic knee extensions. J Biomech. 2006;39(2):246-54.
48. Robinson JM, Stone MH, Johnson RL, Penland CM, Warren BJ, Lewis RD. Effects of different weight training exercise/rest intervals on strength, power, and high intensity exercise endurance. J Strength Cond Res. 1995;9:216-21.
49. Salles BF, Simão R, Miranda F, Novaes JS, Lemos A, Willardson JM. Rest interval between sets in strength training. Sports Med. 2009;39(9):765-77.
50. Willardson JM, Burkett LN. The effect of different rest intervals between sets on volume components and strength gains. J Strength Cond Res. 2008;22:146-52.
51. Ratamess NA, Falvo MJ, Mangine GT, Hoffman JR, Faigenbaum AD, Kang J. The effect rest interval length on metabolic responses to the bench press exercise. Eur J Appl Physiol. 2007;100:1-17.
52. Willardson JM, Burkett LN. A comparison of 3 different rest intervals on the exercise volume completed during a workout. J Strength Cond Res. 2005;19:23-6.
53. Senna G, Salles BF, Prestes J, Mello RA, Simão R. Influence of two different rest interval lengths in resistance training sessions for upper and lower body. J Sports Sci Med. 2009;8:197-202.
54. Willardson JM, Kattenbraker MS, Khairallah M, Fontana FE. Research note: effect of load reductions over consecutive sets on repetition performance. J Strength Cond Res. 2010;24(3):879-84.
55. Abdessemed D, Duche P, Hautier C, Poumarat G, Bedu M. Effect of recovery duration on muscular power and blood lactate during the bench press exercise. Int J Sports Med. 1999;20(6):368-73.
56. Lawton TW, Cronin JB, Lindsell RP. Effect of interrepetition rest intervals on weight training repetition power output. J Strength Cond Res. 2006;20(1):172-6.
57. Harris RC, Edwards RHT, Hultman E, Nordesjo LO, Nylind B, Sahlin K. The time course of phosphocreatine resynthesis during the recovery of quadriceps muscle in man. Pflugers Arch. 1976;367(2):392-7.
58. Delorme TL. Restoration of muscle power by heavy-resistance exercises. J Bone Joint Surg. 1945;27:645-67.
59. Izquierdo M, Ibanez J, Gonzalez-Badillo JJ, Hakkinen K, Ratamess NA, Kraemer WJ, et al. Differential effects of strength training leading to failure versus not to failure

on hormonal responses, strength and muscle power gains. J Appl Physiol. 2006;100: 1647-56.

60. Sampson JA, Groeller H. Is repetition failure critical for the development of muscle hypertrophy and strength? Scand J Med Sci Sports. 2015 [in press].

61. Willardson JM, Emmett J, Oliver JA, Bressel E. Effect of short-term failure versus nonfailure training on lower body muscular endurance. Int J Sports Physiol Perform. 2008;3(3):279-93.

62. Kawamori N, Haff GG. The optimal training load for the development of muscular power. J Strength Cond Res. 2004;8:675-84.

# 4

# Estrutura Metodológica para Montagem de Programas e Sistemas de Treinamento de Força

*Paulo Marchetti*
*Mario Augusto Charro*
*Jonato Prestes*

## Objetivos

- Apresentar diferentes possibilidades de montagem de programas e discutir sua aplicabilidade.
- Propor novas formas de montagem em função das necessidades e dos objetivos.
- Apresentar diferentes modelos para objetivos distintos.
- Apresentar modelos de montagem para cada programa.
- Apresentar os diferentes tipos de sistemas e os métodos de treinamento de força.
- Discutir e propor diferentes formas de utilização dos sistemas de treinamento.

**Palavras-chave:** montagem de programas, montagem alternada por segmento, montagem localizada por articulação, montagem direcionada por grupamento muscular, sistemas de treinamento, métodos de treino, série simples, séries múltiplas, programação de treino, treinamento de força.

## Introdução

Quando se trata de montagem de programas no treinamento de força (TF), definem-se os exercícios e a carga de treinamento de forma a atingir os objetivos dos clientes, entretanto o processo deve ser iniciado muito antes.

Após a definição dos objetivos do cliente e da frequência semanal com que os exercícios serão realizados (ajuste da correta divisão de treino), o próximo passo é definir qual será a montagem de programa mais adequada, entre as diversas formas existentes[1].

Embora o termo "montagem de programa" tenha uma relação direta com o período de treinamento (programação), nas salas de musculação a sequência de exercícios a serem realizados em 1 dia de treino (sessão) é comumente chamada de sessão de treino.

De acordo com as características individuais do cliente (individualidade biológica), devem ser estabelecidas as estratégias (montagem de programa e sistema de treinamento) mais adequadas para ele, e o professor deverá optar por um programa que se baseie no grau de dificuldade compatível com o histórico do cliente e as atividades pregressas. Para isso, as estratégias mais utilizadas atualmente com a intenção de criar diferentes níveis de dificuldade são: para os indivíduos com menor nível de aptidão física e sem experiência no TF (condição motora e estrutural), os programas alternados por segmento são interessantes, pois alternam os segmentos, minimizando a fadiga local e proporcionando uma estrutura de treino que propicia maior motivação nessa fase; e, para os que possuem os níveis mais avançados, os programas "direcionados por grupamento muscular" são mais efetivos e adequados, pois visam ao máximo estresse de um grupo sinérgico de músculos. Existem também programas que podem ser utilizados para clientes específicos, como idosos, gestantes ou mesmo atletas em fase de recuperação ou período básico de treino, que são chamados de programas localizados por articulação.

## MONTAGEM ALTERNADA POR SEGMENTO

Por definição, esse modelo de montagem é realizado por meio do sequenciamento dos exercícios, utilizando certa alternância dos segmentos corporais[2,3]. De forma geral, subdivide-se o corpo em três segmentos de acordo com suas características cinesiológicas:

- Segmento superior: músculos que atuam nos movimentos dos membros superiores (MMSS). Por exemplo, peitoral maior, latíssimo do dorso e tríceps braquial.
- Segmento inferior: músculos que atuam nos movimentos dos membros inferiores (MMII). Por exemplo, quadríceps femoral, glúteo máximo e tríceps sural.
- Tronco: músculos que atuam nos movimentos da coluna vertebral. Por exemplo, reto do abdome e eretores da coluna.

Assim, inicialmente, define-se o número de exercícios a serem realizados em cada sessão de treino; então, deve-se determinar a sequência dos segmentos a serem utilizados, de acordo com os anseios do professor. Por exemplo, segmento superior/segmento inferior/tronco ou tronco/segmento inferior/segmento superior etc. Esse modelo de montagem é classificado como alternado por segmento tradicional (AST), pois todos os segmentos corporais são ativados em cada sessão de treino. Um exemplo dessa montagem para iniciantes é apresentado na Tabela 1.

## PRESCRIÇÃO E PERIODIZAÇÃO DO TREINAMENTO DE FORÇA EM ACADEMIAS

**TABELA 1.** Montagem alternada por segmento tradicional

| Músculos priorizados | Movimentos articulares priorizados | Nome popular do exercício |
|---|---|---|
| Peitoral maior<br>Deltoide (parte clavicular)<br>Tríceps braquial | Flexão horizontal de ombros<br>Extensão de cotovelos | Supino aparelho |
| Reto do abdome<br>Oblíquo interno e externo | Flexão da coluna em 30° | Abdominal supra |
| Quadríceps femoral<br>Glúteo máximo | Extensão de joelhos<br>Extensão de quadril | Leg press |
| Latíssimo do dorso<br>Deltoide (parte espinal)<br>Bíceps braquial | Extensão de ombros<br>Flexão de cotovelos | Remada sentada |
| Eretores da coluna | Extensão da coluna | Hiperextensão |
| Isquiotibiais | Flexão de joelhos | Mesa flexora |
| Deltoide (parte clavicular)<br>Deltoide (parte acromial) | Abdução de ombros | Elevação lateral |
| Oblíquos interno e externo | Rotação da coluna | Abdominal com rotação |
| Gastrocnêmios e sóleo | Flexão plantar | Pressão de sóleos |

Um modelo alternativo de prescrição dessa mesma montagem de programa, quando parcelada em duas sessões (A + B), pode ser aplicado em situações de pouco tempo ou nas quais o iniciante possui frequência semanal maior que três vezes. Por exemplo, segmento superior/músculos flexores do tronco e MMII/músculos extensores do tronco. Esse modelo é classificado como montagem alternada por segmento parcial (ASP), pois não são utilizados todos os segmentos em cada sessão, entretanto a montagem permanece alternada. As Tabelas 2 e 3 apresentam exemplos dessa montagem para iniciantes dividida em dois treinos.

**TABELA 2.** Montagem alternada por segmento parcial. Treino A (segmento superior/tronco)

| Músculos priorizados | Movimentos articulares priorizados | Nome popular do exercício |
|---|---|---|
| Peitoral maior<br>Deltoide (parte clavicular)<br>Tríceps braquial | Flexão horizontal de ombros<br>Extensão de cotovelos | Supino aparelho |
| Reto do abdome<br>Oblíquos interno e externo | Flexão da coluna em 30° | Abdominal supra |

*(continua)*

ESTRUTURA METODOLÓGICA PARA MONTAGEM DE PROGRAMAS E SISTEMAS DE TF

**TABELA 2.** Montagem alternada por segmento parcial. Treino A (segmento superior/tronco) (*continuação*)

| Músculos priorizados | Movimentos articulares priorizados | Nome popular do exercício |
|---|---|---|
| Latíssimo do dorso<br>Deltoide (parte espinal)<br>Bíceps braquial | Extensão de ombros<br>Flexão de cotovelos | Remada sentada |
| Reto do abdome<br>Oblíquos interno e externo | Flexão da coluna 30° | Abdominal supra com coxas em 90° |
| Deltoide (parte clavicular)<br>Deltoide (parte acromial) | Abdução de ombros | Elevação lateral |
| Oblíquos (interno e externo)<br>e quadrado do lombo | Inclinação lateral | Inclinação lateral na polia baixa |

**TABELA 3.** Montagem alternada por segmento parcial. Treino B (segmento inferior/tronco)

| Músculos priorizados | Movimentos articulares priorizados | Nome popular do exercício |
|---|---|---|
| Quadríceps femoral<br>Glúteo máximo | Extensão de joelhos<br>Extensão de quadril | Leg press |
| Eretores da coluna | Extensão da coluna | Hiperextensão |
| Isquiotibiais | Flexão de joelhos | Mesa flexora |
| Eretores da coluna | Extensão da coluna | Banco inversor |
| Gastrocnêmios e sóleo | Flexão plantar | Pressão de sóleos |

Considerando que o professor queira separar os músculos do tronco dos demais segmentos, pode ser utilizada a montagem ASP com os segmentos corporais superior e inferior em uma sessão. Desse modo, o treino de tronco é direcionado em uma sessão separada, conforme exemplo apresentado nas Tabelas 4 e 5.

**TABELA 4.** Montagem alternada por segmento parcial. Treino A (segmentos superior/inferior)

| Músculos priorizados | Movimentos articulares priorizados | Nome popular do exercício |
|---|---|---|
| Peitoral maior, deltoide (parte clavicular), tríceps braquial | Flexão horizontal de ombros | Supino aparelho |
| Quadríceps femoral<br>Glúteo máximo | Extensão de joelhos<br>Extensão de quadril | Leg press |

*(continua)*

**TABELA 4.** Montagem alternada por segmento parcial. Treino A (segmentos superior/ inferior) *(continuação)*

| Músculos priorizados | Movimentos articulares priorizados | Nome popular do exercício |
|---|---|---|
| Latíssimo do dorso, redondo maior, bíceps braquial | Adução de ombros | *Pulley* frente |
| Bíceps femoral, semitendíneo, semimembranáceo | Flexão de joelhos | Mesa flexora |
| Deltoide (partes acromial e clavicular), supraespinal, tríceps braquial | Abdução de ombros | Desenvolvimento aparelho |
| Glúteo médio e tensor da fáscia lata | Abdução de quadril | Cadeira abdutora |
| Tríceps braquial | Extensão de cotovelos | Tríceps *pulley* na polia alta |
| Adutores magno, longo e curto, grácil e pectíneo | Adução de quadril | Cadeira adutora |
| Bíceps braquial, braquial e braquiorradial | Flexão de cotovelos | Banco Scott – rosca Scott |
| Gastrocnêmios e sóleo | Flexão plantar | Pressão de sóleos |

**TABELA 5.** Montagem alternada por segmento parcial. Treino B (tronco)

| Músculos priorizados | Movimentos articulares priorizados | Nome popular do exercício |
|---|---|---|
| Reto do abdome Oblíquos interno e externo | Flexão da coluna em 30° | Abdominal supra |
| Eretores da coluna | Extensão da coluna | Hiperextensão |
| Oblíquos (interno e externo) e quadrado do lombo | Inclinação lateral | Inclinação lateral na polia baixa |

Os treinos citados anteriormente foram realizados de forma alternada, e os músculos ativados foram, preferencialmente, diferentes (p. ex., peitoral maior, latíssimo do dorso, deltoide etc.). Essa alternância dos músculos utilizados para cada segmento é classificada como uma forma distribuída de montagem. Portanto, podem-se classificar os treinos citados como alternado por segmento tradicional distribuído ou alternado por segmento parcial distribuído.

Mas é possível montar programas mais avançados, utilizando-se a mesma metodologia. Basta que seja definido um programa alternado por segmento de forma direcionada (baseado na escolha dos mesmos grupos musculares a serem treinados). Assim, os treinos podem ser classificados como alternado por segmento tradicional direcionado (ASTD) ou alternado por segmento parcial direcionado (ASPD), conforme mostra a Tabela 6.

**TABELA 6.** Montagem alternada por segmento tradicional direcionado (quadríceps femoral, reto do abdome e peitoral maior)

| Músculos priorizados | Movimentos articulares priorizados | Nome popular do exercício |
|---|---|---|
| Peitoral maior<br>Deltoide (parte clavicular) | Flexão horizontal de ombros | *Pec deck* |
| Reto do abdome<br>Oblíquos interno e externo | Flexão da coluna em 30° | Abdominal supra com coxas em 90° |
| Quadríceps femoral | Extensão de joelhos | Cadeira extensora |
| Peitoral maior<br>Deltoide (parte clavicular)<br>Tríceps braquial | Flexão horizontal de ombros<br>Extensão de cotovelos | Supino aparelho |
| Reto do abdome<br>Oblíquos interno e externo | Flexão da coluna em 30° | Abdominal supra |
| Quadríceps femoral<br>Glúteo máximo | Extensão de joelhos<br>Extensão de quadril | *Leg press* |
| Peitoral maior<br>Deltoide (parte clavicular)<br>Tríceps braquial | Flexão horizontal de ombros<br>Extensão de cotovelos | *Fly* inclinado |
| Reto do abdome<br>Oblíquos interno e externo | Flexão da coluna em 30° | Abdominal supra no banco declinado |
| Quadríceps femoral<br>Glúteo máximo | Extensão de joelhos<br>Extensão de quadril | Agachamento |

Todas as montagens citadas podem ser realizadas de forma seriada (realização de cada série com seu respectivo intervalo) ou em passagens (em que o treino é considerado circuitado).

Os programas alternados por segmento, normalmente, são indicados para clientes iniciantes em TF ou quando se busca uma proposta de trabalho em circuito, na qual o treinador pretende realizar uma sequência de exercícios reduzindo os intervalos entre eles. No primeiro caso, a intenção é aumentar a força muscular em razão da melhoria do gesto mecânico, ou seja, das coordenações inter e intramusculares. No segundo, a proposta pode ser a mesma ou ainda o treinador pode ter como objetivo melhorar a condição física geral de seu cliente em um período específico do planejamento. Em ambos os casos, a combinação desses modelos de programa com a carga não favorece grandes aumentos na força muscular ou hipertrofia.

Quando a intenção é aumentar significativamente a força ou o volume muscular, torna-se necessário aproximar os estímulos para as mesmas articulações e os mesmos grupos musculares por meio dos programas direcionados por grupamento muscular. E, como determinado pelo princípio da progressão, os trabalhos devem ser, gradativamente, mais difíceis de serem realizados ao longo de um ciclo de treinamento, portanto torna-se interessante, antes de montar um programa de TF avançado, utilizar uma montagem progressiva para que a mudança não seja abrupta.

## MONTAGEM DIRECIONADA POR GRUPO MUSCULAR

As montagens direcionadas por grupo muscular (DGM) podem ser consideradas os modelos mais intensos e agressivos de programação em TF, utilizados por alunos mais avançados. Nessa montagem, a intenção é levar o grupamento muscular à maior exaustão possível, por isso é necessário dirigir exercícios que trabalhem a mesma musculatura seguidamente, com cargas externas adequadas, e, após o início do trabalho para qualquer outro grupo muscular, não se deve mais voltar ao anterior. Sempre que possível, devem-se utilizar exercícios que deem ênfase diferenciada para o grupamento muscular trabalhado[1-3].

Sabe-se que a combinação adequada da carga e a ordem dos exercícios apresentam efeitos positivos na força e na hipertrofia. Assim, a ordem na execução dos exercícios pode ser considerada fundamental para o efeito das respostas agudas e, consequentemente, para as adaptações crônicas do treinamento. Tradicionalmente, é recomendado que, em uma sessão de treinamento, exercícios multiarticulares sejam realizados antes de exercícios isolados ou monoarticulares[4-6]. Acredita-se que seguir essa ordem forneça maiores estímulos neural, metabólico, hormonal e circulatório. Adicionalmente, Brown[7] destaca que os exercícios multiarticulares requerem maiores coordenações intra e intermusculares dos grupos musculares envolvidos e maior demanda energética.

Entretanto, diferentes sequências de exercícios são propostas a fim de atingir diferentes objetivos de programa. Por exemplo, priorizar grupos musculares específicos tem recebido respaldo da literatura científica, pelo fato dos grupos musculares e/ou exercícios realizados inicialmente dentro de uma sessão de treinamento apresentarem melhor desempenho na sessão[8-13].

Os modelos de DGM podem ser subdivididos em:

- Direcionado
  - Monoarticular/isolado.
  - Multiarticular.
- Associado à articulação adjacente
  - Pré-exaustão.
  - Pós-exaustão.
  - Pré/pós-exaustão.
- Alternado por origem e inserção.

## MONTAGEM DIRECIONADA MONOARTICULAR/ISOLADA

Esse programa possui a característica de ser direcionado a certos grupos musculares específicos e/ou sinérgicos, mas pelo uso de exercícios que movimentam apenas um complexo articular ou pela inclusão daquelas que apenas realizam exercícios conjuntamente (como no caso de ombros e escápulas), será denominado monoarticular ou isolado. O complexo articular solicitado deve ser aquele grupo muscular enfatizado (agonista), que realiza movimento articular de forma primária e concêntrica. O programa possui a desvantagem de sobrecarregar demasiadamente o complexo articular em uso. A Tabela 7 apresenta quatro exercícios direcionados para o peitoral maior e o deltoide (parte clavicular), como exemplos.

**TABELA 7.** Exercícios direcionados para o peitoral maior e o deltoide (parte clavicular)

|  | Movimento articular | Nome popular do exercício |
|---|---|---|
| Exercício 1 | Adução horizontal de ombros | Crucifixo reto |
| Exercício 2 | Adução horizontal de ombros | Crucifixo inclinado |
| Exercício 3 | Adução horizontal de ombros | *Pullover* declinado |
| Exercício 4 | Adução horizontal de ombros | *Pec deck* |

## MONTAGEM DIRECIONADA MULTIARTICULAR

Esse programa possui a característica de ser direcionado a certos grupos musculares específicos, mas utilizando movimentos que afetam mais que um complexo articular, por isso é denominado multiarticular. Deve-se lembrar que cada complexo articular possui seus músculos agonistas, portanto tal estrutura deve levar em conta todos os grupamentos musculares quando se organiza a divisão do programa de treino. A Tabela 8 apresenta quatro exercícios direcionados para o quadríceps femoral e o glúteo máximo, como exemplos.

**TABELA 8.** Exercícios direcionados para o quadríceps femoral e o glúteo máximo

|  | Movimento articular | Nome popular do exercício |
| --- | --- | --- |
| Exercício 1 | Extensão de joelhos + extensão de quadril | *Leg press* |
| Exercício 2 | Extensão de joelhos + extensão de quadril | Agachamento |
| Exercício 3 | Extensão de joelhos + extensão de quadril | *Hack* machine |
| Exercício 4 | Extensão de joelhos + extensão de quadril | Afundo |

## MONTAGEM ASSOCIADA À ARTICULAÇÃO ADJACENTE

O programa de montagem associada à articulação adjacente (AAA) utiliza uma combinação de exercícios monoarticulares/isolados e multiarticulares de forma sequenciada. Suas divisões são relacionadas à ordem de colocação dos exercícios na montagem do programa.

A montagem AAA de **pré-exaustão** preconiza a utilização inicial de exercícios monoarticulares/isolados e depois multiarticulares. Nesse caso, o número de exercícios mono ou multiarticulares deve ser definido em função do grau de dificuldade e do direcionamento específico do programa. A Tabela 9 apresenta um exemplo esquemático de uma sequência de três exercícios considerada metodologicamente adequada, e a Tabela 10 mostra exercícios considerados inadequados.

**TABELA 9.** Exemplo de adequados exercícios associados à articulação adjacente

|  | Tipo | Exercício | Tipo | Exercício |
| --- | --- | --- | --- | --- |
| Exercício 1 | Mono | Crucifixo inclinado | Mono | *Pec deck* |
| Exercício 2 | Mono | *Pec deck* | Multi | *Fly* inclinado |
| Exercício 3 | Multi | Supino declinado | Multi | Supino declinado |

**TABELA 10.** Exemplo de inadequados exercícios associados à articulação adjacente

|  | Tipo | Exercício | Tipo | Exercício |
|---|---|---|---|---|
| Exercício 1 | Mono | Crucifixo declinado | Multi | Supino inclinado |
| Exercício 2 | Multi | Supino reto | Mono | *Pec deck* |
| Exercício 3 | Mono | *Pec deck* | Multi | *Fly* inclinado |

O método da pré-exaustão foi inserido nos anos de 1960 por Robert Kennedy e, posteriormente, difundido pelos fisiculturistas Casey Viator e Sergio Oliva nos meados dos anos de 1970[14]. A ideia principal desse método seria intensificar o trabalho sobre os grupamentos musculares principais, sem que outros músculos tivessem interferência negativa. Por exemplo: realizar as séries de exercícios monoarticulares/isolados para o peitoral, como crucifixo ou *cross over* e logo depois o exercício supino, para enfatizar a musculatura citada, evitando a interferência do músculo tríceps braquial.

Embora tipicamente utilizado para o treinamento de hipertrofia, as vantagens e as desvantagens do sistema de pré-exaustão na otimização dos ganhos de força e potência não são conclusivas, por isso precisam de estudos adicionais. Entretanto, alguns dados indicam que a fadiga e seus metabólitos (p. ex., lactato) podem estimular o desenvolvimento da força[15,16]. Rooney et al.[17] mostraram que repetições contínuas resultaram em ganhos de força maiores do que quando o repouso foi permitido entre as repetições. Dessa forma, o acúmulo de fator(es) metabólico(s) relacionado(s) à fadiga pode ser um sinal fisiológico para a adaptação. Com isso, não está clara a relação entre as técnicas de pré-exaustão para a maximização da força e o método de sequenciamento tradicional.

Investigando tal sistema de treinamento, Salles et al.[10] compararam o método da pré-exaustão com a ordem inversa nos exercícios *leg press* 45° e a cadeira extensora. Treze sujeitos treinados foram submetidos a duas sessões de treinamento. Na primeira sessão (tradicional), o *leg press* foi executado antes da cadeira extensora e, na segunda sessão, foi realizada a ordem inversa (pré-exaustão). Os exercícios foram executados com carga de 8 repetições máximas (RM) com um intervalo de 20 segundos entre os exercícios. O procedimento foi realizado quatro vezes com intervalos fixos de 2 minutos, totalizando quatro séries de exercícios em ambas as sequências. Após 72 horas, as ordens foram invertidas. Os resultados obtidos mostraram que o volume total, assim como o número de RM no exercício cadeira extensora, foi significativamente maior na situação de pré-exaustão em comparação com a rotina inversa. Não foram observadas diferenças na percepção subjetiva de esforço em nenhuma das condições experimentais. Augustsson et al.[18] observaram menor ativação (média de RM) dos músculos reto femoral e vasto lateral durante a realização de 10RM no exercício *leg press*, quando foi precedido de 10RM no exercício cadeira extensora. Não foram observadas diferenças na ativação do glúteo máximo em nenhuma das condições. Além disso, um número menor de repetições foi realizado na condição pré--exaustão. Ainda investigando o método da pré-exaustão para os MMII, Rocha Júnior et al.[19] investigaram os efeitos das duas rotinas de exercício na atividade muscular do vasto lateral. Os exercícios cadeira extensora e *leg press* 45° foram combinados em duas intensidades. A primeira rotina consistia na realização de uma série de quinze repetições de cadeira extensora com 30% de 1RM, seguida de uma série de quinze repetições de *leg press* 45° com 60% de 1RM. A segunda rotina foi similar à primeira, porém a cadeira extensora foi realizada com 60% de 1RM. Ambas as rotinas foram comparadas a uma rotina-controle, que consistiu somente na realização do *leg press* 45° com 60% de 1RM. Os resultados revelaram maiores variações na amplitude do valor RM nas duas condições experimentais em comparação com a rotina-controle, indicando que uma série de *leg press*, após a realização da cadeira extensora nas intensidades avaliadas, passa a recrutar mais fibras musculares que uma repetição desse mesmo exercício em uma série simples. Entretanto, foi observada a redução do número total de repetições no *leg press* na rotina em que o exercício cadeira extensora foi realizado com 60% de 1RM (segunda rotina). Quanto ao controle neuromuscular dos MMSS, o estudo conduzido por Gentil et al.[20] avaliou a atividade muscular do peitoral maior, do deltoide (parte clavicular) e do tríceps braquial em duas ordens de execução: pré-exaustão (*pec deck* antes do supino) e sistema prioritário (*pec deck* depois do supino). Foi realizada uma série de cada exercício com carga de 10RM ou até a falha concêntrica, sem intervalo entre os exercícios. Não foram observadas para o peitoral maior e o deltoide (parte clavicular) diferenças estatísticas na atividade muscular nos exercícios *pec deck* e supino em nenhuma das condições. Entretanto, foi observada diferença significativa na atividade muscular do tríceps braquial no exercício supino sob a condição de pré-exaustão, quando comparado ao sistema prioritário. Apesar de não ter sido verificada diferença estatística para o número total de repetições e no trabalho total entre as sequências, no exercício *pec deck,* o número total de repetições foi maior na sequência pré-exaustão, assim como o número de repetições no supino reto foi maior no sistema prioritário. Valores similares foram encontrados no estudo de Brennecke et al.[21], em que foram investigados a atividade muscular do peitoral maior, do deltoide (parte clavicular) e do tríceps braquial e o padrão de movimento no exercício supino sob duas condições experimentais: pré-exaustão (crucifixo e supino) e sem pré-exaustão (somente supino). Foi observada menor velocidade angular do ombro na fase ascendente no exercício supino sob a condição de pré-exaustão. Também foi notado um número significativamente menor de repetições no supino quando precedido pelo crucifixo. Similar ao resultado de Gentil et al.[20], não houve diferença significativa da ativação do peitoral maior e do deltoide (parte clavicular) no exercício supino em nenhuma das condições experimentais. Entretanto, o tríceps braquial foi significativamente mais solicitado na condição pré-exaustão.

Outra variável importante a ser considerada na realização do sistema de pré-exaustão é o intervalo entre exercícios. Os estudos supracitados buscaram utilizar curtos intervalos, resultando em baixa recuperação da musculatura envolvida entre exercícios. Recentemente, o estudo de Fischer et al.[22] comparou de forma crônica três sistemas de treinamento: pré-exaustão sem intervalo entre exercícios, pré-exaustão com 1 minuto de intervalo entre exercícios e sistema tradicional. O primeiro grupo realizou os exercícios *pec deck* seguido de supino reto, cadeira extensora seguida de *leg press* e *pullover* seguido de *pulley* frente, os quais foram seguidos de exercícios abdominais e extensores lombares. Foi utilizado um intervalo de 2 minutos entre grupos de exercícios. O segundo grupo executou os mesmos exercícios na mesma ordem, porém foi utilizado um intervalo de 1 minuto entre todos os exercícios. O último grupo serviu como controle e realizou a série priorizando os exercícios multiarticulares na seguinte ordem: supino reto, *leg press*, *pulley* frente, *pec deck*, cadeira extensora, *pullover*, abdominais e extensores lombares. Foi utilizado 1 minuto de intervalo entre os exercícios. Todos os exercícios foram realizados com a utilização de uma carga de uma série de 12RM. Todos os grupos apresentaram grande tamanho do efeito para o ganho de força nos exercícios supino reto, *leg press* e *pulley* frente. Apesar de os maiores tamanhos de efeito terem sido observados no segundo grupo (pré-exaustão com intervalo), os resultados não atingiram diferença significativa.

A montagem AAA de **pós-exaustão** preconiza a utilização inicial de exercícios multiarticulares e depois monoarticulares/isolados. Nesse caso, o número de exercícios mono ou multiarticulares deve ser definido em função do grau de dificuldade e do direcionamento específico do programa. A Tabela 11 mostra um exemplo esquemático de uma sequência de três exercícios considerada correta.

**TABELA 11.** Sequência de exercícios considerada correta

|  | Tipo | Exercício | Tipo | Exercício |
|---|---|---|---|---|
| Exercício 1 | Multi | Supino inclinado | Multi | Supino declinado |
| Exercício 2 | Mono | Pec deck | Multi | Fly inclinado |
| Exercício 3 | Mono | Crucifixo declinado | Mono | Pec deck |

E, por último, com base na associação das montagens anteriores, mais uma montagem se torna possível: a chamada pré/pós-exaustão. Para essa forma de montagem, escolhem-se inicialmente exercícios monoarticulares/ isolados, adicionam-se exercícios multiarticulares e, no final, incorporam-se exercícios monoarticulares. O inverso também pode ocorrer, assim, nesse caso, aquela montagem considerada incorreta no exemplo anterior acaba sendo a indicada. Novamente, a quantidade de exercícios mono ou multiarticulares deve ser definida em função do grau de dificuldade e do direcionamento específico do programa. A Tabela 12 apresenta um exemplo dessa estrutura.

**TABELA 12.** Montagem pré/pós-exaustão

|  | Tipo | Exercício | Tipo | Exercício |
|---|---|---|---|---|
| Exercício 1 | Mono | Crucifixo inclinado | Multi | Supino declinado |
| Exercício 2 | Multi | Supino declinado | Mono | Pec deck |
| Exercício 3 | Mono | Pec deck | Multi | Fly inclinado |

## MONTAGEM ALTERNADA POR ORIGEM E INSERÇÃO

Essa pode ser considerada a mais específica de todas, pois é direcionada apenas a músculos biarticulares, como: reto do abdome, eretores da coluna, reto femoral, isquiotibiais, gastrocnêmios, cabeça longa do tríceps braquial e bíceps braquial.

A montagem consiste em, inicialmente, ativar o músculo escolhido, movimentando apenas uma das complexas articulações ao qual ele atua e per-

# ESTRUTURA METODOLÓGICA PARA MONTAGEM DE PROGRAMAS E SISTEMAS DE TF

manecendo com a outra articulação sem movimento. Depois, realiza-se a ação em outro complexo articular que esse mesmo músculo atua. Dessa forma, os grupamentos musculares escolhidos atuarão sempre, mas por articulações e movimentos articulares diferentes. Um exemplo de quatro exercícios para o grupo muscular dos isquiotibiais é dado pela Tabela 13.

**TABELA 13.** Exercícios para os isquiotibiais

|  | Movimento articular | Nome popular do exercício |
|---|---|---|
| Exercício 1 | Flexão do joelho | Mesa flexora |
| Exercício 2 | Extensão do quadril | *Stiff* |
| Exercício 3 | Flexão do joelho | Cadeira flexora |
| Exercício 4 | Extensão do quadril | Polia baixa |

Caracteriza-se, nas Tabelas 14 e 15, uma montagem de programa direcionado por grupamento muscular no modelo tradicional, dividida entre treinos A (MMSS/coluna) e B (MMII/coluna):

**TABELA 14.** Treino A

| Movimento articular | Material utilizado | Nome popular do exercício |
|---|---|---|
| 1. Adução horizontal de ombros | Barra longa/banco 45° | Supino inclinado livre |
| 2. Adução horizontal de ombros | Halter/banco | Crucifixo |
| 3. Adução de ombros | Polia alta | *Pulley* frente |
| 4. Abdução horizontal de ombros | *Pec deck* | *Pec deck* invertido |
| 5. Abdução de ombros | Barra longa | Desenvolvimento livre |
| 6. Flexão de ombros | Halter de peso fixo | Elevação frontal |
| 7. Extensão de cotovelos | 2 bancos | Tríceps 2 bancos |
| 8. Extensão de cotovelos | Polia alta | Tríceps *pulley* |
| 9. Flexão de cotovelos | Banco Scott | Rosca Scott |
| 10. Flexão de cotovelos | Halter/banco 45° | Rosca alternada no banco |
| 11. Extensão da coluna | Banco inversor | Eretores no banco |
| 12. Flexão lateral da coluna | Banco inversor | Quadrado lombar banco |

**TABELA 15.** Treino B

| Movimento articular | Material utilizado | Nome popular do exercício |
|---|---|---|
| 1. Extensão de joelhos | *Leg press 45°* | *Leg press 45°* |
| 2. Extensão de joelhos | Cadeira extensora | Cadeira extensora |
| 3. Extensão de quadril | Halter de barra longa | *Stiff* |
| 4. Flexão de joelhos | Mesa flexora | Mesa flexora |
| 5. Abdução de quadril | Cadeira abdutora | Cadeira abdutora |
| 6. Adução de quadril | Cadeira adutora | Cadeira adutora |
| 7. Flexão plantar | *Leg press* | Panturrilha no *leg* |
| 8. Flexão plantar | Pressão de sóleos | Panturrilheira |
| 9. Dorsiflexão* | Polia baixa | Tibial na polia |
| 10. Flexão da coluna | Aparelho abdominal | Abdominal no aparelho |
| 11. Flexão de quadril e coluna | Paralelas | Abdominal infra |
| 12. Flexão da coluna com rotação | Aparelho (*rotary*) ou polia | Oblíquos no aparelho |

\* No exercício 9, deve ser realizado o dobro do número de séries.

Entre as muitas possibilidades de montagem de programas para alunos treinados ou com objetivos específicos (p. ex., idosos ou gestantes), serão caracterizadas, a seguir, as propostas localizadas por articulação, tanto a agonista/antagonista como a completa.

## PROGRAMAS LOCALIZADOS POR ARTICULAÇÃO (LA)

Muitos dos professores de TF, ao montarem as sequências de exercícios para seus clientes, frequentemente têm hábitos comuns ou vícios que trazem da época em que eram alunos de academias e aprenderam com os seus professores ou instrutores. Esses hábitos vão desde divisões de programas que priorizam determinadas regiões do corpo em detrimento de outras até a realização de maior número de estímulos para um determinado grupamento muscular em relação a outro, podendo ser seu antagonista. Erros comuns na montagem ocorrem, por exemplo, quando o programa possui três exercícios para os extensores do joelho (agachamento, *leg press* e cadeira extensora) e um único para os flexores (mesa flexora); dois exercícios para os flexores da coluna (abdominais) e nenhum para os extensores da coluna ou ainda dois exercícios para os flexores plantares (panturrilha no *leg press* e pressão de sóleos) e nenhum para os dorsiflexores. Isso se torna uma preocupação, pois a estabilidade articular passa por um equilíbrio de força e de flexibilidade entre os grupos musculares que envolvem as articulações[23-28]. A realização de treinamentos estruturados conforme a metodologia localizados por articulação estimula os profissionais a pensarem um pouco mais sobre o risco das montagens que, por vezes, podem ampliar a instabilidade articular.

Na montagem localizada por articulação agonista/antagonista, Field e Roberts[29] sugerem que, sempre após um exercício trabalhar determinado grupo muscular (p. ex., adutores horizontais dos ombros), o exercício seguinte deverá ser para o grupamento antagonista (abdutores horizontais dos ombros). Depois de trabalhados o agonista e o antagonista, é necessário alternar o segmento corporal e os próximos dois exercícios deverão visar ao agonista e ao antagonista, utilizando novas articulações em outro segmento corporal (neste exemplo, os MMII), em seguida deve-se retornar ao segmento corporal dos dois exercícios anteriores. Essa é a estruturação da montagem de programa localizado por articulação, mesmo sabendo-se que a estratégia nem sempre segue os princípios do conceito do que vem a ser um grupamento muscular antagonista, afinal este último grupamento nunca é treinado, pois, quando se considera o tipo de ação muscular (concêntrico/excêntrico ou isométrico), ele sempre ocorre na musculatura dita agonista.

Outro aspecto a ser observado nessa montagem (e nas mais avançadas) é que não se visa apenas ao aumento da força muscular em razão da melhoria do gesto motor (adaptações neurais), mas também dessa forma o peso utilizado deve ser próximo das RM (falha concêntrica), o que propicia adaptações hipertróficas.

A Tabela 16 apresenta uma montagem localizada por articulação (modelo agonista-antagonista).

**TABELA 16.** Montagem localizada por articulação (agonista-antagonista)

| Músculos priorizados | Movimentos articulares priorizados | Nome popular do exercício |
|---|---|---|
| Quadríceps femoral | Extensão de joelhos | Cadeira extensora |
| Isquiotibiais | Flexão de joelhos | Mesa flexora |
| Peitoral maior, deltoide (parte clavicular), tríceps braquial | Adução horizontal de ombros Extensão de cotovelos | Supino aparelho |
| Latíssimo do dorso Deltoide (parte espinal) Flexores do cotovelo | Abdução horizontal de ombros Flexão de cotovelos | Remada horizontal |

*(continua)*

# PRESCRIÇÃO E PERIODIZAÇÃO DO TREINAMENTO DE FORÇA EM ACADEMIAS

**TABELA 16.** Montagem localizada por articulação (agonista-antagonista) *(continuação)*

| Músculos priorizados | Movimentos articulares priorizados | Nome popular do exercício |
|---|---|---|
| Glúteo médio e tensor da fáscia lata | Abdução de quadril | Cadeira abdutora |
| Adutores magno, longo e curto, grácil e pectíneo | Adução de quadril | Cadeira adutora |
| Latíssimo do dorso, redondo maior, flexores do cotovelo | Adução de ombros<br>Flexão de cotovelos | *Pulley* frente |
| Deltoide (partes acromial e clavicular), supraespinal, tríceps braquial | Abdução de ombros<br>Extensão de cotovelos | Desenvolvimento aparelho |
| Gastrocnêmios e sóleo | Flexão plantar | Panturrilha no *leg press* |
| Tibial anterior e fibular terceiro | Dorsiflexão | Polia baixa (ponta do pé) |
| Tríceps braquial | Extensão de cotovelos | Polia alta – tríceps *pulley* |
| Bíceps braquial, braquiorradial e braquial | Flexão de cotovelos | Banco Scott – rosca Scott |
| Reto e oblíquos do abdome | Flexão da coluna | Aparelho abdominal |
| Eretores da coluna | Extensão da coluna | Aparelho *lower back* |

A montagem completa localizada por articulação tem início pela determinação de um ou mais complexos articulares-alvo, depois dos grupos musculares e dos exercícios a serem executados no programa; em seguida, todos os movimentos articulares deverão ser explorados seguidamente. Recomenda-se que, após a execução de todos os possíveis movimentos de um complexo, a nova articulação a ser explorada deve ser em outro segmento corporal, por exemplo, após explorar todos os movimentos que serão realizados pelo complexo do ombro, devem-se explorar os movimentos da articulação do quadril conforme exemplo da Tabela 17 (em que se adicionam os movimentos para a coluna).

**TABELA 17.** Montagem localizada por articulação – completa

| Músculos priorizados | Movimentos articulares priorizados | Nome popular do exercício |
|---|---|---|
| Peitoral maior, deltoide (parte clavicular), tríceps braquial | Adução horizontal de ombros<br>Extensão de cotovelos | Supino aparelho |
| Latíssimo do dorso, redondo maior, flexores de cotovelo | Adução de ombros | *Pulley* frente |

*(continua)*

# ESTRUTURA METODOLÓGICA PARA MONTAGEM DE PROGRAMAS E SISTEMAS DE TF

**TABELA 17.** Montagem localizada por articulação – completa *(continuação)*

| Músculos priorizados | Movimentos articulares priorizados | Nome popular do exercício |
|---|---|---|
| Latíssimo do dorso, deltoide (parte espinal), bíceps braquial | Extensão de ombros Flexão de cotovelos | Remada sentada |
| Latíssimo do dorso, deltoide (parte espinal), flexores de cotovelo | Abdução horizontal de ombros Flexão de cotovelos | Remada horizontal |
| Deltoide (partes acromial e clavicular), supraespinal, tríceps braquial | Abdução de ombros | Desenvolvimento aparelho |
| Glúteo máximo e isquiotibiais | Extensão de quadril | Glúteo aparelho |
| Glúteo médio e tensor da fáscia lata | Abdução de quadril | Cadeira abdutora |
| Iliopsoas e reto femoral | Flexão de quadril | Polia baixa (*cross over*) |
| Adutores magno, longo e curto, grácil e pectíneo | Adução de quadril | Cadeira adutora |
| Reto e oblíquos do abdome | Flexão da coluna | Aparelho abdominal |
| Oblíquos do abdome e quadrado lombar | Flexão lateral da coluna | Banco inversor |
| Eretores da coluna | Extensão da coluna | Aparelho *lower back* |

Em função da disponibilidade do cliente, do tempo ou do volume total de treino, por vezes, o programa precisa ser dividido para não tornar os treinamentos muito longos, o que seria um problema tanto pela característica fisiológica como operacional. Contudo, conforme citado anteriormente, as divisões de programas, nem sempre, são as mais adequadas para um estímulo proporcional nas diversas partes do corpo. Pode-se citar uma **divisão A, B e C**, na qual, no **treino A**, são priorizados os músculos peitoral, deltoide (parte clavicular) e tríceps braquial, além dos que trabalham juntamente com eles nos exercícios propostos; no **treino B**, são priorizados os músculos latíssimo do dorso, deltoide (parte espinal) e bíceps braquial, além dos músculos que trabalham juntamente com eles nos exercícios propostos; e, no **treino C**, são priorizados todos os músculos dos MMII, além do deltoide (principalmente a parte acromial) e dos músculos que trabalham juntamente com ele nos exercícios propostos. Parece que uma divisão como essa aumenta a ênfase dos MMSS em relação aos MMII, mas, mesmo assim, trata-se de uma das divisões mais comuns encontradas nas academias.

Sendo assim, a seguir são dadas algumas propostas de divisões de programas que têm distribuição mais homogênea entre os grupos musculares treinados.

## DIVISÕES DE TREINOS

Quando o cliente pratica alguma outra atividade física regularmente de maneira prioritária que envolva os grupos musculares de MMII (p. ex., corridas ou ciclismo) ou, então, sobretudo os grupos musculares de MMSS (p. ex., em algumas modalidades da natação), uma possibilidade viável é a tradicional divisão entre MMSS e MMII:

- Treino A – MMSS e abdome.
- Treino B – MMII e eretores da coluna.

Entretanto, se o cliente não realiza outro tipo de atividade, as divisões podem seguir como referência um programa no qual os grupos musculares relativos aos exercícios prioritariamente afastam a resistência da inserção proximal (origem) dos músculos trabalhados, empurrando a resistência e, no outro programa, quando aproximam a resistência da inserção proximal dos músculos trabalhados (puxando a resistência). A essa divisão se dá o nome de empurrar × puxar, em que, no treino A, os grupos musculares elencados trabalham prioritariamente em exercícios de empurrar e, no treino B, em exercícios de puxar.

- Treino A – peitoral, deltoides (partes clavicular e acromial), tríceps braquial, glúteos, quadríceps, tríceps sural e eretores da coluna.
- Treino B – dorsal, trapézio, deltoide (parte espinal), bíceps braquial, isquiotibiais, adutores de quadril, tibial anterior e abdome.

Mas nem todas as pessoas apreciam a divisão "empurrar × puxar", por considerarem que, quando realizam os exercícios para os extensores dos cotovelos (tríceps braquial), eles já estão cansados por terem sido estimulados nos exercícios multiarticulares para peitorais e deltoides. Quando essa é a situação, os professores podem optar pela divisão "anteriores × posteriores"; a recomendação que cabe, aqui, é a de não realizar os treinamentos todos os dias da semana, pois, caso isso aconteça, os extensores e os flexores dos cotovelos não descansariam de forma adequada. Nesse caso, pode-se notar, no exemplo a seguir, que os grupos musculares relacionados no treino A estão localizados na parte anterior do corpo, enquanto os do treino B estão na parte posterior.

- Treino A – peitoral, deltoides (partes clavicular e acromial), bíceps braquial, quadríceps, adutores de quadril, tibial anterior e abdome.
- Treino B – dorsal, trapézio, deltoide (parte espinal), tríceps braquial, glúteos, isquiotibiais, tríceps sural e eretores da coluna.

E, ainda quando a divisão é feita para atender as montagens de programas mais avançados, as supracitadas não atendem as necessidades específicas dos treinamentos, pois, em uma montagem "agonista/antagonista", na primeira proposta de montagem (superiores e inferiores), não seria possível alternar os segmentos corporais a cada dois exercícios ou após explorar todos os exercícios para uma determinada articulação, porque cada segmento é treinado em um dia diferente. Assim como não são possíveis as segunda e a terceira divisões, pois os músculos adutores horizontais dos ombros estão no treino A, enquanto os abdutores horizontais dos ombros (seus antagonistas) estão no treino B.

Com isso, torna-se necessária outra estratégia de divisão, que pode ser realizada por articulação, na qual uma divisão adequada seria esta:

- Treino A – movimentos nas articulações de ombros, escápulas, tornozelos e coluna.
- Treino B – movimentos nas articulações de quadril, joelhos, cotovelos e punhos.

Quando o número de exercícios aumenta ainda mais, torna-se necessária a divisão em três programas distintos, ou seja, a divisão em A, B e C, seguindo os mesmos critérios dos outros tipos de divisão, conforme o exemplo a seguir (lembrando que cada grupamento muscular deve ser treinado duas vezes na semana, visando hipertrofiar a musculatura):

- Treino A – peitoral, tríceps braquial, glúteos, adutores de quadril.
- Treino B – dorsal, deltoide (espinal), bíceps braquial, isquiotibiais, tibial anterior e eretores da coluna.
- Treino C – deltoides (clavicular/acromial), trapézio, quadríceps femoral, tríceps sural e abdome.

Ou

- Treino A – peitoral, bíceps braquial, glúteos e tríceps sural.
- Treino B – dorsal, deltoide (espinal), tríceps braquial, isquiotibiais, tibial anterior e eretores da coluna.
- Treino C – deltoides (clavicular/acromial), trapézio, quadríceps femoral, adutores de quadril e abdome.

Para finalizar a proposta das montagens de programas, é preciso abordar outra possibilidade, que é a montagem de programa mista.

## MONTAGEM MISTA

É a mescla de duas ou mais das montagens anteriormente citadas. Pode ser realizada, por exemplo, se o cliente tiver objetivos diferentes para os segmentos corporais, como: hipertrofia para MMSS e resistência para MMII e coluna. Uchida et al.[3] sugerem uma montagem com essa característica para um treino A que utilize os grupos musculares anterossuperiores do tronco e posteriores do braço (em MMSS) com o objetivo de obter hipertrofia, utilizando uma montagem direcionada por grupamento muscular; os grupos musculares extensores e flexores dos joelhos, flexores plantares e dorsiflexores com o objetivo de obter resistência, utilizando uma montagem de programa localizada por articulação "agonista/antagonista"; e ainda os músculos que envolvam a coluna (flexores, extensores, flexores laterais e rotadores) com objetivo de obter resistência, utilizando uma montagem localizada por articulação "completa", conforme exemplo da Tabela 18.

**TABELA 18.** Exemplo de montagem mista

| Movimento articular | Material utilizado | Nome popular do exercício |
|---|---|---|
| Flexão horizontal de ombros | Barra longa/banco | Supino reto |
| Flexão horizontal de ombros | Barra longa/banco 45° | Supino inclinado |
| Adução de ombros | Polia dupla (alta) | Cross over declinado |
| Abdução de ombros | Ap. desenvolvimento | Desenvolvimento |
| Abdução de ombros | Halter de peso fixo | Elevação lateral |
| Flexão de ombros | Halter de peso fixo | Elevação frontal |
| Extensão de cotovelos | Polia alta | Tríceps pulley |

*(continua)*

**TABELA 18.** Exemplo de montagem mista *(continuação)*

| Movimento articular | Material utilizado | Nome popular do exercício |
| --- | --- | --- |
| Extensão de cotovelos | 2 bancos | Tríceps banco |
| Extensão de cotovelos | Barra longa/banco | Tríceps testa |
| Extensão de joelhos | Pressão de pernas | *Leg press* |
| Flexão de joelhos | Mesa flexora | Mesa flexora |
| Flexão plantar | Pressão de sóleos | Solear |
| Dorsiflexão | Polia baixa | Tibial no puxador |
| Flexão da coluna em 45° | Colchonete | Abdominal |
| Flexão lateral da coluna | Polia baixa | Flexão lateral D/E |
| Flexão coluna com rotação | Colchonete | Abdominal oblíquo |
| Extensão da coluna | Cadeira inversora | Hiperextensora |

Pode-se perceber que a montagem do programa é parte essencial do sucesso do treinamento, assim como a definição da carga. Um bom profissional de educação física deve saber utilizar o melhor programa de treino para cada situação, cliente ou mesmo fase da periodização. Para maiores detalhes sobre o planejamento inserido na periodização, consultar o Capítulo 5.

## SISTEMAS OU MÉTODOS DE TREINAMENTO DE FORÇA MUSCULAR

Os sistemas de treinamento são influenciados diretamente, e sobretudo, pela carga de treino. A intensidade, por mais importante que seja, não é o único fator a ser manipulado no TF, a fim de que adaptações específicas sejam obtidas. Ao longo dos anos, o TF foi utilizado por indivíduos com os mais variados objetivos (p. ex., alteração da força e da composição corporal), além disso, a disponibilidade ou a limitação de tempo e de equipamentos para a realização dos treinamentos estimulou a variação de trabalhos. Assim, surgiram os chamados sistemas de TF.

De modo geral, os sistemas possibilitam a manipulação das variáveis consideradas importantes para a adaptação aguda e consequentemente crônicas do treino, sendo possível a realização de inúmeras combinações. Fry[30] destaca, por exemplo, que mais de 1 milhão de tipos de treinos podem ser facilmente elaborados com a combinação das variáveis supracitadas. Obviamente, um número tão grande de opções dificulta a escolha das formas mais eficientes para ministrar o TF[31,32]. Para aumentar tal dificuldade, vale destacar a falta de embasamento científico na criação dos sistemas de treinamento.

Eles foram estabelecidos por tentativa e erro e, geralmente, são adotados em função de crenças e/ou preferências pessoais.

Um esforço para se estabelecer melhorias na prescrição do TF foi feito por Kraemer[33], que estabeleceu o conceito de variáveis agudas do treinamento, dividindo-as em variáveis de volume de carga, de intensidade de carga e a frequência de treinamento.

As variáveis de volume de carga (amplitude de movimento, número de exercícios, número de séries e número de repetições) são aquelas que podem aumentar ou diminuir a quantidade de estímulos ministrados durante uma sessão de treinamento. Quando uma ou mais dessas variáveis é alterada, a quantidade de estímulos para a musculatura também muda.

Já as variáveis de intensidade de carga (peso ou sobrecarga, velocidade de execução e intervalo entre séries e exercícios) são aquelas nas quais para um mesmo número de estímulos ocorre alteração no grau de dificuldade e de estresse com o qual o exercício é realizado. Por exemplo, se o peso for aumentado, a dificuldade em realizar o mesmo número de repetições será maior e da mesma forma; se forem alterados, o intervalo de recuperação entre as séries e a velocidade de execução, a dificuldade em realizar os exercícios será diferente.

Posteriormente, Fleck e Kraemer[34] indicaram que todo e qualquer sistema de TF manipula uma ou mais dessas variáveis agudas. Embora as propostas desses autores facilitem a prescrição do TF, elas não contribuem com o acompanhamento das adaptações obtidas, uma vez que não estabelecem os indícios de que mudanças estariam ocorrendo no organismo. Se cada sistema de TF manipula de modo particular as variáveis agudas, supõe-se que as alterações no metabolismo energético e no sistema endócrino e a ocorrência de microlesões também sejam próprias de cada sistema. De acordo com Uchida et al.[3], existe muita especulação a respeito dos motivos da efetividade dos vários sistemas. Ainda segundo esses autores, são necessárias mais investigações a respeito da efetividade dos sistemas de TF.

Dessa forma, serão abordadas aqui as formas de realização de alguns dos sistemas de treino mais utilizados, mas não as vantagens e as desvantagens de um sobre o outro. Não serão discutidas, ainda, as variações (ou os sistemas) caracterizadas pela ordem dos exercícios, tendo em vista que as estratégias já foram apresentadas durante as montagens de programas avançados. De modo semelhante ao da concepção original (série simples), esses sistemas foram desenvolvidos sem qualquer tipo de verificação experimental.

Nas séries simples, os praticantes realizam o número estabelecido de repetições uma única vez em cada exercício. Existem duas formas de se realizar novamente o número de repetições, ou seja, estabelecer um fator multiplicador do número de repetições, que são denominadas passagens e séries múltiplas. O sistema de passagens é a estratégia na qual o indivíduo realiza as repetições estabelecidas no primeiro exercício, depois no segundo, no terceiro e, assim, sucessivamente até o final dos exercícios; após o término, retorna ao primeiro exercício para realizar novamente aquele número de repetições e segue o mesmo procedimento, podendo realizá-lo quantas vezes achar interessante. Pode-se considerar que as séries do treinamento se tornam as passagens e que essas não serão realizadas diretamente intercaladas por intervalos de recuperação, mas sim após a realização de cada sequência de exercícios da sessão de treino. Essa estratégia também é conhecida como circuito ou treinamento circuitado.

O sistema de séries múltiplas é caracterizado quando o praticante realiza um determinado número de repetições e, após um descanso (sem outro exercício), realiza novamente aquele número de repetições para o mesmo exercício, o que é denominado duas séries, mas o procedimento pode ser realizado com mais séries seguidamente. O modelo convencional ou tradicional utiliza sempre o mesmo número de repetições e com o mesmo percentual do valor da contração voluntária máxima dinâmica (CVMD) a cada nova série. Mas, com base nesse modelo convencional, vários outros foram surgindo, conforme será visto a seguir.

## PASSAGENS

### CIRCUITO

Esse sistema baseia-se na execução dos exercícios de um programa de treino na sequência em que foram estruturados, sem intervalo ou com um intervalo mínimo entre eles. O número de exercícios depende do nível de aptidão física do executante, sendo muito comum a utilização da montagem de programa alternada por segmento, pois esta é a melhor estrutura de treino para reduzir os intervalos e aumentar o estresse aeróbio (já que este é um objetivo comum entre os que realizam esse tipo de trabalho). Um exemplo de circuito é dado na Tabela 19.

## TABELA 19. Exemplo de circuito

| Exercícios | Execução |
|---|---|
| Supino | 12-15RM |
| Leg press | 12-15RM |
| Abdominal supra | 12-15RM |
| Pulley frente | 12-15RM |
| Mesa flexora | 12-15RM |
| Abdominal oblíquo | 12-15RM |
| Desenvolvimento | 12-15RM |
| Cadeira adutora | 12-15RM |
| Extensão da coluna | 12-15RM |

## CIRCUITO DE AÇÃO CARDIOVASCULAR

Esse sistema é muito semelhante ao anterior (circuito), porém, nesse caso, existe um acréscimo de exercícios predominantemente aeróbios, entre os exercícios de TF, como caminhadas ou corridas na esteira, pedalar na bicicleta ergométrica ou a realização de exercício no elíptico. Após todos os exercícios, poderá ser realizada uma ou mais passagens. Um exemplo para isso pode ser visto na Tabela 20.

## TABELA 20. Exemplo de circuito de ação cardiovascular

| Exercícios | Execução |
|---|---|
| Supino | 12-15RM |
| Leg press | 12-15RM |
| Abdominal supra | 12-15RM |
| Esteira | 5 minutos (moderado a intenso) |
| Pulley frente | 12-15RM |
| Mesa flexora | 12-15RM |
| Abdominal oblíquo | 12-15RM |
| Bicicleta ergométrica | 5 minutos (moderado a intenso) |
| Desenvolvimento | 12-15RM |
| Cadeira adutora | 12-15RM |
| Extensão da coluna | 12-15RM |
| Elíptico | 5 minutos (moderado a intenso) |

## Agrupados

Os sistemas agrupados seguem a proposta dos sistemas de passagens (como no circuito), porém os exercícios são agrupados de 2 em 2, 3 em 3 ou 4 em 4, sem intervalos entre eles ou pelo menos com o menor intervalo possível. Após a realização do grupo (2, 3 ou 4 exercícios), realiza-se um intervalo que deve respeitar o indicado para a manifestação da força que estiver sendo treinada (conforme Capítulo 1) e, então, repete-se o grupo de exercícios, que é considerado apenas uma série. Esses agrupamentos têm nomes específicos como bi-set, tri-set, série combinada ou supersérie. A montagem de programa pode ser qualquer uma das citadas neste capítulo, sendo que, quando se realiza uma montagem alternada por segmento (série combinada) ou localizada por articulação (bi-set), a realização do bi-set é mais difícil, enquanto a realização de uma montagem direcionada por grupo muscular (a supersérie I) é a mais difícil, conforme será visto a seguir.

## Bi-set

Consiste em realizar dois exercícios para o mesmo grupamento muscular, sem intervalo entre eles; após a realização deles, segue-se um intervalo, para repetir os dois exercícios sem intervalo (segunda série) e repetir o intervalo para, somente então, realizar a terceira série. O número de repetições a serem realizadas depende do objetivo do cliente, e deve-se lembrar que, como não existem intervalos entre repetições, elas se somam, contando como apenas uma série (Tabela 21).

**TABELA 21.** Direcionado por grupo muscular

| Exercícios | RM | | RM | | RM |
|---|---|---|---|---|---|
| Supino | 6 | | 6 | | 6 |
| Pec deck | 6 | Intervalo | 6 | Intervalo | 6 |
| Leg press | 8 | | 8 | | 8 |
| Cadeira extensora | 4 | Intervalo | 4 | Intervalo | 4 |
| Pulley | 6 | | 6 | | 6 |
| Remada | 6 | Intervalo | 6 | Intervalo | 6 |
| Abdominal 45° | 8 | | 8 | | 8 |
| Abdominal rotação | 8 | Intervalo | 8 | Intervalo | 8 |

## Tri-set

Consiste em realizar três exercícios para o mesmo grupamento muscular sem intervalo entre eles e, após sua realização, segue-se um intervalo, para repetir os três exercícios sem intervalo (segunda série) e repetir o intervalo para, somente então, realizar a terceira série. O número de repetições a serem realizadas depende do objetivo do cliente, e deve-se lembrar que, como não existem intervalos entre repetições, elas se somam, contando como apenas uma série (Tabela 22).

**TABELA 22.** Direcionado por grupo muscular

| Exercícios | RM | | RM | | RM |
|---|---|---|---|---|---|
| Supino | 4 | | 4 | | 4 |
| Supino inclinado | 4 | | 4 | | 4 |
| Peck deck | 4 | Intervalo | 4 | Intervalo | 4 |
| Leg press | 6 | | 6 | | 6 |
| Afundo | 6 | | 6 | | 6 |
| Cadeira extensora | 6 | Intervalo | 6 | Intervalo | 6 |
| Pulley | 4 | | 4 | | 4 |
| Remada | 4 | | 4 | | 4 |
| Remada horizontal | 4 | Intervalo | 4 | Intervalo | 4 |

Garcia et al.[35] investigaram o efeito do método tri-set. No estudo, mulheres com mais de 12 meses de experiência em TF foram submetidas a duas semanas de tri-set para MMII. Agachamento + *stiff* + *leg press* 45° e flexão dos joelhos + glúteos + flexão plantar. O treinamento durou 12 semanas, mas apenas nas 2 últimas o tri-set foi utilizado, enquanto o outro grupo treinou múltiplas séries convencionais. Os dois grupos aumentaram a força máxima no agachamento e no *stiff*. Já a resistência muscular aumentou no *stiff*, e no agachamento apenas para o tri-set, enquanto o grupo de múltiplas séries aumentou a resistência muscular apenas no agachamento.

Um achado interessante do estudo foi a presença dos muitos responsivos e de poucos responsivos. As mulheres muito responsivas aumentaram a força no *stiff* em mais de 20%, e as pouco responsivas, apenas em 6%. Isso interfere na análise de muitos estudos que não consideram esse parâmetro. O tamanho de efeito (ver Capítulo 5) para a resistência muscular foi de maior magnitude para o grupo tri-set. Não houve diferença no ganho de força para

ESTRUTURA METODOLÓGICA PARA MONTAGEM DE PROGRAMAS E SISTEMAS DE TF

os dois grupos, apenas um efeito maior para o tri-set na resistência muscular. Sendo assim, os profissionais envolvidos com o TF devem considerar o método tri-set uma variação de treino. Outros estudos com ressonância magnética e biópsia são necessários para esclarecer as adaptações a esse método de treino com relação à hipertrofia. Outro ponto é o uso do tri-set por mais tempo, o que pode gerar respostas diferentes.

## SUPERSÉRIE I

Consiste em realizar quatro exercícios para o mesmo grupo muscular sem intervalo, um seguido do outro, e após sua realização segue-se um intervalo, para então repetir os quatro exercícios sem intervalo (segunda série) e repetir o intervalo para, somente após, realizar a terceira série. O número de repetições a serem realizadas depende do objetivo do cliente, e deve-se lembrar que, como não existem intervalos entre repetições, elas se somam, contando como apenas uma série (Tabela 23).

**TABELA 23.** Direcionado por grupo muscular

| Exercícios | RM | | RM | | RM |
|---|---|---|---|---|---|
| Pulley | 3 | | 3 | | 3 |
| Remada baixa | 3 | | 3 | | 3 |
| Remada horizontal | 3 | | 3 | | 3 |
| Pull down | 3 | Intervalo | 3 | Intervalo | 3 |
| Agachamento | 4 | | 4 | | 4 |
| Leg press | 4 | | 4 | | 4 |
| Afundo | 4 | | 4 | | 4 |
| Cadeira extensora | 4 | Intervalo | 4 | Intervalo | 4 |
| Supino reto | 3 | | 3 | | 3 |
| Supino inclinado | 3 | | 3 | | 3 |
| Pec deck | 3 | | 3 | | 3 |
| Crucifixo | 3 | Intervalo | 3 | Intervalo | 3 |

## SÉRIE COMBINADA (TAMBÉM ENCONTRADA NA LITERATURA COMO BI-SET, TRI-SET OU SUPERSÉRIE)

Consiste em realizar dois ou mais exercícios para grupos musculares distintos e não sinérgicos sem intervalo e, após sua realização, segue-se um intervalo, para então repetir os exercícios sem intervalo (segunda série) e repetir o intervalo para, somente após, realizar a terceira série. O número de repetições a serem realizadas depende do objetivo do cliente; nesse caso específico, mesmo sem intervalo entre exercícios, as repetições não se somam, pois são grupamentos musculares não relacionados (Tabela 24).

**TABELA 24.** Alternado por segmento

| Exercícios | RM | | RM | | RM |
|---|---|---|---|---|---|
| Leg press | 12 | | 12 | | 12 |
| Supino | 12 | Intervalo | 12 | Intervalo | 12 |
| Mesa flexora | 12 | | 12 | | 12 |
| Pulley | 12 | Intervalo | 12 | Intervalo | 12 |
| Cadeira adutora | 12 | | 12 | | 12 |
| Desenvolvimento | 12 | Intervalo | 12 | Intervalo | 12 |
| Panturrilha Hack | 12 | | 12 | | 12 |
| Abdominal 45° | 12 | Intervalo | 12 | Intervalo | 12 |

SUPERCOMBINADA I (TAMBÉM ENCONTRADA NA LITERATURA COMO SUPERSÉRIE)

Consiste em realizar os exercícios agrupados de dois em dois, seguindo a montagem localizada por articulação agonista/antagonista, porém, neste caso, sem intervalo durante toda a realização do programa, sendo respeitada a sequência da primeira passagem do agonista (primeiro exercício), seguido pelo antagonista (segundo exercício), para então, também sem intervalo, realizar a segunda passagem e novamente, sem intervalo, a terceira. Continuando sem intervalo, deverão ser realizados o terceiro e o quarto exercícios, depois o quinto e o sexto e, assim sucessivamente, até o término do treino. O número de repetições a serem realizadas depende do objetivo do cliente (Tabela 25).

**TABELA 25.** Agonista/antagonista

| Exercícios | RM | RM | RM |
|---|---|---|---|
| Cadeira extensora | 12 | 12 | 12 |
| Mesa flexora | 12 | 12 | 12 |
| Supino | 12 | 12 | 12 |

*(continua)*

## TABELA 25. Agonista/antagonista (continuação)

| Exercícios | RM | RM | RM |
|---|---|---|---|
| Remada horizontal | 12 | 12 | 12 |
| Cadeira adutora | 12 | 12 | 12 |
| Cadeira abdutora | 12 | 12 | 12 |
| Pulley | 12 | 12 | 12 |
| Desenvolvimento | 12 | 12 | 12 |
| Abdominal 45° | 12 | 12 | 12 |
| Banco hiperextensor | 12 | 12 | 12 |

Com relação ao método supersérie agonista/antagonista, Robbins et al.[36] submeteram 15 indivíduos treinados em força durante pelo menos 1 ano (inclusive com o método) aos exercícios remada curvada com barra, supino reto e supino com arremesso (*bench throw*). No grupo submetido ao método de treino, a remada curvada era utilizada entre as séries do supino reto e do supino com arremesso com duas sessões semanais durante 8 semanas, intensidades de 3-6RM e intervalo de descanso de 4 minutos entre as séries. A diferença para o grupo que realizou o método supersérie agonista/antagonista era que, entre a remanda e os supinos, o descanso era de 2 minutos. O número de séries variou de 1-6 em cada exercício de acordo com a fase da periodização proposta. O grupo que utilizou o método de treino completava as sessões em metade do tempo. Os resultados de ganho de força e potência foram similares, mas a eficiência foi maior no método supersérie agonista/antagonista, já que era realizado em menor tempo. Na prática, esses resultados têm extrema relevância, considerando a falta de tempo das pessoas comuns e dos atletas para realização dos seus treinos de força e potência, que normalmente exigem intervalos de descanso mais longos. Para o trabalho personalizado, essas informações podem ajudar a otimizar o tempo das sessões de treino.

Robbins et al.[37] realizaram outro estudo com o método, porém agudo. Indivíduos treinados foram submetidos a duas condições: 1) tradicional com três séries de intensidade de 4RM na remada curvada com descanso de 4 minutos entre elas e o mesmo procedimento no supino reto e 2) método supersérie agonista/antagonista com uma série na remada curvada seguida de 2 minutos de descanso e uma série no supino reto de intensidade de 4RM, até que as três séries fossem realizadas em cada exercício. Os resultados demonstraram que, na sessão com o método, foram realizadas mais repetições no supino e na remada, indicando maior trabalho muscular no mesmo tempo do método convencional de múltiplas séries, mais uma vez enaltecendo a aplicação prática dessa metodologia. No entanto, estudos crônicos com hipertrofia ainda não foram realizados.

## SÉRIES MÚLTIPLAS

### SISTEMA PIRAMIDAL OU CARGAS CRESCENTES E DECRESCENTES

O sistema piramidal pode ser considerado a combinação de sistemas de cargas crescentes e decrescentes, já que suas características associam ambos os componentes de variação de carga (volume e intensidade). O método surgiu com base na diversificação do sistema convencional, uma vez que os praticantes do TF acreditam que variar os sistemas de treinamento consiste em estratégia válida para promover novas adaptações e, consequentemente, melhorar seu desempenho. O sistema piramidal pode ser entendido como um sistema de múltiplas séries, mas com a variação em relação ao modelo convencional, no qual de uma série para a outra o peso será modificado, assim como o número de repetições.

Em sua versão original, o sistema piramidal (Figura 1) foi desenvolvido com a característica completa, ou seja, entre as primeiras séries (de uma para a outra) o número de repetições diminui e o peso aumenta e, nas últimas séries, o número de repetições aumenta e o peso diminui (p. ex., em um trei-

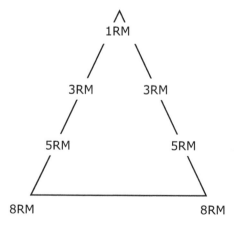

**FIGURA 1.** Representação do sistema piramidal.

namento com sete séries, da primeira para a segunda o executante diminui o número de repetições e aumenta o peso; da segunda para a terceira, repete o procedimento; da terceira para a quarta, repete novamente; da quarta para a quinta, o procedimento é invertido, ou seja, aumenta o número de repetições e diminui o peso, realizando novamente o último procedimento da quinta para a sexta e da sexta para a sétima séries).

O sistema apresenta variações em relação a sua forma original (completa): a pirâmide crescente/a carga crescente, em que de uma série para a outra o número de repetições aumenta, enquanto o peso diminui; e a pirâmide decrescente/a carga decrescente, em que de uma série para a outra o número de repetições diminui, enquanto o peso aumenta. Para todas as outras variações, nas quais se encerra o treino quando chega a um determinado número de repetições, a denominação que deve ser atribuída é sistema de pirâmide truncada. Por exemplo, na primeira série, o executante realiza 12RM; na segunda, 10RM; na terceira, 8RM; e na quarta e última, 8RM (Figura 2).

Vale ressaltar que o intervalo entre as séries também pode ser manipulado nesse método de acordo com os objetivos e as necessidades do cliente. Recentemente, Speretta et al.[38] mostraram que, durante a realização de um programa de pirâmide crescente, a manipulação do intervalo entre as séries, particularmente 1 e 2 minutos, afeta significativamente o número de repetições realizadas ao longo de múltiplas séries. Dessa maneira, o estudo concluiu que o intervalo de 2 minutos entre as séries permite maior volume de repetições quando o sistema piramidal crescente é utilizado.

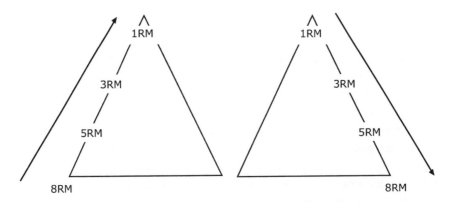

**FIGURA 2.** Exemplos dos sistemas piramidais (crescente e decrescente)[3].

**TABELA 26.** Exemplo de sistemas convencional, piramidal, crescente e decrescente com utilização de 4 a 5 séries

| Séries múltiplas convencionais | Pirâmide ou pirâmide completa | Pirâmide truncada | Pirâmide truncada |
|---|---|---|---|
| 1ª série – 8-10RM | 1ª série – 6RM | 1ª série – 12RM | 1ª série – 6RM |
| Descanso de 1 minuto | Descanso de 1 minuto | Descanso de 1 minuto | Descanso de 1 minuto |
| 2ª série – 8-10RM | 2ª série – 3RM | 2ª série – 10RM | 2ª série – 8RM |
| Descanso de 1 minuto | Descanso de 1 minuto | Descanso de 1 minuto | Descanso de 1 minuto |
| 3ª série – 8-10RM | 3ª série – 1RM | 3ª série – 10RM | 3ª série – 8RM |
| Descanso de 1 minuto | Descanso de 1 minuto | Descanso de 1 minuto | Descanso de 1 minuto |
| 4ª série – 8-10RM | 4ª série – 3RM | 4ª série – 10RM | 4ª série – 6RM |
| Descanso de 1 minuto | Descanso de 1 minuto | Descanso de 1 minuto | Descanso de 1 minuto |
| 5ª série – 8-10RM | 5ª série – 6RM | 5ª série – 12RM | 5ª série – 4RM |

## SUPERLENTO

O sistema superlento é uma forma de treinamento que envolve a combinação de movimentos muito lentos, se comparados aos métodos tradicionais, e a utilização de pesos inferiores. O treino com esse sistema consiste tipicamente de um número de séries reduzido, a escolha de 2 a 8 exercícios e curtos intervalos de recuperação. O idealizador desse sistema (Ken Hutchins) recomenda que cada série dure entre 100 a 180 segundos e que a frequência seja de duas vezes semanais. O sistema pode ser útil para clientes em reabilitação, que necessitem de cuidados extras ou ainda para estratégias de aprendizagem de novos exercícios.

## REPETIÇÕES PARCIAIS

Sistema caracterizado pela execução de movimentos com menor amplitude em cada série. O sistema possui vantagens relativas ao aumento importante da sobrecarga/peso durante o exercício, entretanto tal incremento produz maior estresse articular[39]. Dessa forma, o sistema de repetições parciais deve ser utilizado por curtos períodos dentro do processo de treinamento, cujo objetivo é intensificar o estresse muscular ou aumento da sobrecarga quando o cliente já não consegue avançar em peso. Pode-se utilizar esse sistema alternando-se a amplitude articular em cada série ou mesmo como um novo exercício.

Um cuidado importante a ser tomado com esse sistema é que, quando se realizam diferentes amplitudes na mesma série, o ajuste adequado do peso

ESTRUTURA METODOLÓGICA PARA MONTAGEM DE PROGRAMAS E SISTEMAS DE TF

fica mais difícil, muitas vezes muito elevado para a amplitude inicial. O sistema pode ser utilizado para qualquer exercício e com qualquer número de repetições, desde que a amplitude seja reduzida. O exemplo mais utilizado nas salas de musculação é a "rosca 21", conforme apresentado na Tabela 27.

**TABELA 27.** Exemplo de sistema de repetições parciais

| Exercícios | RM | | RM | | RM |
|---|---|---|---|---|---|
| Rosca direta 0-90° | 7 | | 7 | | 7 |
| Rosca direta 90-110° | 7 | Intervalo | 7 | Intervalo | 7 |
| Rosca direta 0-110° | 7 | | 7 | | 7 |

## ROUBADA

Sistema de treino que utiliza um movimento corporal associado ao movimento articular enfatizado para auxiliar a fase concêntrica do exercício. O sistema é utilizado para se intensificar a carga de treino, quando ela não pode ser executada da forma normal (tradicional). Normalmente, utiliza-se um peso acima das RM (peso para executar o número de repetições estipulado – repetições máximas ou falha concêntrica).

## REPETIÇÕES FORÇADAS

O sistema de repetições forçadas enfatiza o incremento de repetições quando se realiza o exercício até a exaustão. Isso significa que o cliente realiza o seu treino sob condição de RM e, após, efetua mais algumas repetições com auxílio de um parceiro (sendo possível um breve intervalo antes das repetições com auxílio). Não seria interessante realizar mais que 3-4 repetições para que a zona-alvo de treino não seja superada. A Tabela 28 mostra dois exemplos de aplicações de carga associadas a esse sistema.

**TABELA 28.** Exemplo de aplicações de carga associadas ao sistema de repetições forçadas

| Exercícios | RM | RM | RM |
|---|---|---|---|
| Leg press | 10 + 3 | 10 + 3 | 10 + 3 |
| Mesa flexora | 10 + 2 | 10 + 2 | 10 + 2 |

## Blitz

O *blitz* não poderia ser considerado um sistema de treino, pois ele determina que seja realizado apenas um grupo muscular por sessão, podendo ser efetuadas duas sessões no dia. Isso caracteriza uma forma de montagem de programa e não um sistema ou método de treino. É indicado apenas para indivíduos muito bem treinados e que possuem grande dedicação aos treinos, bem como repouso e alimentação adequados (Tabela 29).

**TABELA 29.** Exemplo de *blitz*

| Segunda | Terça | Quarta | Quinta | Sexta | Sábado | Domingo |
|---|---|---|---|---|---|---|
| Grupo muscular | | | | | | |
| Peitoral/ abdome | Quadríceps | Deltoides | Dorsais/ paravertebrais | Tríceps braquial/ tríceps sural | Bíceps braquial | Isquiotibiais |

## Prioritário

O prioritário segue a mesma consideração que o *blitz*, já que determina que o grupo muscular com déficit em massa muscular seja trabalhado em primeiro lugar. Isso garante que o músculo seja treinado sem qualquer tipo de desgaste anterior.

## Exercício isolado

Outra forma de determinar a montagem de programa é a de exercício isolado, no qual se determina apenas um exercício a ser executado por grupamento muscular. Novamente, trata-se de uma forma de montagem de programa e não de um sistema de treinamento. Um exemplo é estruturar o treino com doze séries no exercício supino, em vez de realizar quatro séries de supino, quatro no supino inclinado e mais quatro no *peck deck*, pois, embora em ambos os casos tenham sido realizadas doze séries, na primeira situação foi utilizado o exercício isolado.

## Onda

Sistema caracterizado por variação do número de repetições e peso a cada série, em que ocorre a oscilação das repetições e do peso de forma sequenciada (p. ex., 12RM – 5RM – 12RM – 5RM). É importante ressaltar que o sistema em ondas é diferente da periodização ondulatória (Capítulo 5). A periodização propõe realizar a alteração do volume e da intensidade entre as sessões ou semanas de treino, e o sistema em ondas propõe variar volume e intensidade entre as séries da mesma sessão de treinamento (Figura 3).

Outra variação do sistema de onda é adicionar as formas crescente ou decrescente (p. ex., onda crescente: 12RM – 6RM – 10RM – 5RM – 8RM – 4RM ou onda decrescente: 4RM – 8RM – 5RM – 10RM – 6RM – 12RM), conforme mostra a Figura 4.

## Exaustão

O sistema de exaustão enfatiza a realização de cada série até a fadiga. Isso significa que o cliente realiza o seu treino sob condição de RM, ou seja, após a determinação do número de repetições a serem realizadas, ele deverá executá-las com um peso condizente com o seu limite, não podendo realizar mais repetições do que o predeterminado (sempre atingindo a falha concêntrica momentânea).

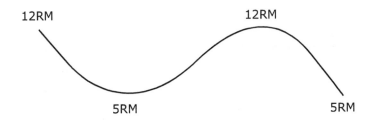

**FIGURA 3.** Exemplo do método em onda.

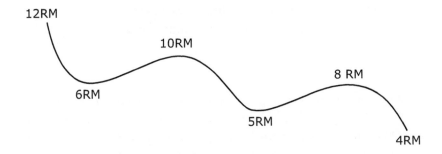

**FIGURA 4.** Exemplo do método em onda crescente.

## Excêntrico ou Negativo

Nesse sistema, o cliente executa apenas a ação excêntrica do treino, que deve ser realizada com pesos acima dos 100% de 1RM. O sistema é realizado com o auxílio de um ou dois companheiro(s) de treino, que realizam a ação concêntrica e deixam que o executante realize sozinho a ação excêntrica. Existe ainda uma variação desse sistema, que é o positivo parcial/negativo completo, no qual o companheiro realiza parcialmente a ação concêntrica, permitindo ao executante participar pouco da contração concêntrica, mas realizando sozinho a excêntrica.

Por exemplo, Franchi et al.[40] demonstraram que indivíduos que treinaram o *leg press* unilateral exclusivamente excêntrico tiveram maior hipertrofia da região distal da coxa, local de maior dificuldade, enquanto o treinamento concêntrico resultou em maior hipertrofia na porção medial (*belly* muscular) em indivíduos jovens fisicamente ativos sem experiência prévia com TF. O treinamento durou 10 semanas e foi realizado com quatro séries de 8-10 repetições – 80% de 1RM. A carga de 80% no excêntrico era a de 1RM excêntrica. É interessante notar que a ativação da via *mitogen-activated protein kinases* (MAPK), uma das vias responsáveis pela hipertrofia muscular(ver Capítulo 2), foi maior no excêntrico.

Esses resultados mostram a importância dos diferentes estímulos de contração muscular. Os ganhos de força concêntrica foram similares, e os ganhos de força excêntrica foram superiores para o treino negativo. Muitas pessoas param o treinamento com a falha exclusivamente concêntrica, o que limita o efeito hipertrófico em outras porções musculares. É preciso aproveitar os resultados com responsabilidade. O melhor treino é aquele que ainda não foi feito; o excêntrico será interessante por um período. Populações com tendinopatias e baixa aptidão física também podem se beneficiar do treinamento excêntrico adaptado as suas condições físicas, ou seja, um treinamento excêntrico submáximo (não utilizando acima de 100% de 1RM)[41].

## Drop set

Sistema caracterizado por uma definição inicial do número de repetições em RM. Após pequeno intervalo, apenas o suficiente para a redução do peso (entre 20 e 40%), o cliente deverá, então, realizar nova série se possível com o mesmo número de repetições até atingir a falha concêntrica. Após essa série, o cliente deverá executar outras séries na sequência da mesma forma até atingir o número de séries estipulado para tal exercício. O sistema, preferencialmente, deve ser executado em aparelhos visando à segurança do cliente. É possível realizá-lo com qualquer número de repetições, para atender aos objetivos propostos, contudo como as séries são realizadas para manter o menor intervalo possível (praticamente sem intervalo), realizá-las com baixos números de repetições (2 ou 3) poderia ser entendido como um treinamento que objetive força/hipertrofia. No exemplo, são utilizadas dez repetições:

- 1ª série → dez repetições com 80 kg, sem intervalo – retira aproximadamente 20% peso.
- 2ª série → dez repetições com 64 kg, sem intervalo – retira aproximadamente 20% peso.
- 3ª série → dez repetições com 52 kg, sem intervalo – retira aproximadamente 20% peso.
- 4ª série → dez repetições com 42 kg.

O número de remoções não está claramente definido, dependendo do grau de resistência à fadiga do praticante e do tempo de treino. Um dos pressupostos do método é induzir a maior estresse metabólico que os treinos convencionais, o que pode ser interessante para indivíduos treinados[42]. Ainda existem outras duas variações possíveis para o método:

1. Após 30 segundos da falha concêntrica, remover em torno de 40-50% do peso e realizar o máximo de repetições apenas uma vez, em torno de quinze a trinta repetições após a remoção, não sendo necessárias mais remoções.
2. O *drop set* adaptado de modo mais pesado, começando com uma carga mais alta de 80-95% de 1RM ou 3-5RM e realizando-se duas remoções de 20-40% do peso com o máximo possível de repetições. A diferença principal é que o número final de repetições é bem menor e, com o tempo, o praticante consegue realizar mais repetições com a carga inicial, uma vantagem para o ganho de força.

Uma questão relacionada aos métodos de treinamento é a falta de estudos sobre eles. Com relação ao *drop set*, há um estudo interessante realizado por Goto et al.[43] com universitários com experiência em TF. O treinamento foi realizado no *leg press* e na extensão dos joelhos com três séries em cada equipamento durante 6 semanas para todos os indivíduos. A fase de hipertrofia consistia em um sistema *drop set* (série 1: 80% – 30 segundos – 60% – 30 segundos – 40%; descanso de 3 minutos para a série 2: 70% – 30 segundos – 50% – 30 segundos – 40%; descanso de 3 minutos para a série 3: 60% – 30 segundos – 50% – 30 segundos – 40%). Após esse período, um grupo seguiu das semanas 7-10 realizando um treino convencional de força com cinco séries a 90% de 1RM (em torno de 3-5RM) e descanso de 3 minutos. O outro grupo realizava o mesmo protocolo, mas adicionando uma remoção de 40% do peso 30 segundos após a quinta série e realizava em torno de 25-35RM (estilo *drop set*). O treinamento de *drop set* aplicado na fase de hipertrofia inicial de 6 semanas produziu aumentos na área de secção transversal medida por ressonância magnética, resistência muscular e força. Nas 3 semanas seguintes na fase de força, o adicionamento de um *drop set* induziu a maiores aumentos na força muscular e massa muscular (diferença pequena, apenas percentualmente maior). Os autores comentam sobre a necessidade de periodização do TF e concluem que é interessante adicionar um *drop set* com muitas repetições, mesmo na fase de força. Outro ponto é reservar o *drop set* para indivíduos que já passaram por treinos mais básicos de hipertrofia, não sendo necessário para iniciantes.

## Superbomba ou "queima"

O sistema superbomba enfatiza a inclusão de repetições parciais após a execução do número de repetições em RM. Isso significa que o cliente realiza o seu treino sob condição de RM e, sem recuperação, realiza mais algumas repetições com amplitude reduzida. Não seria interessante realizar mais que 3-4 repetições para que a zona-alvo de treino não seja superada.

## German volume training

O *German volume training* (GVT) é um método de treinamento utilizado por atletas e treinadores que vem sendo divulgado na mídia como interessante para o ganho de massa muscular. De acordo com Charles Poliquin, o método GVT foi desenvolvido pelo treinador Alemão Rolf Fesser com o objetivo de aumentar a massa muscular de levantadores de peso na fase de preparação geral de treinos[3]. A ideia original era realizar dez séries de dez repetições por exercício com uma intensidade próxima de 60% de 1RM ou equivalente a 20RM, constituindo grande volume. Após a primeira falha em uma série ou mesmo ao não atingir o número de repetições, a proposta é reduzir o peso em 2,5 a 5 kg, tentando sempre manter dez repetições. O intervalo de descanso entre as séries tipicamente utilizado é de 20-30 segundos, podendo ser adaptado de acordo com as condições. Caso o indivíduo queira manter a carga inicial, é provável que o número de repetições realizadas por série seja reduzido significativamente para 3-5[44].

Hipoteticamente, o GVT produz uma depleção elevada dos estoques energéticos nas fibras musculares em um exercício multiarticular principal, em vez de distribuir a fadiga com múltiplos exercícios. Considerando que o exercício escolhido é complexo, o recrutamento de fibras já seria naturalmente elevado. Alguns exercícios interessantes para o uso do GVT são: agachamentos, supinos, levantamento terra ou *stiff*, barras fixas ou puxadas. Outra adaptação é utilizar o GVT com o treino agonista-antagonista, por exemplo, uma série de supino reto seguido de uma remada. A Tabela 30 foi adaptada de Baker[44] e apresenta alguns exemplos de treinos GVT que têm a vantagem de durar em torno de 30 minutos, mesmo sendo treinos de grande volume de trabalho.

**TABELA 30.** Exemplos de treinos *German volume training* (GVT)

| Sequência de GVT 1 – ênfase no supino | Repetições × séries | Intensidade |
|---|---|---|
| Supino | 10 × 10 | Iniciar com 60% de 1RM Descansar 20-30 segundos |
| Remada com halteres | 10 × 10 | 20RM descansar 20-30 segundos |
| Abdominal no solo | 10 × 10 | Peso corporal; descansar 3 minutos e repetir a sequência |
| **Sequência de GVT 2 – ênfase na barra fixa** | **Repetições × séries** | **Intensidade** |
| Barra fixa | 10 × 10 | Peso corporal Descansar 20-30 segundos |
| Desenvolvimento com halteres | 10 × 10 | 20RM descansar 20-30 segundos |
| Elevação de pernas deitado | 10 × 10 | Peso corporal; descansar 3 minutos e repetir a sequência |
| **Sequência de GVT 3 – ênfase no agachamento** | **Repetições × séries** | **Intensidade** |
| Agachamento | 10 × 10 | Iniciar com 60% de 1RM Descansar 20-30 segundos |
| Flexora | 10 × 10 | 20RM descansar 20-30 segundos |
| Sem abdominais | – | Descansar 3 minutos e repetir a sequência |

É interessante observar que Baker e Newton[45] investigaram os efeitos agudos de uma sessão de GVT para os MMSS sobre a potência desses músculos. Os resultados demonstraram que o alto volume e a fadiga causada pelo GVT provocaram uma redução na potência de 23% e, mesmo após 7 minutos de descanso, ainda uma redução de 18%. Nesse caso, o GVT não deve ser realizado em dias de potência e sim em treinos focados na hipertrofia.

## Repetição-pausada – *REST-PAUSE*

Esse método de treinamento prevê a manipulação de repetições realizadas até a falha concêntrica com intervalos muito curtos entre as séries. Foi proposta uma relação volume-intensidade tipicamente fixa para o *rest-pause*, por exemplo, vinte repetições no supino, em que, após a primeira falha entre dez e doze repetições, as séries subsequentes até a falha são realizadas com um intervalo de 20 segundos. No entanto, adaptações podem ser feitas, sem fixar um número de repetições e simplesmente realizar duas pausas de 20 segundos, efetuando-se o maior número de repetições possíveis. O procedimento pode até ser repetido no mesmo exercício, dependendo do grau de treinamento do indivíduo. Quanto a realizar o *rest-pause* em mais exercícios, talvez não seja boa opção, em razão do alto grau de fadiga atingido.

O uso de 20 segundos de intervalo entre as séries é a base do método, já que, aproximadamente, 50% do sistema adenosina trifosfato-creatina fosfato é recuperado, enquanto um intervalo de 3 minutos permite a recuperação de cerca de 85%[46]. Uma característica única do método de repetição-pausada é que, diferentemente de outros métodos, não há redução da intensidade, como acontece no *drop set*. O acúmulo de fadiga e metabólitos associados a intensidades moderadas a altas (70-85% de 1RM ou 6-12RM) aumenta consideravelmente o recrutamento de unidades motoras[47] e está relacionado ao aumento de síntese proteica, que em longo prazo pode causar hipertrofia muscular. Especialmente para indivíduos treinados, o método de repetição-pausada pode ser boa alternativa para adicionar novos estímulos no treino. O tempo pelo qual o método deve ser utilizado ainda não é conhecido, mas o praticante deve ficar atento às dores musculares e articulares excessivas, bem como a sensações relacionadas ao sobretreinamento.

Marshall et al.[47] submeteram, aleatoriamente, 14 indivíduos jovens treinados em força há pelo menos 5 anos a três condições experimentais diferentes: a) 20 repetições – 5 × 4 a 80% de 1RM com 3 minutos de intervalo;

b) 20 repetições – 5 × 4 a 80% de 1RM com 20 segundos de intervalo; e c) método de repetição-pausada até a falha a 80% de 1RM com 20 segundos de intervalo. Os resultados revelaram que o método de repetição-pausada produziu maior recrutamento de unidade motoras de todos os músculos envolvidos no exercício de agachamento, sem causar maior fadiga que os métodos sem falha. Sendo assim, o método de treino é potencialmente eficaz quando realizado em alta intensidade, por exemplo, 80% de 1RM e deve ser executado por indivíduos avançados. No entanto, estudos crônicos são necessários para avaliar os seus efeitos sobre a força muscular e a hipertrofia. Recomenda-se cautela no número de exercícios aplicados com essa metodologia, não sendo necessário em todos os exercícios do treino. A Tabela 31 mostra um exemplo de treino para os músculos do peitoral incluindo o método de repetição-pausada. Sequências similares podem ser aplicadas para outros grupamentos musculares com os exercícios apropriados.

**TABELA 31.** Exemplo de treino para os músculos do peitoral incluindo o método de repetição-pausada

| Repetição-pausada | Séries x repetições | Intensidade |
|---|---|---|
| Supino barra | 1 x até a falha – 20 segundos<br>1 x até a falha – 20 segundos<br>1 x até a falha – 1-2 minutos<br>Repetir mais 1-2 vezes para muito treinados | 6-12RM ou próximo a 80% de 1RM |
| Crucifixo com halteres | 3 x 10-12 repetições | 10-12RM |
| Supino declinado com halteres | 3 x 10-12 repetições | 10-12RM |

## TREINAMENTO DE FORÇA COM RESISTÊNCIA ELÁSTICA E DE CORRENTES

Uma alternativa de mudança de estímulo é utilizar a resistência elástica ou de correntes combinando-se com o TF para mudança de estímulo. Por exemplo, no caso do uso de pesos livres, nos pontos em que a ativação muscular diminui (normalmente no final da fase concêntrica do movimento) com o treinamento convencional (menor amplitude articular com alto torque externo), o elástico está totalmente estirado ou a carga aumenta pela corrente apresentar mais elos suspensos e estar em menor contato com o solo, elevando assim o trabalho do músculo. Sujeitos treinados em força foram submetidos ao TF com resistência elástica utilizada no supino e no agachamento (20% da carga reduzida no grupo com elástico acoplado). Foram realizados exercícios básicos para o corpo todo três vezes por semana com três a seis *versus* duas a dez repetições de forma ondulatória a 72-98% de 1RM durante 7 semanas. O grupo que adicionou a resistência elástica ganhou mais força e potência no supino e no agachamento[48].

Em outro estudo, 24 atletas de beisebol da National Collegiate Athletic Association (NCAA) com mais de 1 ano de experiência com TF foram submetidos ao treinamento convencional + resistência elástica ou de corrente. Nenhum deles havia treinado com essas resistências anteriormente ao estudo. Os sujeitos treinaram duas vezes por semana, 1 dia tradicional periodizado com intensidades variando de 43-87% de 1RM no supino. No segundo dia, eles treinavam o supino com corrente ou elástico em uma intensidade referente a 50% de 1RM. O treinamento pré-temporada durou 5 semanas. Os resultados não evidenciaram diferenças entre o treinamento com corrente ou elástico para o supino. O adicionamento de elásticos ou correntes ao treinamento convencional parece boa opção para proporcionar novos estímulos em indivíduos previamente treinados, visto que houve aumento significativo da força máxima no supino em apenas 5 semanas[49].

Portanto, uma dica fundamental e prática é que o uso de recursos, como elástico e correntes, deve sempre ser incorporado aos treinos convencionais. Esse tipo de treino pode ser interessante para os clientes que estão estabilizados nos resultados. Quanto à hipertrofia, os estudos ainda não são conclusivos, mas a melhor estratégia é combinar os estímulos para que os músculos não se acostumem. Podem-se realizar sessões apenas com pesos e aparelhos em 1 dia da semana e no outro optar por acoplar elásticos ou correntes em determinados exercícios. O posicionamento dos elásticos e das correntes deve ser realizado de forma correta e segura, bem como as diferentes resistências geradas por elásticos com maior tensão devem ser consideradas, evitando possíveis acidentes e maximizando os resultados. Até o presente momento, não foram apresentados na literatura científica limites para o uso desses implementos nos diferentes exercícios, de forma que o professor pode criar exercícios que aumentem o desafio motor e físico dos clientes, mas primando sempre pela segurança.

## *Fascial stretch training* – FST-7

O método FST-7 foi proposto por Hany Rambod, considerado um dos melhores treinadores de fisiculturismo do mundo. A ideia é que o crescimento muscular poderia ser limitado pela fáscia, então seria necessário liberar essa membrana para permitir o aumento de volume. Ao realizar sete séries de 8-12 repetições com um intervalo curto de 30-45 segundos, a fáscia seria aumentada ou "inflada" e abriria mais espaço para as fibras musculares. De acordo com a proposta, as sete séries são realizadas para aumentar o espaço da fáscia. O alto volume de séries aumenta o fluxo sanguíneo local e os metabólicos, provocando um alongamento da fáscia. Inclusive uma variação seria realizar com método agonista-antagonista, por exemplo, quadríceps seguido de isquiotibiais ou bíceps e tríceps. Um método similar com alto volume de séries é o GVT, comentado anteriormente neste capítulo. A sugestão de intensidade mais encontrada em *sites* relacionados ao fisiculturismo é próxima à falha, mas não até a falha, um peso que permitiria a realização de mais algumas repetições. A ideia não é falhar em cada uma das sete séries propostas. Infelizmente, não há até o momento nenhum estudo científico bem conduzido sobre essa metodologia de treino utilizando ressonância magnética ou ultrassom. Por conseguinte, o mais prudente é entender o FST-7 como uma variação de treino até que as hipóteses sejam confirmadas. Também deve-se considerar que a necessidade de alongar a fáscia afetaria outras estruturas, principalmente mecanoceptores, o que poderia alterar a excitabilidade neuromuscular e, consequentemente, afetar a força ou o dano estrutural, portanto seria uma estratégia mais adequada em indivíduos no limite de sua hipertrofia, ou seja, avançados.

### SARCOPLASMA STIMULATING TRAINING (SST)

O *sarcoplasma stimulating training* (SST) é um recente método de treinamento proposto pelo treinador de fisiculturistas Patrick Tuor. O atleta Dennis Wolf ajudou a aumentar a fama do método em virtude do grande volume muscular alcançado após os treinamentos com Tour.

Utiliza-se uma carga que permite a realização de oito repetições até a falha, seguido de um intervalo de 10 segundos, mantendo a mesma carga até que apenas uma repetição seja realizada. Depois disso, remove-se um total de 20% da carga até chegar a uma repetição, e o procedimento é repetido mais uma vez. Um indivíduo pode chegar a realizar até trinta séries em 10 minutos, de modo que o treinamento dura no máximo 30 minutos. De acordo com o idealizador, o SST pode ser aplicado em qualquer grupamento muscular. Um destaque é o grande volume de treino acumulado em um curto tempo.

## A TÉCNICA DE ALONGAR ENTRE AS SÉRIES MELHORA O DESEMPENHO?

Uma prática utilizada por fisiculturistas e treinadores é o alongamento entre as séries para aumentar o tempo de tensão e os ganhos de força. Por conseguinte, o alongamento dos músculos antagonistas em relação aos ativados no exercício também pode resultar em redução da coativação antagonista e aumentar o tempo de tensão dos músculos agonistas e antagonistas[50]. Outra hipótese é que o método poderia aumentar a massa muscular em decorrência do tempo de tensão aumentado.

Miranda et al.[51] submeteram homens jovens treinados a 40 segundos de alongamento passivo do peitoral maior no período de descanso entre as séries. O exercício utilizado foi a remada sentada no aparelho com a pegada aberta, sendo realizadas três séries até a falha na intensidade referente a 10RM. Os resultados revelaram um aumento no número de repetições realizadas e maior atividade eletromiográfica do latíssimo do dorso e do bíceps braquial com alongamento do antagonista e sem o alongamento. Sendo assim, o método pode ser utilizado intensamente para melhorar o desempenho das repetições e aumentar a ativação muscular. A hipertrofia e o aumento crônico de força ainda permanecem no plano das hipóteses.

### MÉTODO DE RESTRIÇÃO DE FLUXO SANGUÍNEO (OCLUSÃO VASCULAR PARCIAL)

O método de treinamento com restrição de fluxo sanguíneo foi proposto há mais de 40 anos e tornou-se popular no Japão por Yoshiaki Sato nos anos de 1980, denominado de treinamento KAATSU. Evidências apontam que o exercício com restrição de fluxo pode aumentar a massa muscular, mesmo em intensidades baixas ($\leq 50$ % de 1RM)[1,52]. A restrição é normalmente aplicada com pressão externa exercida por torniquetes, manguito de pressão ou bandas elásticas aplicadas na porção proximal dos MMSS e dos MMII. A pressão externa é suficiente para manter o influxo de sangue arterial, enquanto oclui de forma importante a parte venosa, distal ao ponto de oclusão, apesar de a redução no retorno venoso reduzir um pouco o influxo arterial de sangue para o músculo. A redução do fluxo sanguíneo produz condições isquêmicas/hipóxicas que ativam vias relacionadas ao aumento da força e da hipertrofia. O estresse metabólico ativa fatores de crescimento, incluindo a via da mTOR (alvo da rapamicina em mamíferos, ver Capítulo 3), aumenta o recrutamento de unidades motoras, eleva a quantidade de hormônios e edema celular e aumenta a produção de espécies reativas de oxigênio (ver a revisão detalhada de Pearson e Hussain, 2015[52]).

Na prática, têm sido utilizadas pressões que variam de 100-200 mmHg de acordo com membro e as intensidades de 20-50% de 1RM, sendo que membros maiores, como as coxas, requerem pressão um pouco maior quando comparados aos braços. Normalmente, as repetições são realizadas até a falha concêntrica e podem variar de 30-50, dependendo da pressão aplicada e da intensidade utilizada[53]. O intervalo de descanso deve ser breve, em torno de 30-90 segundos.

Obviamente, existem preocupações com os efeitos colaterais resultantes desse método: 1) respostas cardiovasculares adversas, 2) trombose e prejuízo da função vascular e 3) lesões nervosa e muscular. Para evitar esses processos, a pressão de oclusão (mmHg) deve ser avaliada por meio de um esfigmomanômetro de pressão sanguínea (aparelho Doppler vascular). Por exemplo, o esfigmomanômetro posicionado na região proximal é inflado até o ponto em que o pulso auscultatório da artéria do membro em questão seja interrompido, sendo adotada uma pressão equivalente a 50% da pressão de oclusão total de cada indivíduo[54]. Sendo assim, cada indivíduo terá a sua pressão personalizada a ser aplicada e ela vai variar de acordo com o membro a sofrer restrição de fluxo. Adicionalmente, o indivíduo deverá ser avaliado por um médico com relação à presença de complicações cardiovasculares que possam impedir a prática desse tipo de treino.

Além disso, o método de treinamento com velocidades lentas (3-6 segundos concêntrica + 3-6 segundos excêntrica) com intensidades leves a moderadas (~ 30-70% de 1RM) pode, pelo menos em parte, mimetizar o treinamento com restrição de fluxo sanguíneo, o que é interessante em razão da dificuldade de acesso e dos altos custos dos manguitos apropriados.

## REFERÊNCIAS BIBLIOGRÁFICAS

1. Marchetti PH, Lopes CR. Planejamento e prescrição do treinamento personalizado: do iniciante ao avançado. Volume Mundo. 2014;(1).
2. Prestes J, Foschini D, Marchetti PH, Charro MA. Prescrição e periodização do treinamento de força em academias. v.1. Barueri: Manole; 2010.
3. Uchida MC, Charro MA, Bacurau RFP, Navarro F, Pontes Júnior FL. Manual da musculação: uma abordagem teórico-prática do treinamento de força. 4.ed. v.7. São Paulo: Phorte; 2013.

4. Kraemer WJ, Adams K, Cafarelli E, Dudley GA, Dooly C, Feigenbaum MS, et al. American College of Sports Medicine position stand. Progression models in resistance training for healthy adults. Med Sci Sports Exerc. 2002;34(2):364-80.
5. Kraemer WJ, Ratamess NA. (). Fundamentals of resistance training: progression and exercise prescription. Med Sci Sports Exerc. 2004;36(4):674-88.
6. Ratamess NA, Alvar BA, Evetoch TK, Housh TJ, Ben Kibler W, Kraemer WJ, et al. American College of Sports Medicine position stand. Progression models in resistance training for healthy adults. Med Sci Sports Exerc. 2009;41(3):687-708.
7. Brown LE. Treinamento de força. Barueri: Manole; 2008.
8. Novaes JS, Salles BF, Novaes GS, Monteiro MD, Monteiro GS, Monteiro MV. Influência aguda da ordem dos exercícios resistidos em uma sessão de treinamento para peitorais e tríceps. Motricidade. 2007;3(4):38-45.
9. Prestes J, Foschini D, Marchetti PH, Charro M. Prescrição e periodização do treinamento de força em academias. São Paulo: Phorte; 2010.
10. Salles BF, Oliveira N, Ribeiro FM, Simão R, Novaes JS. Comparação do método pré-exaustão e da ordem inversa em exercícios para membros inferiores. Revista da Educação Física/UEM. 2008;19(1):85-92.
11. Simão R, Farinatti PT, Polito MD, Viveiros L, Fleck SJ. Influence of exercise order on the number of repetitions performed and perceived exertion during resistance exercise in women. J Strength Cond Res. 2007;21(1):23-8.
12. Soares EG, Marchetti PH. Efeito da ordem dos exercícios no treinamento de força. Revista do Centro de Pesquisas Avançadas em Qualidade de Vida. 2013;5(3):1-14.
13. Spineti J, de Salles BF, Rhea MR, Lavigne D, Matta T, Miranda F, et al. Influence of exercise order on maximum strength and muscle volume in nonlinear periodized resistance training. J Strength Cond Res. 2010;24(11):2962-9.
14. Salles BF, Simão R. Bases científicas dos métodos e sistemas de treinamento de força. Revista UNIANDRADE. 2014;15(2):127-33.
15. Shinohara M, Kouzaki M, Yoshihisa T, Fukunaga T. Efficacy of tourniquet ischemia for strength training with low resistance. Eur J Appl Physiol. 1998;77(1-2): 189-91.
16. Rooney KJ, Herbert RD, Balnave RJ. Fatigue contributes to the strength training stimulus. Med Sci Sports Exerc. 1994;26(9):1160-4.
17. Smith RC, Rutherford OM. The role of metabolites in strength training. I. A comparison of eccentric and concentric contractions. Eur J Appl Physiol Occup Physiol. 1995;71(4):332-6.
18. Augustsson J, Thomeé R, Hörnstedt P, Lindblom J, Karlsson J, Grimby G. Effect of pre-exhaustion exercise on lower-extremity muscle activation during leg press exercise. J Strength Cond Res. 2003;10(2):411-16.

19. Rocha Júnior VA, Bottaro M, Pereira MCC, Andrade MM, Júnior PRWP, Carmo JC. Análise eletromiográfica da pré-ativação muscular induzida por exercício monoarticular. Revista Brasileira de Fisioterapia 2010;14(2):158-65.

20. Gentil P, Oliveira E, Rocha Júnior VA, Carmo J, Bottaro M. Effects of exercise order on upper-body muscle activation and exercise performance. J Strength Cond Res. 2007;21(4):1082-6.

21. Brennecke A, Guimarães TM, Leone R, Cadarci M, Mochizuki L, Simão R, et al. Neuromuscular activity during bench press exercise performed with and without the pre-exhaustion method. J Strength Cond Res 2009;23(7):1933-40.

22. Fisher JP, Carlson L, Steele J, Smith D. The effects of pre-exhaustion, exercise order, and rest intervals in a full-body resistance training intervention. Appl Physiol Nutr Metab. 2014;39:1-6.

23. Behm DG. Neuromuscular implications and applications of resistance training. J Strength Cond Res. 1995;9(4):264-74.

24. Behm DG, Drinkwater EJ, Willardson JM, Cowley PM. The use of instability to train the core musculature. Appl Physiol Nutr Metab 2010;35:91-108.

25. Behm DG, Sanchez JCC. Instability resistance training across the exercise continuum. Sports Health: A Multidisciplinary Approach 2013;1-5.

26. Fisher J, Steele J, Bruce-Low S, Smith D. Evidence-based resistance training recommendations. Medicina Sportiva. 2011;15(3):147-62.

27. Maupas E, Paysant J, Datie AM, Martinet N, Andre JM. Functional asymmetries of the lower limbs. A comparison between clinical assessment of laterality, isokinetic evaluation and electrogoniometric monitoring of knees during walking. Gait Posture 2002;16(3):304-12.

28. Singh I. Functional asymmetry in the lower limbs. Acta Anat (Basel) 1970;77(1):131-8.

29. Field RW, Roberts S. Weight training. WCB/McGraw-Hill; 1999.

30. Fry AC. Overload and regeneration during resistance exercise. In: Lehmann M, Foster C, Gastmann U, Keizer H, Steinacker JM (eds.). Overload, performance, incompetence and regeneration in sport. New York: Klumer Academic/Plenum Publishers; 1999. p.149-61.

31. Graves JE, Franklin BA. Introduction. In: Graves JE, Franklin BA (eds.). Resistance training for health and rehabilitation. Champaign: Human Kinetics; 2001. p.3-12.

32. Gabriel DA, Kamen G, Frost G. Neural adaptations to resistive exercise mechanisms and recommendations for training practises. Sports Med. 2006;36(2):133-49.

33. Kraemer WJ. Exercise prescription in weight training: a needs analysis. Nat Strength Cond Assoc J. 1983;5:10-12.

34. Fleck SJ, Kraemer WJ. Sistemas e técnicas de treinamento de força. In: Fundamentos do treinamento de força muscular. 3.ed. São Paulo: Artmed; 2006. p.197-216.

35. Garcia P, Nascimento DD, Tibana RA, Barboza MM, Willardson JM, Prestes J. Comparison between the multiple-set plus 2 weeks of tri-set and traditional multiple-set method on strength and body composition in trained women: a pilot study. Clin Physiol Funct Imaging. 2014 [no prelo].
36. Robbins DW, Young WB, Behm DG, Payne WR. Effects of agonist-antagonist complex resistance training on upper body strength and power development. J Sport Sci. 2009;27:1617-25.
37. Robbins DW, Young WB, Behm DG. The effect of an upper body agonist-antagonist resistance training protocol on volume load and efficiency. J Strength Cond Res. 2010;24(10):2632-40.
38. Speretta GFF, Magosso RF, Pereira GB, Leite RD, Domingos MM, Pires CMR, et al. Efeito do intervalo entre as séries sobre o volume de repetições no método piramidal crescente. Rev Bras Prescr Fisiol Exerc. 2009;3(14):118-23.
39. Pinto RS, Gomes N, Radaelli R, Botton CE, Brown LE, Bottaro M. Effect of range of motion on muscle strength and thickness. J Strength Cond Res. 2012;26(8):2140-5.
40. Franchi MV, Atherton PJ, Reeves ND, Flück M, Williams J, Mitchell WK, et al. Architectural, functional, and molecular responses to concentric and eccentric loading in human skeletal muscle. Acta Physiol. 2014;210(3):642-54.
41. Murtaugh B, Ihm JM. Eccentric training for the treatment of tendinopathies. Curr Sports Med Rep. 2013;12(3):175-82.
42. Goto K, Nagasawa M, Yanagisawa O, Kizuka T, Ishii N, Takamatsu K. Muscular adaptations to combinations of high- and low-intensity resistance exercises. J Strength Cond Res. 2004;18(4):730-7.
43. Goto K, Ishii N, Kizuka T, Takamatsu K. The impact of metabolic stress on hormonal responses and muscular adaptations. Med Sci Sports Exerc. 2005;37(6):955-63.
44. Baker D. German volume training: an alternative method of high volume-load training for stimulating muscle growth. NSCA's Perform Training J. 2009;8(1):10-3.
45. Baker D, Newton R. The deleterious effects of the high volume-load German Volume Training workout upon upper body power output. J Austr Strength Cond. 2009;17(2):11-7.
46. McMahon S, Jenkins D. Factors affecting the rate of phosphocreatine resynthesis following intense exercise. Sports Med. 2002;32(12):761-84.
47. Marshall PW, Robbins DA, Wrightson AW, Siegler JC. Acute neuromuscular and fatigue responses to the rest-pause method. J Sci Med Sport. 2012;15(2):153-8.
48. Anderson CE, Sforzo GA, Sigg JAJ. The effects of combined elastic and free weight resistance on strength and power in athletes. Strength Cond Res. 2008;22(2):567-74.

49. Jones MT. Effect of compensatory acceleration training in combination with accommodating resistance on upper body strength in collegiate athletes. Open Access J Sports Med. 2014;4(5):183-9.
50. Mohamad NI, Nosaka K, Cronin J. Maximizing hypertrophy possible contribution of stretching in the interset rest period. Strength Cond J. 2011;33(1):81-7.
51. Miranda H, Maia MDE F, Paz GA, Costa PB. Acute effects of antagonist static stretching in the inter-set rest period on repetition performance and muscle activation. Res Sports Med. 2015;23(1):37-50.
52. Pearson SJ, Hussain SR. A review on the mechanisms of blood-flow restriction resistance training-induced muscle hypertrophy. Sports Med. 2015;45(2):187-200.
53. Manin ITM, Clark BC. Blood flow restricted exercise and skeletal muscle health. Exerc Sport Sci Rev. 2009;37(2):78-85.
54. Gualano B, Ugrinowitsch C, Neves JR M, Lima FR, Pinto ALS, Laurentino G, et al. Vascular occlusion training for inclusion body myositis: a novel therapeutic approach. J Vis Ex: JoVE. 2010;(40).

# 5

# Periodização do Treinamento de Força para Academias e Treinamento Personalizado

*Jonato Prestes*
*Denis Foschini*
*Ramires Alsamir Tibana*

## Objetivos

- Entender o conceito e a importância da periodização do treinamento de força.
- Compreender os principais objetivos do treinamento de força e as variáveis a serem articuladas.
- Discutir a divisão da periodização do treinamento de força em ciclos.
- Apresentar os conceitos dos diferentes modelos de periodização do treinamento de força.
- Comparar a eficiência das periodizações linear, linear reversa e ondulatória para os ganhos de força, massa muscular e resistência muscular.
- Discutir a aplicabilidade dos diferentes modelos de periodização de acordo com a aptidão física e a frequência semanal dos alunos.
- Propor novos conceitos sobre periodização do treinamento de força em função das necessidades e dos objetivos.
- Apresentar aplicações práticas de diferentes periodizações para objetivos distintos.
- Discutir, do ponto de vista prático, a aplicação dos modelos de periodização do treinamento de força.
- Discutir e propor diferentes formas de utilização da periodização aplicada a academias e ao treinamento personalizado.
- Entender os conceitos de periodização em bloco, bem como comparar este modelo com os outros modelos de periodização.

**Palavras-chave:** periodização, ciclos de treinamento, treinamento de força, resistência muscular, força muscular, hipertrofia, microciclos, periodização linear, periodização linear reversa, periodização ondulatória, periodização em bloco, aplicações práticas.

## Introdução à periodização do treinamento de força

Após o estudo dos princípios, da prescrição e das montagens de programas de treinamento de força (TF) em academias, abordados nos Capítulos 2 a 4, será iniciada a discussão sobre a periodização desse tipo de treinamento.

A periodização consiste em modificações planejadas das variáveis agudas e crônicas de um programa de treinamento[1]. Fleck[2] define periodização do TF como a alteração das variáveis do programa em intervalos de tempo regulares, cuja intenção é induzir a ganhos ótimos de força, potência, desempenho motor e/ou hipertrofia muscular.

Vale ressaltar que revisar todos os modelos de periodização do TF aplicados às modalidades esportivas, como o modelo em bloco proposto pelo professor Yuri Verkhoshansky[3] ou aqueles preconizados pelo professor Antonio Carlos Gomes[4], vai além do escopo deste capítulo. Nesse sentido, serão enfatizados os modelos de periodização aplicados aos praticantes de TF em academias.

O planejamento do treinamento existe desde os Jogos Olímpicos da Antiguidade, quando o manual para o treinamento atlético e ginástico foi escrito por Flavius Philostratus (170 a 245 a.C.). Os primeiros modelos de periodização foram aplicados por levantadores de peso do Leste Europeu, que modificavam as sessões de treino ao longo do tempo e, desse modo, permitiam melhor recuperação e, em consequência, maiores ganhos de força[5].

O desenvolvimento do método de periodizar teve como base a síndrome geral da adaptação de Selye[6]. Segundo o Dr. Hans Selye, o organismo tem a capacidade de adaptar-se a situações de estresse aumentado, por exemplo, alterações nas cargas de um programa de exercícios. A síndrome geral da adaptação desenvolve-se em três estágios: 1) reações de alarme (excitação); 2) reações de resistência (dependem do tempo que duram os estímulos e provocam adaptações); e 3) reações de exaustão (ocorrem quando o organismo não suporta por mais tempo o processo de superação do estímulo e podem causar danos)[7]. Para compreender a importância da periodização do TF em academias, leia o quadro a seguir, "Posicionamento do especialista".

## POSICIONAMENTO DO ESPECIALISTA

Dilmar Pinto Guedes Júnior é graduado em Educação Física pela Universidade Metropolitana de Santos, especialista em Treinamento Desportivo pela Universidade Gama Filho, Mestre e Doutorando em Ciências pela Universidade Federal de São Paulo. Atualmente, é professor das disciplinas de musculação e treinamento desportivo na Universidade Metropolitana de Santos e na Universidade Santa Cecília. É autor dos livros: *Personal training na musculação; Musculação: estética e saúde feminina;* e *Treinamento personalizado em musculação,* além de artigos relacionados ao treinamento de força.

> **Questão:**
>
> Comente sobre a importância da periodização do treinamento de força em academias.
>
> A periodização do treinamento físico, incluindo o treinamento de força em academias, é fundamental para otimizar o perfeito heterocronismo entre a carga de treinamento (estímulo) e o período eficiente de recuperação, com objetivo de potencializar os ajustes desejados de curto, médio e longo prazos, evitando o sobretreinamento e o aparecimento de platôs. Vale ainda destacar o papel da periodização no processo de motivação, impedindo o surgimento de um "platô psicológico".

## Pressupostos da periodização

Evidências demonstram que os profissionais da área da ciência do exercício têm utilizado a variação dos seus programas de treinamento a fim de obter melhores resultados em longo prazo[8].

## Por que periodizar?

A periodização é uma forma de facilitar e tornar mais eficaz a organização de um programa de treinamento, adequando cada fase e suas variáveis, para alcançar os objetivos do indivíduo, seja ele um atleta ou não. Esse sistema se ajusta à necessidade do treinamento e de suas variáveis, potencializando o resultado. Por conseguinte, melhores resultados são obtidos em virtude da organização da variedade de métodos existentes, pela implementação estratégica das fases e das cargas específicas, causando alternância nos estímulos. Um exemplo prático é a estabilização dos processos hipertróficos observados após quatro a cinco meses de treinamento quando são utilizadas cargas fixas, três séries de 10 repetições máximas (RM) durante todo o período. Na periodização, o aluno iniciante de academia pode ser submetido a uma carga de hipertrofia por quatro semanas, 3 séries de 12-14RM, seguido de mais quatro semanas com outra carga de hipertrofia em outra intensidade, por exemplo, 3 séries de 8-10RM. Em suma, o praticante treinará para atingir seus objetivos, porém com cargas variadas durante o seu ciclo semestral ou anual, sem esquecer que os ciclos (tempo em que a carga será realizada) devem ser respeitados. Enfim, periodizar não se trata apenas de modificar as variáveis do treinamento de maneira aleatória, mas sim de respeitar as modificações de acordo com os ciclos programados.

Vale ressaltar que a periodização não é um conceito rígido, pois pode ser aplicado às mais variadas populações, como atletas de diversas modalidades, indivíduos ativos e/ou sedentários, desde que sejam considerados os diferentes compromissos pessoais e profissionais. No caso dos praticantes de TF em academias e alunos de treinamento personalizado, os objetivos podem ser: obter ganhos de aptidão física voltada à saúde, emagrecer e aumentar a força, a resistência, a flexibilidade e a massa magra, entre outros.

Na comparação entre programas periodizados e não periodizados, foi demonstrada a superioridade do treinamento periodizado no aumento de força muscular[9]. De fato, estudos que compararam TF periodizados com não periodizados evidenciaram que a periodização foi mais eficiente em promover alterações positivas nos componentes da composição corporal e da força máxima[9-13]. Programas não periodizados com cargas fixas também promovem alterações positivas na composição corporal e na força, porém por períodos limitados de até 4 a 5 meses. Desse modo, periodizar auxilia no processo de melhora das capacidades funcionais por períodos superiores a seis meses.

Os programas de TF periodizados com variação da intensidade e períodos ativos de descanso podem atenuar a estabilização dos resultados no desempenho, diminuindo a probabilidade de sobretreinamento e proporcionando maiores aumentos na força e na potência[14].

Os objetivos da periodização incluem maximizar o princípio da sobrecarga e garantir melhor relação entre estresse e recuperação (heterocronismo). O princípio da sobrecarga pode ser descrito pelo processo de aplicação de cargas às quais o sistema neuromuscular não está adaptado[15]. Quando maiores demandas são impostas ao sistema neuromuscular, ocorrem adaptações que resultam em níveis aumentados de força[16]. Mais detalhes sobre as adaptações neuromusculares podem ser encontrados no Capítulo 2.

As variáveis do treinamento que podem ser articuladas para aperfeiçoar o programa são: número de séries realizadas em cada exercício, número de repetições por série, exercícios realizados, número de exercícios realizados a cada sessão, períodos de descanso entre as séries e os exercícios, carga utilizada a cada série, tipo e velocidade da ação muscular utilizada (concêntrica, excêntrica, isométrica), número de sessões de treinamento realizadas por dia e por semana[17-21]. Conforme comentado anteriormente, o TF em academias também requer a organização em ciclos, nos quais as suas variáveis são sistematizadas. Para mais detalhes sobre os programas de TF periodizados e sua aplicação em academias, leia o "Posicionamento do especialista" a seguir.

## Posicionamento do especialista

Nicholas Ratamess é Ph.D. em Ciência do Exercício pela University of Connecticut e é professor-assistente da College of New Jersey. O Professor Ratamess é autor de diversos artigos, capítulos de livros e livros internacionais relacionados à periodização e ao treinamento de força. Membro do American College of Sports Medicine e da National Strength and Conditioning Association. Autor associado do *Position stands* do *American College of Sports Medicine: Progression models in resistance training for healthy adults* de 2002 e 2009.

### Questões:

De acordo com a literatura científica, os modelos periodizados são mais eficientes para o aumento das capacidades funcionais que os não periodizados. Quais são as diferenças entre os programas periodizados e os não periodizados? Por que os profissionais envolvidos com o treinamento de força devem optar pelos programas periodizados?

Os programas **periodizados** implicam alterações sistemáticas das variáveis do programa ao longo do tempo, o que permite a evolução de um ou mais componentes da aptidão. Em virtude da rápida adaptação do corpo humano a um programa de treinamento de força, algumas alterações são necessárias para que a progressão ocorra além do estágio inicial de adaptação. Um programa **não periodizado** é aquele que permanece relativamente constante do começo ao fim. Isto é, a intensidade, o volume, a velocidade da repetição, a seleção e ordem dos exercícios e o intervalo de descanso utilizado não variam de forma significativa. Os programas não periodizados são eficientes quando o indivíduo inicia o treinamento. No entanto, vários estudos têm mostrado que o treinamento de força periodizado é mais eficiente para a progressão em longo prazo. Na sua recomendação mais recente (que foi também aprovada pela National Strength and Conditioning Association), em 2009, o American College of Sports Medicine recomenda o treinamento de força periodizado para adultos com diversos objetivos. De modo adicional, foram fornecidas diretrizes para indivíduos que buscam hipertrofia, força, potência e resistência muscular. A periodização pode ser realizada de várias formas e manifesta a manipulação de uma ou a combinação das variáveis agudas do programa, previamente mencionadas. A maioria dos estudos com periodização do treinamento manipula o volume e a intensidade ao longo do tempo e mostra resultados superiores. No entanto, outras variáveis também podem ser manipuladas. Por exemplo, a alteração sistemática da seleção dos exercícios pode ser efetiva para expor o sistema neuromuscular a diferentes estímulos. Desse modo, alterar sistematicamente os programas de treinamento de força por meio da periodização é a melhor forma de fornecer a progressão em longo prazo. São razões para a escolha dos programas periodizados pelos profissionais envolvidos com o treinamento de força:

- Pesquisas têm mostrado aumentos superiores na força, na hipertrofia e na resistência muscular em comparação com os modelos não periodizados.
- O treinamento de força periodizado aumenta componentes relacionados à aptidão, como velocidade de corrida, potência muscular, habilidade de salto, equilíbrio e coordenação.
- O treinamento de força periodizado pode melhorar a saúde e o bem-estar por meio da redução da pressão arterial e da melhora da função cardiovascular, da sensibilidade à insulina, da postura e da redução do risco de várias doenças.
- O treinamento de força periodizado também produz adaptações esportivas específicas, favoráveis em atletas.
- Em razão da variação, os modelos periodizados reduzem a possibilidade de monotonia, estabilização e platô no treinamento. Para o treinamento personalizado, isso pode elevar o entusiasmo dos clientes e trazer novos desafios a eles, aumentando potencialmente a qualidade e a renovação do serviço.

- Os programas de treinamento de força periodizados podem ser manipulados com facilidade para suprir as demandas individuais. Por exemplo, eles podem ser planejados de acordo com as demandas dos períodos competitivos de atletas que encontram dificuldade para continuar o treinamento de força em conjunto com seus cronogramas de treino/competição. Também podem ser planejados para adequar agendas de trabalho ocupadas e outros compromissos que limitam o tempo e a disponibilidade das sessões de treino.
- Os programas periodizados facilitam o alcance de múltiplos objetivos e utilizam ciclos de treinamento específicos para atingi-los.

*Qual é a sua opinião sobre a aplicação dos modelos periodizados em academias e no treinamento personalizado?*

Os modelos periodizados apresentam grande aplicação para as academias e para o treinamento personalizado. Conforme discutido na questão anterior, o treinamento de força periodizado mostra resultados superiores nos componentes da aptidão. Desse modo, ciclos específicos de treinamento podem ser utilizados para atingir vários objetivos.

Melhores resultados produzem maior sucesso para o *personal trainer* do ponto de vista comercial. Em academias que eu mesmo treinei, os *personal trainers* com estratégias de treinamento desafiadoras, excitantes e inovadoras tendem a ser mais populares e ter mais clientes. Na perspectiva do cliente, os programas de treinamento de força periodizados reduzem a monotonia e o platô do treinamento, aumentando as possibilidades de melhoras na aptidão a longo prazo. Isso acrescenta estímulo, novos desafios ao treinamento e motiva potencialmente os clientes a treinarem de forma mais regular e intensa. Indivíduos iniciantes que porventura param de treinar prematuramente o fazem por volta de 6-10 semanas. Por esta razão, um *personal trainer* que fornece ao cliente um programa bem estruturado, com suficiente variação e que atinja os resultados pode ser o principal estímulo para que o cliente continue a treinar e mantenha a fidelidade na academia. Os programas periodizados auxiliam nas situações em que o cliente possui uma vida muito ocupada, o que pode limitar a disponibilidade de tempo para os treinamentos. Uma resposta comum e conhecida aos *personal trainers* e profissionais da fisiologia do exercício é "eu não tenho tempo para treinar." Programas periodizados cujo objetivo é eficiência de tempo (por exemplo, treinamento em circuito, intervalos de descanso curtos, superséries, alternância de exercícios agonistas/antagonistas, etc.) podem ser desenvolvidos para minimizar o tempo de treino e, ainda, maximizar a eficácia do treinamento, por exemplo, quantidade de tempo gasto no exercício em relação ao tempo total de permanência na academia. De forma adicional, os modelos periodizados podem ser facilmente incorporados em programas que envolvem o treinamento cardiovascular e a flexibilidade.

## ORGANIZAÇÃO DA PERIODIZAÇÃO DO TREINAMENTO DE FORÇA EM CICLOS

Para a disposição da periodização do treinamento, Matveev foi o primeiro a demonstrar que os melhores resultados podem ser obtidos pela organização da carga em forma de ciclos[22]. A divisão dos ciclos de treinamento na periodização é realizada com base em um macrociclo que pode durar de seis meses a quatro anos (dependendo da modalidade de exercício, do planejamento e do nível de aptidão física dos indivíduos). No início, um mesociclo era determinado por um período de 2 a 3 meses, dependendo da modalidade. Atualmente, esse ciclo corresponde, em geral, a 4 a 6 semanas, de modo a assegurar ganhos ótimos no condicionamento físico. O microciclo refere-se a uma semana de treinamento, no entanto, de acordo com o formato do programa, pode ter a duração de até quatro semanas[8]. Em outras palavras, um microciclo representa uma fase do treinamento, já os mesociclos podem representar várias fases que, juntas, formam o macrociclo, o qual retrata a estrutura do objetivo final. Se todas essas fases forem organizadas de forma correta e efetiva, os resultados pretendidos poderão ser alcançados (Figura 1).

Para facilitar o entendimento, será discutido um exemplo didático que pode ser adaptado às condições e aos objetivos do aluno: um indivíduo destreinado inicia a prática do TF em uma academia no mês de janeiro. Na anamnese, ele relata que seu principal objetivo é aumentar 5 kg de massa muscular (hipertrofia) até outubro do mesmo ano. Nesse caso, será considerado um macrociclo o período de janeiro a outubro. A divisão do macrociclo em mesociclos segue a lógica de que existem períodos dentro do macrociclo nos quais os objetivos ou as prioridades são diferentes. Logo, cada mesociclo compreende uma fase na qual o treinamento é diferente da outra fase. Se o macrociclo (janeiro a outubro) fosse dividido em dois mesociclos (sendo que

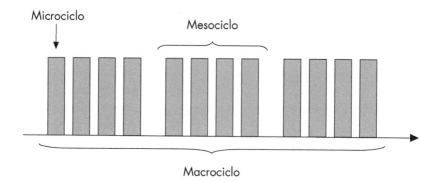

**FIGURA 1.** Representação generalizada dos ciclos (microciclo, mesociclo e macrociclo) de treinamento periodizado.

o primeiro tem a duração de quatro meses e é direcionado para a resistência de força), no mesociclo seguinte (com duração de seis meses) a ênfase seria dada ao treinamento para hipertrofia muscular. Ao observar a diferença entre os dois mesociclos, fica evidente que a divisão foi realizada de acordo com a prioridade dada a cada fase do programa.

Em resumo, para a organização das fases, existe a necessidade da determinação do objetivo. Por exemplo, fase de adaptação anatômica, hipertrofia, força máxima, definição muscular, potência, flexibilidade e fase recuperativa, sendo esta última a otimizadora dos resultados, em virtude da importância da recuperação orgânica, especialmente após altas cargas de treinamento terem sido administradas[23].

A seguir relaciona-se a classificação das sessões do TF de acordo com a intensidade utilizada, adaptada para academias e para o treinamento personalizado[19,24].

1. Microciclo de intensidade muito leve (ML): microciclos com utilização de cargas muito leves que permitam ao indivíduo realizar > 20RM.
2. Microciclo de intensidade leve (L): microciclos com utilização de cargas leves, de 12 a 15RM.
3. Microciclo de intensidade moderada (M): microciclos com utilização de cargas moderadas, de 8 a 10RM.
4. Microciclo de intensidade alta (A): microciclos com utilização de cargas intensas, de 4 a 6RM.
5. Microciclo de intensidade muito alta (MA): microciclos com utilização de cargas muito intensas, de 1 a 3RM.

Nas sessões já citadas, o número de exercícios e de séries por exercício (volume) poderá ser adaptado às necessidades e aos objetivos de cada aluno (para maiores detalhes sobre o número de séries para cada objetivo e nível de treinamento, consultar o Capítulo 3). Apesar de a nomenclatura utilizada para as sessões com pesos muito leves ser > 20RM, isto não significa que o estímulo não seja forte para a resistência de força, em especial pelo trabalho com RM. Nesse caso, a denominação "muito leve" se deve ao peso utilizado, que é inferior ao das outras sessões. Ainda assim, o aluno pode exibir sinais de fadiga e cansaço com 20RM.

Nos microciclos iniciais para praticantes de academia e alunos de treinamento personalizado, desenvolvem-se as capacidades físicas – força, resistência aeróbia e flexibilidade – e atingem-se os objetivos estéticos de forma integral ou parcial, como a hipertrofia muscular e a diminuição da gordura corporal[25]. É importante que essa evolução seja alcançada nos períodos iniciais para que haja progresso na fase específica e, também, para a estabilização da forma nos períodos posteriores de treinamento. A Figura 2 apresenta as principais fases da periodização linear clássica de acordo com as terminologias europeia, americana clássica e atletas de potência americanos. Conforme mencionado por Deschenes e Kraemer[26], esses modelos têm sido adaptados aos praticantes de TF em academias. Nesse sentido, de acordo com as metas traçadas, as fases e os períodos em que os objetivos principais devem ser atingidos serão planejados.

## FASE DE RECUPERAÇÃO E SOBRETREINAMENTO

Na montagem da periodização para praticantes de academia, uma fase tão importante quanto as demais é de recuperação, que envolve microciclos recuperativos (também conhecidos como regenerativos), nos quais o volume e/ou a intensidade são reduzidos, proporcionando a recuperação orgânica geral. É importante destacar que o planejamento desta fase depende da frequência do aluno, ao passo que deve ser aplicada para indivíduos praticantes regulares e que mantêm uma rotina constante de treinamento. Por outro lado, em situações de faltas e dificuldade na assiduidade, os períodos de recuperação podem ser planejados de acordo com as viagens e os momentos de ausência ou ainda podem ser desconsiderados.

A recuperação é um processo multifatorial que depende de fatores intrínsecos e extrínsecos, caracterizando-se como componente essencial ao treinamento. As técnicas de recuperação precisam estar em sincronia com

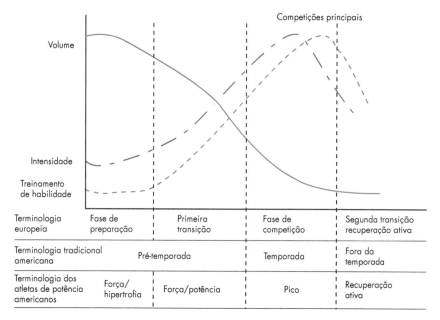

**FIGURA 2.** Terminologia das fases da periodização linear. São apresentadas as interações clássicas da intensidade e do volume do exercício em um programa de treinamento linear. No esporte, a preparação física exerce um papel importante. Estes modelos clássicos têm sido utilizados ao redor do mundo para o desenvolvimento de ótimos desempenhos de força e potência e têm sido adaptados para os programas de força voltados para aptidão física em academias[26].

a carga de trabalho. Dessa forma, os indivíduos regeneram-se após as sessões de treinamento, de modo que a exaustão e o sobretreinamento são evitados[27].

O sobretreinamento, ou *overtraining*, é o declínio abrupto no desempenho que pode ser atribuído a causas fisiológicas e psicológicas, em períodos associados ao excesso de treinamento, que causam alterações nos sistemas nervoso, imunológico e endócrino. A prevenção é a melhor proteção contra o sobretreinamento, o qual pode ocorrer caso não haja modificação no volume e na intensidade do treinamento no período de um ano, como ocorre em treinamentos não periodizados[28].

A recuperação é o processo de superação do efeito da fadiga causada pelo treinamento e de regeneração do organismo ao seu potencial de rendimento total[29]. Desse modo, trata-se de um importante aspecto para melhora das respostas ao treinamento, tanto nos componentes físicos como psicológicos e também na prevenção de lesões. O tempo de recuperação dependerá do tipo de exercício realizado, da via energética, do volume, da intensidade e do tipo de força aplicado na sessão de treinamento. Segundo Kraemer e Fleck[19], em geral esses períodos de recuperação são programados para cada 12 semanas de treinamento.

Há uma relação entre o trabalho e a recuperação denominada ciclo de supercompensação, ressaltando, mais uma vez, a importância da recuperação. Durante uma sessão de treinamento, ocorre uma queda abrupta na curva da homeostasia, pois o treinamento proporciona uma série de estímulos (por exemplo, aumento do gasto energético) que abalam o sistema biológico do indivíduo[27]. Após essa perturbação causada pelo treinamento, deve ocorrer a fase de restauração, proporcionando um equilíbrio entre o gasto e a reposição energéticos. Essa restauração ocorre de forma lenta, portanto, são necessárias algumas horas para que o organismo compense a depleção dos estoques energéticos utilizados. Quando o organismo retorna a uma condição superior àquela observada antes do estímulo, ocorre a supercompensação (Figura 3). Notoriamente, o organismo possui grande capacidade de adaptar-se aos diferentes estímulos proporcionados pelo exercício físico.

Após a discussão sobre os princípios que norteiam a periodização do TF, serão apresentados os modelos a serem aplicados.

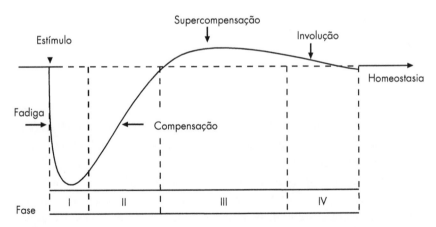

**FIGURA 3.** Ciclo de supercompensação de uma sessão de treinamento[8].

## Posicionamento do especialista

Mathew Rhea completou o seu Ph.D. em Ciência do Exercício na Arizona State University e é professor-associado da A.T. Still University. O seu foco de pesquisa acadêmica tem sido o desempenho físico. O professor Rhea tem mais de 100 estudos na área de exercício e ciência do esporte publicados em artigos em revista de grande referência e em congressos internacionais. Ele foi nomeado o Jovem Pesquisador de destaque pela National and Strength Conditioning Association (NSCA) em 2008 e palestrou em congressos internacionais da NSCA, do American College of Sports Medicine, da International Conference on Strength Training e do International Olympic Committee. Ele também presta consultoria para vários atletas professionais (San Francisco Giants, Pittsburgh Pirates, Phoenix Suns, Carolina Panthers, Athletes' Performance) e universitários (Arizona State, Brigham Young University, College of Southern Idaho, Dixie State University). O professor Rhea é dono de sua própria empresa de consultoria em treinamento, RACE Rx, e desenvolveu sistemas de treinamento para academias, fábricas de equipamentos e clínicas de fisioterapia.

### Questão:

*Qual a sua opinião sobre o estado de arte atual dos modelos de periodização? E em comparação com os de 2009?*

Em minha opinião, nós progredimos positivamente no refinamento dos modelos de periodização. A literatura é clara ao demonstrar que diferentes tipos de variações nos programas alteram a resposta fisiológica ao treinamento. Nós podemos ter um profundo efeito sobre as adaptações de aptidão física simplesmente pela estratégia de periodização utilizada. Comparado a 2009, eu acredito que avançamos; no entanto eu acho que muita pesquisa ainda deve ser realizada para identificar os melhores modelos de periodização para cada condição e objetivo. Mais comparações entre os diferentes métodos, como a periodização conjugada e em bloco, periodização concorrente, bem como as mudanças temporais com as abordagens linear e ondulatória podem contribuir imensamente para a literatura.

## Modelos de periodização do treinamento de força
### Periodização linear ou clássica

Entre os modelos de periodização do TF que podem ser utilizados, destaca-se a periodização linear, que consiste em aumento gradual da intensidade e diminuição do volume; essas mudanças ocorrem em ciclos de uma a quatro semanas, aproximadamente[15]. Dentro de cada microciclo específico, a intensidade e o volume do treinamento com frequência são mantidos constantes, ou seja, o aumento da intensidade e a redução do volume só ocorrerão após a finalização de um ciclo proposto (Figura 4).

Alguns estudos têm sido conduzidos com modelos de periodização linear[8,10,13], e os resultados evidenciaram que essa periodização pode ser eficiente, pois promove alterações positivas na composição corporal, ou seja, aumento de massa magra e redução de gordura corporal e, ainda, elevação da força máxima. Outros dois trabalhos reportaram ganho na força máxima com a aplicação da periodização linear para hipertrofia, o que corrobora os estudos anteriormente citados[14,30].

Kraemer et al.[13] observaram que um TF periodizado linear de seis meses promoveu aumentos significativos de massa magra em mulheres de meia-idade destreinadas. As cargas de treino utilizadas foram de 3-12RM. De

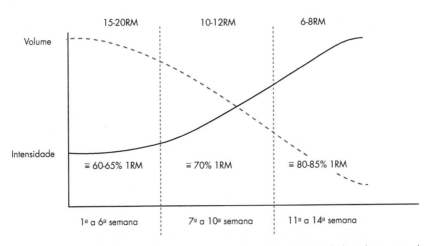

**FIGURA 4.** Modelo de periodização linear com aumento da intensidade e diminuição do número de repetições do treinamento a cada quatro semanas. RM = repetições máximas; 1RM = uma repetição máxima. Modelo utilizado por Foschini et al.[31] no tratamento interdisciplinar de adolescentes obesos.

modo similar, Prestes et al.[25] verificaram que o TF periodizado linear associado ao treinamento aeróbio durante 16 semanas promoveu redução significativa no porcentual de gordura e nas circunferências do abdome e da cintura.

## PERIODIZAÇÃO LINEAR REVERSA

Existe uma variação do modelo linear, a periodização linear reversa. Como a própria denominação sugere, a mudança na intensidade e no volume é inversa, ou seja, há aumento gradual no volume com redução da intensidade a cada ciclo[5] (Tabela 2). Assim como na periodização linear, na linear reversa a intensidade e o volume do treinamento frequentemente são mantidos constantes durante um microciclo, ou seja, a intensidade só será reduzida e o volume aumentado após a finalização de um microciclo proposto. Rhea et al.[5] comentam que esse modelo de periodização tem efeitos superiores para ganhos de resistência muscular.

## PERIODIZAÇÃO ONDULATÓRIA OU NÃO LINEAR

Outro modelo de periodização do TF é o ondulatório ou não linear, que consiste em aumento e diminuição na intensidade e no volume dentro da mesma semana ou em um período máximo de 7-10 dias. Dessa forma, a variação dos componentes do treinamento é mais frequente, sendo efetuada em períodos mais curtos. Esse modelo de periodização é mais recente, visto que o primeiro relato da utilização da periodização ondulatória foi proposto por Poliquin, em 1988. Ao contrário das modificações realizadas dentro de um período de meses, pelo modelo ondulatório essas alterações são aplicadas de forma semanal (periodização ondulatória semanal) ou mesmo a cada sessão de treinamento (periodização ondulatória diária)[5].

Em relação à periodização ondulatória diária, é importante ressaltar que a variação do volume e da intensidade deve ser realizada para cada grupo muscular, ou seja, quando o sujeito for repetir o treino para um determinado grupo muscular, muda-se o estímulo.

Por exemplo, um indivíduo deve variar de um treino com alto volume e baixa intensidade para um treino com volume reduzido e alta intensidade na mesma semana, conforme exemplificado na Figura 5 e na Tabela 1, desde que os treinos sejam para os mesmos grupos musculares. Em razão das alterações mais frequentes nos estímulos, especula-se que esse modelo pos-

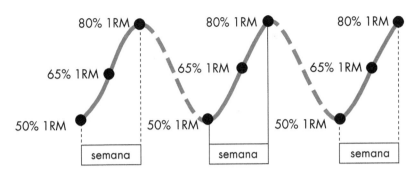

**FIGURA 5.** Modelo de periodização ondulatória diária. Variação do volume e da intensidade durante a semana de treinamento. 1RM = uma repetição máxima. Adaptado de Hunter et al.[32].

**TABELA 1.** Modelos de periodizações do treinamento de força

| Exemplos de periodização do treinamento de força ||||
|---|---|---|---|
| **Periodização linear** ||||
| Microciclo 1 | Microciclo 2 | Microciclo 3 | Microciclo 4 |
| 3-5 x 12-15RM | 4-5 x 8-10RM | 3-4 x 4-6RM | 3-5 x 1-3RM |
| **Periodização linear reversa** ||||
| Microciclo 1 | Microciclo 2 | Microciclo 3 | Microciclo 4 |
| 3-5 x 1-3RM | 4-5 x 4-6RM | 3-4 x 8-10RM | 3-5 x 12-15RM |
| **Periodização ondulatória (não linear)** ||||
| Segunda-feira | Quarta-feira | Sexta-feira | Segunda-feira |
| 2 x 12-15RM | 6 x 1-3RM | 3 x 4-6RM | 4 x de 8-10RM |

Exemplos de treinamento de força com as periodizações linear, linear reversa e ondulatória (não linear). Microciclo = 4 semanas cada; RM = repetições máximas. Os três treinamentos têm duração de 16 semanas.

sa induzir a aumentos mais pronunciados na força muscular[5,15]. Esse tipo de programa pode promover um considerável estresse no sistema neuromuscular, em decorrência das mudanças contínuas nas variáveis[33].

Hunter et al.[32] registraram que, após 25 semanas de TF com periodização ondulatória (50-65-80% de 1RM na mesma semana), com frequência de 3 dias por semana, houve redução significativa da gordura corporal (kg) e do percentual de gordura em mulheres e homens idosos.

Mesmo que as zonas de treinamento já tenham sido estabelecidas, não significa que ao longo do programa zonas de treinamento diferentes não possam ser incorporadas. Desse modo, dependendo da fase da periodização, pode-se dar mais ênfase a uma determinada carga para que o objetivo daquele ciclo seja atingido, desde que esse procedimento não influencie o objetivo geral do programa[19].

## Variações da periodização ondulatória

Seguindo a metodologia da periodização ondulatória diária, encontra-se na literatura uma variação proposta por Kraemer e Fleck[19], muito pertinente às academias, que é a periodização ondulatória flexível.

No mesmo sentido, foram elaboradas mais três formas de variação do modelo ondulatório para este livro: periodização ondulatória parcial, periodização ondulatória semanal e periodização ondulatória diária por grupo muscular.

### Periodização ondulatória flexível

A proposta da periodização ondulatória flexível é variar a carga em ciclos de 7 a 10 dias ou na semana, de acordo com o estado fisiológico e/ou de estresse do aluno[19]. Essa variação surgiu para adequar o estado fisiológico e psicológico do cliente à carga de treinamento, a fim de garantir que ele treine sempre com a carga adequada. Por exemplo, programou-se uma periodização ondulatória com intensidades de 12-15RM na segunda-feira, 3-5RM na quarta-feira e 8-10RM na sexta-feira. Apesar de, na quarta-feira, a intensidade programada ser alta, o professor poderá optar por aplicar uma intensidade de 8-10RM (moderada), caso o aluno esteja, por exemplo, em um dia estressante ou tenha tido problemas para dormir. Esse modelo apresenta aplicações práticas interessantes e pode ser utilizado na realidade das academias e das clínicas de treinamento personalizado. No exemplo anterior, a carga de 3-5RM poderá ser executada na sexta-feira, se o aluno estiver em melhor estado psicológico e fisiológico.

As vantagens da periodização ondulatória flexível em relação aos outros modelos são apresentadas a seguir, segundo Kraemer e Fleck[19]:

1. Permite maior variação na sequência dos exercícios.
2. Permite que praticantes de TF retornem mais rapidamente após uma lesão.
3. Rotina de treinamento menos entediante.

4. Ajusta-se a diversas situações do dia de treino (p. ex., estresse, diminuição da força por cansaço, etc.).
5. Permite que alguns tecidos musculares descansem com maior frequência.

Os critérios para escolha da carga da sessão quando o modelo de periodização ondulatório flexível é seguido e os procedimentos a serem adotados no caso de troca da carga, segundo Kraemer e Fleck[19], são:

1. Análise do estado de fadiga no momento da sessão.
2. Comparação da carga inicial de treinamento.
3. Teste do estado físico no dia.
4. Seleção, modificação e troca da carga com base nos resultados das etapas 1, 2 e 3.
5. Acompanhamento e adequação do mesociclo para que os microciclos possam ser concluídos.

McNamara e Stearne[34] realizaram uma investigação interessante sobre os efeitos da periodização não linear flexível e da periodização não linear sobre a força e potência muscular. A pesquisa foi conduzida durante doze semanas (2 vezes por semana) com dezesseis jovens destreinados (homens e mulheres). Ambos os grupos realizaram o mesmo volume de treino com cargas que consistiam em 10, 15 ou 20RM; no grupo de periodização não linear flexível, os praticantes escolhiam no dia as intensidades que eles gostariam de treinar. Após as doze semanas, os pesquisadores encontraram diferença significativa entre os grupos apenas na força muscular do *leg press*, com ganhos de ~62 kg no grupo de periodização não linear flexível e ~16 kg para o grupo de periodização não linear, respectivamente. De acordo com os pesquisadores, essa melhora mais expressiva na força muscular do *leg press* pode ter ocorrido em razão do maior potencial de recuperação fisiológico e psicológico para os indivíduos da periodização não linear flexível. Por exemplo, o indivíduo pode ganhar benefícios psicológicos, porque, até certo ponto, ele pode dosar a dificuldade do seu treinamento pelo ajuste de intensidades. Além disso, se um atleta está cansado em um determinado dia, ele pode escolher um treino com pesos mais leves, o que pode permitir uma restauração fisiológica para as próximas sessões de treinamento. Por fim, a utilização desse modelo de periodização permite a utilização do princípio da individualização, que é um princípio importante do treinamento e é eficaz para melhorar o desempenho esportivo.

## Periodização Ondulatória Parcial

Na periodização ondulatória original, a proposta é que haja variação da carga de modo a estimular as três formas de manifestação da força (força máxima, força hipertrófica e resistência de força). Na proposta de periodização ondulatória parcial, são utilizadas duas variações que não fazem uso dessas três intensidades de treino na mesma semana:

1. A primeira utiliza apenas duas faixas de intensidade na mesma semana[35]. Esta proposta pode ser viável para alunos iniciantes que têm como objetivo obter a hipertrofia. Como os iniciantes se adaptam bem com intensidades mais baixas, não seria necessária a utilização de uma intensidade alta (3-5RM). Um exemplo desse modelo pode ser observado na Tabela 2. Nesse caso, o aluno treinará quatro vezes por semana, utilizando um parcelamento A e B, ou seja, três grupamentos musculares por dia. As intensidades no modelo ondulatório parcial podem ser adaptadas quando o objetivo do indivíduo for obter ganho de resistência muscular ou força máxima.

**TABELA 2.** Periodização ondulatória parcial para resistência de força e hipertrofia muscular

| 4 x/semana | Seg | Ter | Qua | Qui | Sex | Sáb |
|---|---|---|---|---|---|---|
| Microciclo 1 | Treino A 3 x 12-15RM | Treino B 3 x 12-15RM | – | Treino A 3 x 4-6RM | Treino B 3 x 4-6RM | – |
| Microciclo 2 | Treino A 3 x 12-15RM | Treino B 3 x 12-15RM | – | Treino A 3 x 4-6RM | Treino B 3 x 4-6RM | – |
| Microciclo 3 | Treino A 3 x 12-15RM | Treino B 3 x 12-15RM | – | Treino A 3 x 4-6RM | Treino B 3x 4-6RM | – |
| Microciclo 4 | Treino A 3 x 12-15RM | Treino B 3 x 12-15RM | – | Treino A 3 x 4-6RM | Treino B 3 x 4-6RM | – |

Microciclo = 4 semanas cada; RM = repetições máximas; – = dia sem treinamento de força. Treinamento com duração de 16 semanas. O intervalo de descanso entre as séries e os exercícios mudará de acordo com a intensidade, 12-15RM = 45 segundos a 1 minuto e 4-6RM = 2 a 3 minutos. Sugestão de periodização ondulatória parcial adaptada de Prestes et al.[35].

2. A segunda forma de se realizar a periodização ondulatória parcial sugere que sejam realizadas três intensidades de treino na mesma semana, porém direcionadas para duas formas de manifestação da força e não para três, como sugere o modelo original. Essa variação permite enfatizar um determinado objetivo (Tabela 3). Note que, às segundas-feiras, o

PERIODIZAÇÃO DO TF PARA ACADEMIAS E TREINAMENTO PERSONALIZADO | 171

treinamento é direcionado para a resistência de força e, nas quartas e sextas-feiras, para força hipertrófica, porém a zona de treinamento é diferente (10-12RM e 6-8RM, respectivamente).

**TABELA 3.** Periodização ondulatória parcial para resistência de força e hipertrofia muscular

| 3 x/semana | Seg | Ter | Qua | Qui | Sex | Sáb |
|---|---|---|---|---|---|---|
| Microciclo 1 | Treino A 3 x 15-20RM | – | Treino A 3 x 10-12RM | – | Treino A 3 x 6-8RM | – |
| Microciclo 2 | Treino A 3 x 15-20RM | – | Treino A 3 x 10-12RM | – | Treino A 3 x 6-8RM | – |
| Microciclo 3 | Treino A 3 x 15-20RM | – | Treino A 3 x 10-12RM | – | Treino A 3 x 6-8RM | – |
| Microciclo 4 | Treino A 3 x 15-20RM | – | Treino A 3 x 10-12RM | – | Treino A 3 x 6-8RM | – |

Microciclo = 4 semanas cada; RM = repetições máximas; – = dia sem treinamento de força. Treinamento com duração de 14 semanas utilizado no tratamento interdisciplinar de adolescentes obesos. O intervalo de descanso entre as séries e os exercícios mudará de acordo com a intensidade, 15-20RM = 45 segundos, 10-12RM = 1 minuto e 6-8RM = 1,5 minuto. Sugestão de periodização ondulatória parcial adaptada de Foschini et al.[31].

Mais exemplos serão apresentados em aplicações práticas ao final deste capítulo.

## PERIODIZAÇÃO ONDULATÓRIA SEMANAL

Outra variação da periodização ondulatória proposta para academias é a periodização ondulatória semanal. Neste modelo, o sujeito realiza todos os treinos de um microciclo com a mesma intensidade (Tabela 4), e a mudança da intensidade ocorre na semana seguinte. Apesar de esse modelo requerer mais estudos para uma conclusão precisa sobre sua eficiência, é fato que a periodização ondulatória semanal possui grande aplicabilidade em academias, sobretudo porque facilita o acompanhamento do programa e sua elaboração demanda menos tempo. Essa facilidade pode ser expressa pelo exemplo a seguir: apresenta-se a periodização para um aluno intermediário (Tabela 4); após conscientizá-lo sobre os benefícios dessa periodização, é possível simplesmente dizer-lhe que, na primeira semana do mês, ele realizará todos os treinos com intensidade entre 15 e 20RM (microciclo leve); na semana seguinte, treinará entre 4 e 6RM (microciclo de alta intensidade) e, na terceira semana do mesmo mês, ele utilizará em seus treinos a intensidade entre 10 e 12RM (microciclo leve-moderado).

Em resumo, a diferença metodológica entre a periodização ondulatória diária e a semanal é o intervalo para alteração da intensidade, sendo que, na diária, a mudança ocorre entre as sessões de treinamento (para os mesmos grupos musculares), já na semanal, a mudança é feita ao final de cada microciclo. Caso fosse aplicada a periodização linear clássica, a sequência de intensidades a cada semana seria de: 15-20RM, 10-12RM e 4-6RM, respectivamente.

**TABELA 4.** Sugestão de periodização ondulatória semanal

| 3 x/semana | Seg | Ter | Qua | Qui | Sex | Sáb |
|---|---|---|---|---|---|---|
| Semana 1 (microciclo) | Treino A 3 x 15-20RM | – | Treino A 3 x 15-20RM | – | Treino A 3x 15-20RM | – |
| Semana 2 (microciclo) | Treino A 3 x 4-6RM | – | Treino A 3 x 4-6RM | – | Treino A 3 x 4-6RM | – |
| Semana 3 (microciclo) | Treino A 3 x 10-12RM | – | Treino A 3 x 10-12RM | – | Treino A 3 x 10-12RM | – |
| Semana 4 (microciclo) | Treino A 3 x 15-20RM | – | Treino A 3 x 15-20RM | – | Treino A 3 x 15-20RM | – |
| Semana 5 (microciclo) | Treino A 3 x 4-6RM | – | Treino A 3 x 4-6RM | – | Treino A 3 x 4-6RM | – |
| Semana 6 (microciclo) | Treino A 3 x 10-12RM | – | Treino A 3 x 10-12RM | – | Treino A 3 x 10-12RM | – |

Microciclo = 1 semana de treino; RM = repetições máximas; – = dia sem treinamento de força. O intervalo de descanso entre as séries e os exercícios mudará de acordo com a intensidade, 15-20RM = 45 segundos, 10-12RM = 1minuto e 4-6RM = 2-3 minutos.

## PERIODIZAÇÃO ONDULATÓRIA DIÁRIA POR GRUPAMENTO MUSCULAR

A Tabela 5 apresenta um exemplo da periodização ondulatória diária por grupamento muscular em um treinamento realizado seis vezes por semana, com parcelamento A, B e C (ver Capítulo 4). A principal característica dessa proposta é que o grupamento muscular poderá ser treinado na mesma semana com intensidades leves a moderadas de 10-12RM e intensidades altas 4-6RM, proporcionando estímulos hipertróficos com ênfase metabólica e tensional. As cargas de treinamento podem variar de uma semana para outra, e os parcelamentos musculares podem ser diferentes, de acordo com as necessidades e os objetivos do aluno. Atualmente, a desvantagem dessa proposta é a ausência de estudos comparativos com os outros modelos de periodização. Assim, não se pode afirmar se essa periodização é mais eficiente do que os outros modelos já propostos na literatura. Outro problema seria a falta de assiduidade de alguns alunos.

Já as vantagens estariam no fato de o indivíduo: 1) poder treinar um grupamento muscular de forma intensa e não precisar, caso sinta fadiga central, treinar outro grupo muscular com alta intensidade; 2) repetir o estímulo semanal no mesmo grupamento muscular, não permitindo que o músculo fique de seis a sete dias sem um novo estímulo; e 3) otimizar seu tempo, pois as sessões tornam-se mais rápidas.

**TABELA 5.** Periodização ondulatória diária por grupamento muscular

| 6 x/semana | Seg | Ter | Qua | Qui | Sex | Sáb |
|---|---|---|---|---|---|---|
| | Treino A | Treino B | Treino C | Treino A | Treino B | Treino C |
| Semana 1 | Peitoral 4-6RM Tríceps 10-12RM | MMII 4-6RM Deltoide 10-12RM | Dorsais 4-6RM Bíceps 10-12RM | Tríceps 4-6RM Peitoral 10-12RM | Deltoide 4-6RM MMII 10-12RM | Bíceps 4-6RM Dorsais 10-12RM |
| Semana 2 | Peitoral 4-6RM Tríceps 10-12RM | MMII 4-6RM Deltoide 10-12RM | Dorsais 4-6RM Bíceps 10-12RM | Tríceps 4-6RM Peitoral 10-12RM | Deltoide 4-6RM MMII 10-12RM | Bíceps 4-6RM Dorsais 10-12RM |
| Semana 3 | Peitoral 4-6RM Tríceps 10-12RM | MMII 4-6RM Deltoide 10-12RM | Dorsais 4-6RM Bíceps 10-12RM | Tríceps 4-6RM Peitoral 10-12RM | Deltoide 4-6RM MMII 10-12RM | Bíceps 4-6RM Dorsais 10-12RM |
| Semana 4 | Peitoral 4-6RM Tríceps 10-12RM | MMII 4-6RM Deltoide 10-12RM | Dorsais 4-6RM Bíceps 10-12RM | Tríceps 4-6RM Peitoral 10-12RM | Deltoide 10-12RM MMII 4-6RM | Bíceps 10-12RM Dorsais 4-6RM |

Microciclo = 4 semanas cada; RM = repetições máximas; MMII = membros inferiores. O intervalo de descanso entre as séries e os exercícios mudará de acordo com a intensidade, 10-12RM = 1 a 1,5 minuto e 4-6RM = 2-3 minutos.

## COMPARAÇÕES ENTRE OS MODELOS DE PERIODIZAÇÃO DO TREINAMENTO DE FORÇA

### QUAL O MODELO MAIS EFICIENTE PARA O DESENVOLVIMENTO DE FORÇA, RESISTÊNCIA MUSCULAR, HIPERTROFIA E MELHORA DE PARÂMETROS FISIOLÓGICOS RELACIONADOS À SAÚDE?

Estudos têm sido realizados com a intenção de comparar a eficiência de diferentes modelos de periodização e suas variáveis, visando à obtenção dos melhores resultados para as distintas manifestações da força (força máxima, potência e resistência de força)[5,14,21,36]. Por outro lado, existem poucas evidências sobre a influência do tipo de periodização sobre outros parâmetros fisiológicos relacionados à saúde, como a resistência à insulina e os marcadores inflamatórios, entre outros.

## COMPARAÇÕES ENTRE OS PROGRAMAS PARA O AUMENTO DA FORÇA MÁXIMA

Baker, Wilson e Carlyon[30] não encontraram diferenças no aumento da força entre os programas de periodização linear e ondulatória. Esse estudo alterou o volume e a intensidade a cada duas semanas no grupo da periodização ondulatória e a cada 3-4 semanas no grupo linear. Essas alterações nas variáveis do treinamento não induziram a diferenças significativas entre os dois modelos para a melhoria da força.

Rhea et al.[15] compararam a periodização linear e ondulatória em indivíduos com experiência em TF de pelo menos cinco anos. O grupo da periodização ondulatória seguiu um programa de treinamento com pesos, alterando as variáveis de um dia para o outro, enquanto o grupo linear seguiu a forma tradicional de periodização, ou seja, diminuição do volume e aumento na intensidade a cada quatro semanas. Como resultado, foi observado aumento na força máxima em ambos os modelos, porém, na periodização ondulatória, os aumentos foram superiores em comparação à periodização linear. A intensidade utilizada em ambas as periodizações foi de 4-8RM, a frequência semanal foi de três sessões e a duração total do estudo de 12 semanas. Rhea et al.[5] também observaram maiores aumentos na força máxima no modelo ondulatório em comparação com os modelos linear e linear reverso.

Ao comparar o modelo linear com o modelo linear reverso, Prestes et al.[37] mostraram que a periodização linear reversa não é a mais eficiente quando o objetivo é obter aumento de força máxima. De fato, os autores evidenciaram que a periodização linear é mais efetiva para aumento de força, se comparada à linear reversa, quando são aplicadas intensidades entre 4-14RM. Esse foi o primeiro estudo na literatura a comparar a periodização linear e a linear reversa com a aplicação de cargas visando adquirir força e hipertrofia. É interessante observar que, quando duas periodizações lineares com intensidades diferentes foram comparadas, o modelo linear com intensidade entre 3-8RM mostrou-se superior para o aumento da força muscular diante do modelo linear com intensidade entre 8-12RM[13].

Outro estudo comparou a eficiência da periodização linear com a da ondulatória, com intensidade entre 6-12RM, para o aumento de força máxima em indivíduos treinados em força. Os resultados apontaram para aumentos percentualmente superiores na força máxima no grupo com periodização ondulatória[34].

Recentemente, Souza et al.[38] demonstraram que os ganhos de força muscular (agachamento) foram evidenciados apenas nos grupos de periodização não linear (12,9%) e não periodizado (17%), já no grupo de periodização linear não foram observados aumentos significativos (7,7%) durante seis semanas em homens jovens não treinados em força.

Harries et al.[39] realizaram uma metanálise com 17 estudos incluídos com um total de 510 participantes para determinar e comparar os efeitos da periodização linear e com os da periodização não linear sobre os ganhos de força muscular. A metanálise não encontrou diferença entre os dois modelos de periodização nos ganhos de força muscular para membros superiores e inferiores. Os autores reportaram também que essas diferenças são difíceis de serem encontradas pela curta duração dos estudos e a diferença entre o tempo de treino dos participantes dos estudos. Não obstante, a hipertrofia muscular não foi analisada, impedindo conclusões sobre o assunto nesse momento.

Em suma, no que se refere ao ganho de força muscular, a periodização ondulatória têm se mostrado mais eficiente que a linear e a linear reversa. A possível explicação para os maiores aumentos na força muscular com a periodização ondulatória é o maior estresse neuromuscular causado pela grande variabilidade das cargas. De modo adicional, a periodização linear mostrou-se mais eficiente que a linear reversa. Esses resultados iniciais devem ser observados de forma cuidadosa, e mais estudos ainda precisam confirmar a superioridade de um modelo sobre o outro.

## COMPARAÇÕES ENTRE OS PROGRAMAS PARA O AUMENTO DA RESISTÊNCIA MUSCULAR

Rhea et al.[5] compararam os aumentos da resistência muscular com uso das periodizações linear, linear reversa e ondulatória. Ao término da pesquisa, verificou-se que todos os grupos aumentaram significativamente a resistência muscular. No entanto, houve aumento de 55,9% na periodização linear, 54,5% na periodização ondulatória e 72,8% na periodização linear reversa em indivíduos treinados em força durante pelo menos um ano. Embora o grupo da periodização linear reversa tenha apresentado maior aumento em comparação aos demais, essas diferenças não foram significativas do ponto de vista estatístico. A intensidade utilizada nesse estudo foi de 15-25RM, com duas sessões semanais e duração de 15 semanas. Os autores concluíram que o aumento gradual no volume e a diminuição gradual na intensidade (periodização linear reversa) constituem o programa mais efetivo para o aumento da resistência muscular.

Outra comparação foi realizada por Foschini et al.[31], que conduziram um estudo no qual 32 adolescentes obesos foram submetidos a uma intervenção interdisciplinar caracterizada por terapia médica (uma vez por mês), nutricional (uma vez por semana), psicológica (uma vez por semana) e exercícios físicos (três vezes por semana). Os adolescentes foram distribuídos de modo aleatório em dois grupos diferenciados pelo tipo de periodização do TF. O grupo LP realizou 30 minutos de exercício aeróbio moderado (intensidade relativa ao limiar ventilatório 1) + um protocolo de TF com periodização linear (Figura 4). O grupo DUP realizou os mesmos 30 minutos de exercício aeróbio + um protocolo de TF com periodização ondulatória (Figura 5). Na Tabela 6, observa-se que, embora não tenha ocorrido diferença significativa do ponto de vista estatístico, a magnitude do efeito foi maior no grupo submetido à periodização ondulatória.

Para a compreensão mais detalhada dos resultados de Foschini et al.[31], será apresentado o conceito de *effect size* (*ES*); trata-se de um cálculo desenvolvido por Rhea[40], que busca apresentar a magnitude do efeito de uma determinada periodização e/ou treinamento; em outras palavras, mostra o quanto uma periodização altera uma determinada variável. O *ES* é usado tanto para comparar dois ou mais modelos de periodização do mesmo estudo como para comparar os resultados entre diferentes estudos. Isso porque os dados necessários para determinação do *ES* são: média do grupo pré--intervenção, média pós-intervenção e desvio-padrão pré-intervenção. Para calcular o *ES*, basta utilizar o seguinte cálculo:

$$ES \text{ (pré } vs. \text{ pós)} = \frac{\text{média pós-intervenção} - \text{média pré-intervenção}}{\text{desvio-padrão pré-intervenção}}$$

Em resumo, a periodização linear reversa ou a periodização ondulatória são aparentemente mais eficientes que a periodização linear quando o objetivo é obter o ganho de resistência muscular.

Outro aspecto interessante da periodização linear reversa é o ganho de resistência de força e força máxima sem aumentos significativos de massa corporal, quando intensidades de 15-30RM são utilizadas. Essas informa-

# PERIODIZAÇÃO DO TF PARA ACADEMIAS E TREINAMENTO PERSONALIZADO

**TABELA 6.** Resistência muscular 14 semanas após dois protocolos de periodização do treinamento de força

| | LP | DUP | LP *vs.* DUP |
|---|---|---|---|
| Grupo | X ± DP | X ± DP | p |
| Supino aparelho (kg) | | | |
| Pré-intervenção | 14,60 ± 6,70 | 14,51 ± 7,30 | 0,98 |
| Pós-intervenção | 34 ± 10,60** | 39,56 ± 12,90** | 0,22 |
| % de alteração | 175,80 ± 118,60** | 219,504 ± 133,40** | 0,09 |
| Magnitude do efeito | 2,78 | 3,43 | ------- |
| *Leg press* (kg) | | | |
| Basal | 48,60 ± 21,80 | 45 ± 20,10 | 0,70 |
| Pré-intervenção | 200,20 ± 22,90** | 210,80 ± 39,20** | 0,45 |
| Pós-intervenção | 395,50 ± 219,80** | 455,30 ± 248,40** | 0,32 |
| % de alteração | 6,96 | 8,25 | ------- |

Os valores foram expressos por média (X) e desvio-padrão da média (DP). LP = periodização linear; DUP = periodização ondulatória; ** diferença entre pré e pós-treinamento (p < 0,01, encontrada pelo teste t de *student*).

ções podem ser usadas por indivíduos de modalidades esportivas que precisam aumentar a força máxima ou a resistência de força, sem aumentar a massa corporal, por exemplo, corredores de *endurance*, lutadores que devem manter a massa corporal em uma categoria específica, entre outros. Mais uma vez, esses resultados iniciais devem ser observados com cuidado por causa da escassez de estudos comparativos entre as diferentes periodizações para desenvolvimento de resistência muscular.

## COMPARAÇÕES ENTRE OS PROGRAMAS PARA PROMOÇÃO DE HIPERTROFIA MUSCULAR

Prestes et al.[37] evidenciaram que a periodização linear resultou em alterações mais significativas na composição corporal (aumento de massa magra e redução da massa gorda) em comparação com a linear reversa após doze semanas em mulheres jovens com experiência mínima de seis meses em TF que treinaram três vezes por semana. Essas alterações também foram diretamente relacionadas à intensidade utilizada no estudo (4-14RM). Os autores comentam que o estudo poderia ter um grupo de periodização ondulatória para comparação com os demais modelos de periodização.

Marx et al.[24] realizaram a comparação entre o treinamento em circuito com séries únicas, intensidade entre 8-12RM, e o treinamento com periodização ondulatória de múltiplas séries, intensidades leve (12-15RM), moderada (8-10RM) e alta (3-5RM). Demonstrou-se que a periodização ondulatória com múltiplas séries foi superior sobre o aumento da massa magra, a redução do percentual de gordura, o aumento da testosterona, o fator de crescimento semelhante à insulina-1 (IGF-1) e a redução do cortisol. Essas respostas hormonais superiores na periodização ondulatória favorecem o ambiente anabólico e o ganho de massa muscular.

Souza et al.[38] demonstraram que os ganhos de hipertrofia muscular (área de secção transversa do quadríceps) foram evidenciados nos grupos de periodização não linear (5,2%), não periodizado (5,1%) e periodização linear (4,6%) durante seis semanas em homens jovens destreinados em treinados em força, sem diferenças entre as periodizações. Um fator limitante é *status* inicial de treinamento dos indivíduos, visto que pessoas destreinadas respondem com maior magnitude a quase todos os tipos de treino e a curta duração do estudo.

Não foram observadas diferenças significativas para o aumento de massa magra entre as periodizações linear (45,4 ± 5,1 para 47,6 ± 5,9 kg) e ondulatória (46,2 ± 4,8 para 47,8 ± 5,3 kg) e ondulatória com volume e intensidade equalizados em mulheres previamente destreinadas em força[41]. No entanto, o treinamento foi realizado com intensidade tipicamente de resistência (15-25RM).

Até o presente momento, é difícil afirmar com exatidão qual o melhor modelo de periodização para aumento de massa muscular. Ao que parece, os modelos linear e ondulatório trazem mais resultados que o linear reverso. No entanto, de acordo com Rhea et al.[5,15] e Prestes et al.[35,37], o maior o problema das comparações é que, na maioria dos estudos, volume e intensidade não foram equalizados. Os treinamentos periodizados com maior volume induzem a maior aumento de massa magra que os modelos circuitados com séries únicas e não periodizados, principalmente após quatro meses de treinamento. Permanece a pergunta: qual modelo é mais eficiente para hipertrofia muscular quando o volume e a intensidade de treinamento são equalizados?

Apesar de ainda não existirem dados suficientes para sustentar uma resposta mais direta, é possível que, para os alunos iniciantes, microciclos mais longos, em torno de 2-4 semanas, característicos da periodização linear, sejam suficientes para induzir à hipertrofia de forma satisfatória. Desse modo, na medida em que o indivíduo tornar-se mais adaptado, por volta de seis meses de treinamento, microciclos mais curtos, com variação a cada 7-10 dias ou semanais podem ser aplicados, caracterizando a periodização ondulatória. Isso não significa, entretanto, que a periodização ondulatória não possa ser aplicada antes. Por exemplo, se resultados mais imediatos são necessários, essa pode ser uma boa opção. Em contrapartida, se o aluno não tolerar variações constantes nas cargas, pode-se optar pelo modelo linear. Duas frases clássicas não podem ser esquecidas: "quanto menos treinado, mais treinável" e, diferentemente, "quanto mais treinado, menos treinável". Em outras palavras, os programas de treinamento de alunos mais avançados em TF devem sofrer alterações mais frequentemente que programas de alunos iniciantes.

Os estudos citados anteriormente foram conduzidos na tentativa de elucidar os efeitos do planejamento das variáveis inerentes ao treinamento periodizado com diferentes modelos, atendendo as necessidades e os objetivos de forma individual. Sabe-se que a organização e a distribuição das variáveis do treinamento (volume e intensidade) podem potencializar os níveis de força e massa muscular, pois esse procedimento pode evitar o efeito da estabilização das cargas e potencializar o nível ótimo do aumento de força e hipertrofia[14].

Contudo, a elaboração do treinamento consiste em aspectos complexos e multidirecionais, os quais merecem aprofundamento científico, visando a resultados permanentes. Finalmente, os profissionais envolvidos com a prática do TF devem estar suficientemente capacitados para tal função, visto que os meandros desse processo precisam estar bem estabelecidos para que a atuação desenvolva-se com plenitude e segurança.

## COMPARAÇÕES ENTRE OS PROGRAMAS PARA MELHORA DE PARÂMETROS FISIOLÓGICOS RELACIONADOS À SAÚDE

A discussão sobre os benefícios dos diferentes tipos de periodização para melhora de parâmetros relacionados à saúde é limitada em função da quantidade de estudos realizados com esse objetivo. Acredita-se que uma das tendências das pesquisas para o futuro é a busca por essa resposta: qual tipo de periodização é mais indicado para promoção e/ou manutenção e/ou reabilitação da saúde das pessoas que praticam o TF em academias, SPAs e clínicas de treinamento personalizado?

O primeiro estudo que buscou comparar a eficácia de dois modelos de periodização sobre parâmetros de saúde relacionados à síndrome metabólica de adolescentes obesos foi realizado pelo Grupo de Estudos da Obesidade (GEO) da Unifesp[31]. Os modelos de periodização linear (LP) *vs.* ondulatório (DUP) são apresentados na Figura 4 e na Tabela 3. A descrição do protocolo e os resultados em relação à resistência de força foram apresentados anteriormente neste capítulo. Na Tabela 7, pode-se observar o resumo da comparação entre os dois modelos de periodização. Note que, mesmo não havendo diferença estatisticamente significativa entre os dois modelos, a periodização ondulatória apresenta maior *ES* que o grupo submetido à periodização linear.

**TABELA 7.** Comparação entre os modelos de periodização linear e ondulatório em um modelo interdisciplinar para tratamento de adolescentes obesos

| Periodização linear *vs.* ondulatória | | | | |
|---|---|---|---|---|
| **Medidas** | **LP** | **(ES)** | **DUP** | **(ES)** |
| Massa corporal total (kg) | ↓ | (Pequeno) | ↓ | (Pequeno) |
| IMC (kg/m²) | ↓ | (Pequeno) | ↓ | (Pequeno) |
| % gordura | ↓ | (Pequeno) | ↓ | (Moderado) |
| Massa gorda (kg) | ↓ | (Pequeno) | ↓ | (Moderado) |
| Massa magra (kg) | ↑ | (Insignificante) | ↑ | (Insignificante) |
| TAV (kg) | ↓ | (Pequeno) | ↑ | (Pequeno) |
| TAS (kg) | ↓ | (Pequeno) | ↓ | (Pequeno) |
| Glicemia (mg/dL) | ↔ | (NS) | ↔ | (NS) |
| Insulinemia (μU/dL) | ↔ | (NS) | ↓ | (Pequeno) |
| HOMA-IR | ↔ | (NS) | ↓ | (Pequeno) |
| Colesterol total (mg/dL) | ↓ | (Pequeno) | ↓ | (Pequeno) |
| HDL colesterol (mg/dL) | ↔ | (NS) | ↔ | (NS) |
| LDL colesterol (mg/dL) | ↓ | (Pequeno) | ↓ | (Pequeno) |
| PAS (mmHg) | ↓ | 1,28 | ↓ | (Pequeno) |
| PAD (mmHg) | ↓ | (Pequeno) | ↓ | (Grande) |
| VO₂máx (mL/kg⁻¹/min⁻¹) | ↑ | (Pequeno) | ↑ | (Insignificante) |
| TMR (kcal) | ↓ | (Pequeno) | ↔ | (NS) |

↔ = não apresentou alteração estatisticamente significativa (NS); ↑ = aumentou com a intervenção ($p < 0,05$); ↓ = reduziu com a intervenção ($p < 0,05$); ES = effect size (magnitude do efeito); IMC = índice de massa corporal; TAV = tecido adiposo visceral; TAS = tecido adiposo subcutâneo; HOMA-IR = indicativo de resistência à insulina; HDL = lipoproteína de alta densidade; LDL = lipoproteína de baixa densidade; PAS = pressão arterial sistólica; PAD = pressão arterial diastólica; VO₂máx = consumo máximo de oxigênio; TMR = taxa metabólica de repouso. Adaptado de Foschini et al.[31].

Em "Posicionamento do especialista", encontram-se mais informações sobre a periodização ondulatória, inclusive comparada com o modelo linear.

## Posicionamento do especialista

Nicholas Ratamess é Ph.D. em Ciência do Exercício pela University of Connecticut e é professor-assistente da College of New Jersey. Autor de diversos artigos, capítulos de livros e livros internacionais relacionados à periodização e ao treinamento de força. Membro do American College of Sports Medicine e da National Strength and Conditioning Association. Autor associado do *Position stands* do *American College of Sports Medicine: Progression models in resistance training for healthy adults* de 2002 e 2009.

### Questão:

*Quais são as principais vantagens e desvantagens da periodização ondulatória?*

O modelo de periodização **ondulatório** (ou algumas vezes denominado não linear) permite a variação da intensidade e do volume em um ciclo de treinamento pela alternância de diferentes cargas, com vistas a treinar vários componentes da aptidão. Por exemplo, em regimes de cargas para exercícios essenciais, o uso de intensidades pesadas, moderadas e leves pode ser sistemática ou randomicamente alternado em uma sequência de treinamento, por exemplo, intensidades de 3-5RM, 8-10RM e 12-15RM podem ser utilizadas em alternância. A segunda-feira poderia ser um dia "pesado", enquanto a quarta-feira poderia ser um dia "moderado" e a sexta-feira, um dia "leve". Esse modelo foi comparado com os modelos de periodização linear. Alguns estudos mostraram superioridade em relação à periodização linear, enquanto outros estudos mostraram resultados inferiores ou melhoras similares. Desse modo, as pesquisas mostram que esse modelo de periodização é superior no aumento do desempenho em relação ao treinamento não periodizado, mas em comparação à periodização linear os resultados ainda são controversos, pois ambos parecem ser eficientes e a escolha de um ou outro pode estar relacionada às preferências do profissional e/ou do aluno. As vantagens da periodização ondulatória são: 1) diferentes componentes da aptidão podem ser estimulados a cada sessão; 2) em razão dos dias de intensidade moderada e leve, pode ser observada menor fadiga neural causada por dias sucessivos de intensidade alta (por exemplo, um dia por semana seria dedicado a intensidade alta e os outros dias de treinamento de intensidades inferiores poderiam acelerar a recuperação); e 3) essa periodização se encaixa de forma ótima nos ciclos de treinamento atlético de temporada. Este modelo foi eficientemente estudado em indivíduos iniciantes e treinados. Menos conhecimento está disponível com relação a sua aplicação para atletas de elite e atletas de força, por exemplo, levantadores de potência, levantadores olímpicos e competidores em modalidades de força. Existe uma preocupação na aplicação desse modelo para atletas de força avançados, ou seja, aqueles com níveis de força muito elevados. Por exemplo, um atleta com uma repetição máxima de 270 kg no agachamento pode treinar com 250 kg em um dia, 215 kg no segundo dia e 185 kg no terceiro dia com múltiplas séries. Apesar de a carga relativa reduzir em relação à primeira sessão, pode-se observar que o atleta ainda estará treinando com uma quantidade substancial de peso para séries realizadas próximas a exaustão. Alguns treinadores temem que essas cargas de treinamento três dias por semana, para os principais exercícios, poderiam resultar em sobretreinamento. Assim, esse modelo não foi extensivamente estudado nessas populações avançadas.

## Aplicações práticas: exemplos de periodização

Nesse momento, é de extrema importância deixar claro ao leitor que os exemplos apresentados a seguir constituem apenas parâmetros para a elaboração de uma periodização, mas não se tratam de regras ou leis a serem seguidas. O fundamental é entender os conceitos, o porquê e como elaborar uma periodização e, em seguida, aplicar a sua criatividade a esses conhecimentos para que se obtenha uma periodização adequada às características individuais.

### Periodização linear que visa a hipertrofia e força máxima para alunos iniciantes, intermediários e avançados

A Tabela 8 apresenta uma sugestão de periodização linear clássica, adaptada de Kraemer et al.[13]. A intensidade é aumentada progressivamente a cada microciclo, e o volume (número de repetições) é reduzido. Os autores sugerem o modelo para 24 semanas, ou seja, após as doze primeiras semanas, os ciclos são repetidos com os mesmos padrões. Para melhor aplicá-lo, sugere--se: 1) após doze semanas, a ordem e/ou os exercícios podem ser mudados e os microciclos repetidos, 2) nos microciclos, pode haver maior variabilidade nas repetições máximas, por exemplo, em vez de 12RM fixas, poderiam ser 12-14RM, e assim por diante para as outras intensidades em cada microciclo. Esse modelo é bem aplicável para iniciantes, porque os microciclos são mais longos, e as intensidades, leves a moderadas.

**TABELA 8.** Periodização linear clássica

| 3 x/semana | Seg | Ter | Qua | Qui | Sex | Sáb |
|---|---|---|---|---|---|---|
| Microciclo 1 (semanas 1-3) | Treino A 3 x 12RM | – | Treino A 3 x 12RM | – | Treino A 3 x 12RM | – |
| Microciclo 2 (semanas 4-9) | Treino A 3 x 10RM | – | Treino A 3 x 10RM | – | Treino A 3 x 10RM | – |
| Microciclo 3 (semanas 10-12) | Treino A 3 x 8RM | – | Treino A 3 x 8RM | – | Treino A 3 x 8RM | – |

RM = repetições máximas; – = dia sem treinamento de força. O intervalo de descanso entre as séries e os exercícios sugerido pelos autores foi de 60-90 s. Adaptado de Kramer et al.[13].

O mesmo treinamento poderia ser aplicado para alunos que treinam duas vezes por semana, como na Tabela 9. Recomendações semelhantes às feitas para a frequência semanal de três sessões podem ser aplicadas para a frequência semanal de duas sessões.

**TABELA 9.** Periodização linear com intensidade leve a moderada

| 2 x/semana | Seg | Ter | Qua | Qui | Sex | Sáb |
|---|---|---|---|---|---|---|
| Microciclo 1 (semanas 1-3) | – | Treino A 3 x 12RM | – | Treino A 3 x 12RM | – | – |
| Microciclo 2 (semanas 4-9) | – | Treino A 3 x 10RM | – | Treino A 3 x 10RM | – | – |
| Microciclo 3 (semanas 10-12) | – | Treino A 3 x 8RM | – | Treino A 3 x 8RM | – | – |

RM = repetições máximas; – = dia sem treinamento de força. O intervalo de descanso entre as séries e os exercícios sugerido pelos autores foi de 60-90 s. Adaptado de Kramer et al.[13].

A Tabela 10 apresenta um exemplo de modelo linear que pode ser executado duas ou três vezes por semana com intensidade mais alta. Essas intensidades poderiam ser utilizadas após o treinamento linear com intensidade leve a moderada apresentado nas Tabelas 7 e 8.

**TABELA 11.** Periodização linear com intensidade moderada a alta

| 3 x/semana | Seg | Ter | Qua | Qui | Sex | Sáb |
|---|---|---|---|---|---|---|
| Microciclo 1 (semanas 1-3) | Treino A 3 x 8RM | – | Treino A 3 x 8RM | – | Treino A 3 x 8RM | – |
| Microciclo 2 (semanas 4-9) | Treino A 3 x 5RM | – | Treino A 3 x 5RM | – | Treino A 3 x 5RM | – |
| Microciclo 3 (semanas 10-12) | Treino A 3 x 3RM | – | Treino A 3 x 3RM | – | Treino A 3 x 3RM | – |

RM = repetições máximas; – = dia sem treinamento de força. O intervalo de descanso entre as séries e os exercícios sugerido pelos autores foi de 2 minutos. Adaptado de Kramer et al.[13] e Rhea et al.[15]

A Figura 6 mostra uma periodização linear de doze semanas para alunos iniciantes e intermediários adaptada de Prestes et al.[37], com três sessões semanais e parcelamento A e B. Os indivíduos treinam três vezes por semana: segunda, quarta e sexta-feira. Observe que a cada três semanas é utilizada uma semana recuperativa, com 12 repetições que não precisam ser máximas e apenas duas sessões semanais.

A Figura 7 apresenta um exemplo de periodização linear reversa para força e hipertrofia, apesar de não ser o modelo mais utilizado para este objetivo, pode ser uma opção para um aluno que comumente treina com as pe-

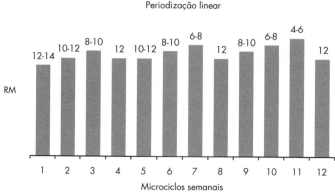

**FIGURA 6.** Periodização linear de 12 semanas visando obter hipertrofia e força. RM = repetições máximas. Cada microciclo tem duração de uma semana. Descanso entre as séries e os exercícios: 45 s para 12-14RM; 1min. para 10-12RM; 1 min e 20 s para 8-10RM; 1 min e 40 s para 6-8RM e 2 min para 4-6RM. Adaptado de Prestes et al.[37]

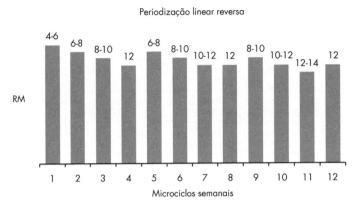

**FIGURA 7.** Periodização linear reversa de doze semanas visando a obter hipertrofia e força. RM = repetições máximas. Cada microciclo tem duração de uma semana. Descanso entre as séries e os exercícios: 45 s para 12-14RM; 1min para 10-12RM; 1 min e 20 s para 8-10RM; 1min e 40 s para 6-8RM; 2 min para 4-6RM. Adaptado de Prestes et al.[37].

riodizações linear e ondulatória. As recomendações são as mesmas aplicadas para a periodização linear apresentada na Figura 6.

Outro exemplo de periodização linear do TF de doze semanas para alunos avançados é apresentado na Tabela 11, com um modelo foi adaptado de Mazzeti et al.[12]. Nesse modelo é utilizado o parcelamento A, B, C e D dos grupamentos musculares, ou seja, cada músculo será estimulado apenas uma vez por semana. Como sugestão, o parcelamento A e B também poderia ser utilizado, ver Capítulo 4.

Na sequência, é apresentada uma periodização linear para alunos avançados com cinco a seis sessões semanais (Tabela 12). Nesse exemplo é utilizado o parcelamento A, B e C dos grupamentos musculares. Caso o aluno não treine no sábado, o treino C será executado na segunda-feira e assim por diante. Observe que a quarta semana de treinamento é recuperativa, o aluno irá treinar apenas três vezes na semana e com 12 repetições submáximas. O objetivo dessa semana é maximizar o anabolismo e permitir que o indivíduo inicie o próximo ciclo de treinamento com intensidades superiores. À medida que o treinamento evoluir na terceira semana, que envolve maior intensidade, pode ser planejada a inclusão de métodos de treinamento como *bi-set, tri-set, drop-set*, entre outros. Desse modo, logo após os ciclos mais pesados, será aplicada a semana de recuperação.

# 186 PRESCRIÇÃO E PERIODIZAÇÃO DO TREINAMENTO DE FORÇA EM ACADEMIAS

**TABELA 11.** Periodização linear do treinamento de força de 12 semanas para alunos avançados

| 4 x/semana | Seg | Ter | Qua | Qui | Sex | Sáb |
|---|---|---|---|---|---|---|
| Microciclo 1 (semanas 1-2) | Treino A 3 x 12-14RM | Treino B 3 x 12-14RM | | Treino C 3 x 12-14RM | Treino D 3 x 12-14RM | – |
| Microciclo 2 (semanas 3-6) | Treino A 3 x 8-10RM | Treino B 3 x 8-10RM | – | Treino C 3 x 8-10RM | Treino D 3 x 8-10RM | – |
| Microciclo 3 (semanas 7-10) | Treino A 3-4 x 6-8RM | Treino B 3-4 x 6-8RM | – | Treino C 3-4 x 6-8RM | Treino D 3-4 x 6-8RM | – |
| Microciclo 4 (semanas 11-12) | Treino A 2-3 x 3-6RM | Treino B 2-3 x 3-6RM | – | Treino C 2-3 x 3-6RM | Treino D 2-3 x 3-6RM | – |

RM = repetições máximas; – = dia sem treinamento de força. O intervalo de descanso entre as séries e os exercícios sugerido pelos autores foi de 60-90 s para 3 x 12RM, 45-90 s para 8-10RM, 1-2 min para 6-8RM e 1-2,5 min para 3-6RM. Adaptado de Mazzeti et al.[12].

Neste exemplo, após as primeiras quatro semanas, retorna-se para a intensidade de 12-15RM e a ordem dos exercícios e/ou os próprios exercícios poderão ser alterados.

**TABELA 12.** Periodização linear para alunos avançados com 5 a 6 sessões semanais

| 5-6 x/semana | Seg | Ter | Qua | Qui | Sex | Sáb |
|---|---|---|---|---|---|---|
| Semana 1 | Treino A 12-15RM | Treino B 12-15RM | Treino C 12-15RM | Treino A 12-15RM | Treino B 12-15RM | Treino C 12-15RM |
| Semana 2 | Treino A 8-10RM | Treino B 8-10RM | Treino C 8-10RM | Treino A 8-10RM | Treino B 8-10RM | Treino C 8-10RM |
| Semana 3 | Treino A 4-6RM | Treino B 4-6RM | Treino C 4-6RM | Treino A 4-6RM | Treino B 4-6RM | Treino C 4-6RM |
| Semana 4 | Treino A 12RSM | – | Treino B 12RSM | – | Treino C 12RSM | – |

RM = repetições máximas; RSM = repetições submáximas; – = dia sem treinamento de força. O intervalo de descanso entre as séries e os exercícios mudará de acordo com a intensidade, 12-15RM = 45 s a 1 min, 8-10RM = 1,5 min e 4-6RM = 2-3 min.

## PERIODIZAÇÃO ONDULATÓRIA VISANDO A HIPERTROFIA E FORÇA PARA ALUNOS INICIANTES, INTERMEDIÁRIOS E AVANÇADOS

A Tabela 13 apresenta um exemplo de periodização ondulatória diária com frequência semanal de três sessões. No exemplo, o aluno treinará todos os grupamentos musculares no mesmo dia, ou seja, fará apenas o treino A. É importante observar que as intensidades são trabalhadas em faixas, por

PERIODIZAÇÃO DO TF PARA ACADEMIAS E TREINAMENTO PERSONALIZADO 187

exemplo, 4-6RM e não com repetições fixas 6RM. Como anteriormente citado, esse procedimento permite maior aplicação prática, visto que o aluno pode apresentar variação no rendimento em cada série com a mesma carga. Esse modelo pode ser utilizado quando o objetivo do aluno for adquirir aumento de massa muscular e/ou força máxima. Em razão da intensidade de 4-6RM, seria mais indicado para alunos intermediários e avançados, já que, de acordo com o American College of Sports Medicine[18] e Peterson, Rhea e Alvar[42], alunos iniciantes respondem bem a intensidades entre 60-70% de 1RM ou 8-12RM (maiores detalhes no Capítulo 3). Deve-se lembrar que essa é só uma recomendação, isso não significa que um iniciante não possa realizar esse treinamento. Esse ciclo de cargas pode ser repetido de acordo com a adaptação ao programa e as necessidade do cliente, assim como podem ser aplicadas variações nos exercícios ou na ordem de execução deles.

**TABELA 13.** Periodização ondulatória diária para força e hipertrofia

| 3 x/semana | Seg | Ter | Qua | Qui | Sex | Sáb |
|---|---|---|---|---|---|---|
| Semana 1 | Treino A 4-6RM | – | Treino A 12-15RM | – | Treino A 8-10RM | – |
| Semana 2 | Treino A 4-6RM | – | Treino A 12-15RM | – | Treino A 8-10RM | – |
| Semana 3 | Treino A 4-6RM | – | Treino A 12-15RM | – | Treino A 8-10RM | – |

RM = repetições máximas; – = dia sem treinamento de força. Nesta sugestão de periodização poderão ser utilizadas 1-5 séries por exercício. O intervalo de descanso entre as séries e os exercícios mudará de acordo com a intensidade, 12-15RM = 45 s a 1 min, 8-10RM = 1,5 min e 4-6RM = 2-3 min. Adaptado de Kraemer e Fleck[19].

Outra sugestão é a variação da periodização ondulatória para hipertrofia e força, porém, mantendo as intensidades de segunda a sexta-feira. Esse exemplo pode facilitar a aplicação e o controle de cargas na periodização quando o fluxo de alunos na academia ou clínica de treinamento personalizado estiver muito alto. O professor pode aplicar o treino para vários alunos na mesma semana e explicar a implementação de apenas um tipo de intensidade, assim a aferição das intensidades só mudará na semana seguinte, tornando o processo mais ágil. Uma saída para alunos iniciantes seria utilizar o mesmo exemplo com a periodização ondulatória parcial, apenas duas faixas de intensidade, 12-15RM e 8-10RM.

Neste ponto do texto, uma questão deve ser levantada: qual a diferença entre periodização linear e ondulatória semanal, visto que, na Tabela 14, as intensidades são mantidas na mesma semana?

A resposta é muito simples: no modelo linear ou clássico, obrigatoriamente, a intensidade é aumentada a cada ciclo, enquanto o volume é reduzido, desse modo, seria preciso seguir esta ordem a cada semana: 12-15RM, 8-10RM e 4-6RM. Na Tabela 14 é possível observar que a intensidade e o volume variam de maneira ondulatória, intensidades altas, leves e moderadas, e não de forma linear. A determinação do tempo que os mesmos ciclos de intensidade são mantidos fica a critério do professor/treinador, de acordo com o nível de aptidão do aluno e os objetivos a serem atingidos.

**TABELA 14.** Periodização ondulatória para força e hipertrofia com intensidade semanal fixa

| 3 x/semana | Seg | Ter | Qua | Qui | Sex | Sáb |
|---|---|---|---|---|---|---|
| Semana 1 | Treino A 4-6RM | – | Treino A 4-6RM | – | Treino A 4-6RM | – |
| Semana 2 | Treino A 12-15RM | – | Treino A 12-15RM | – | Treino A 12-15RM | – |
| Semana 3 | Treino A 8-10RM | – | Treino A 8-10RM | – | Treino A 8-10RM | – |

RM = repetições máximas; – = dia sem treinamento de força. Nesta sugestão de periodização poderão ser utilizadas 1-5 séries por exercício. O intervalo de descanso entre as séries e os exercícios mudará de acordo com a intensidade, 12-15RM = 45 s a 1 min, 8-10RM = 1,5 min e 4-6RM = 2-3 min. Adaptado de Kraemer e Fleck[19].

Outra variação para iniciantes seria utilizar o mesmo treino com apenas duas sessões semanais, terça e quinta-feira, conforme a Tabela 15. Nesse exemplo, pode-se denominar a periodização ondulatória como parcial, ou seja, apenas duas intensidades, 12-15RM e 8-10RM. Vale lembrar que esse modelo é considerado ondulatório, porque, após o microciclo 2 com intensidade de 8-10RM, o indivíduo volta a realizar a intensidade de 12-15RM no microciclo 3. Se o modelo fosse linear, a cada microciclo a intensidade seria aumentada e o número de repetições, reduzido.

Na Tabela 16, pode-se observar outro exemplo de periodização ondulatória parcial, porém com três sessões semanais. Os mesmos comentários feitos para a Tabela 15 se aplicam a Tabela 16.

**TABELA 15.** Periodização ondulatória parcial para força e hipertrofia com intensidade semanal fixa

| 2 x/semana | Seg | Ter | Qua | Qui | Sex | Sáb |
|---|---|---|---|---|---|---|
| Microciclos 1 e 3 | – | Treino A 12-15RM | – | Treino A 12-15RM | – | – |
| Microciclos 2 e 4 | – | Treino A 8-10RM | – | Treino A 8-10RM | – | – |

RM = repetições máximas; – = dia sem treinamento de força. Nesta sugestão de periodização poderão ser utilizadas 1-3 séries por exercício. O intervalo de descanso entre as séries e os exercícios mudará de acordo com a intensidade, 12-15RM = 45 s a 1 min, 8-10RM = 1,5 min. Cada microciclo poderá durar 1-4 semanas, dependendo do nível de aptidão inicial do aluno.

**TABELA 16.** Periodização ondulatória parcial para força e hipertrofia com intensidade semanal fixa

| 3 x/semana | Seg | Ter | Qua | Qui | Sex | Sáb |
|---|---|---|---|---|---|---|
| Microciclos 1 e 3 | Treino A 12-15RM | – | Treino A 12-15RM | – | Treino A 12-15RM | – |
| Microciclos 2 e 4 | Treino A 8-10RM | – | Treino A 8-10RM | – | Treino A 8-10RM | – |

RM = repetições máximas; – = dia sem treinamento de força. Nesta sugestão de periodização poderão ser utilizadas 1-3 séries por exercício. O intervalo de descanso entre as séries e os exercícios mudará de acordo com a intensidade, 12-15RM = 45 s a 1 min, 8-10RM = 1,5 min. Cada microciclo poderá durar 1-4 semanas, dependendo do nível de aptidão inicial do aluno.

A Tabela 17 apresenta um exemplo de periodização ondulatória adaptado de Rhea et al.[15] para alunos intermediários a avançados. Observa-se que são usadas intensidades mais altas. A sugestão é que o modelo seja utilizado após as periodizações ondulatórias com intensidades leves a moderadas, como as apresentadas nas Tabelas 15 e 16. Conforme mencionado anteriormente, uma variação de duas RM em cada dia pode ser aplicada, em vez de serem mantidas RM fixas. A cada semana, o mesmo ciclo de intensidades é reiniciado.

**TABELA 17.** Periodização ondulatória visando a força e hipertrofia para alunos intermediários a avançados

| 3 x/semana | Seg | Ter | Qua | Qui | Sex | Sáb |
|---|---|---|---|---|---|---|
| Semanas 1-12 | Treino A 3 x 8RM | – | Treino A 3 x 6RM | – | Treino A 3 x 4RM | – |

RM = repetições máximas; – = dia sem treinamento de força. O intervalo de descanso entre as séries e os exercícios foi de 1,5-2 min. Adaptado de Rhea et al.[15].

A Tabela 18 mostra uma periodização ondulatória para hipertrofia e força com quatro sessões semanais e parcelamento dos grupamentos musculares em A, B e C, ou seja, dois grupamentos musculares por dia. Para maiores detalhes sobre os modelos de parcelamento do treinamento, verificar o Capítulo 4.

**TABELA 18.** Periodização ondulatória para força e hipertrofia com quatro sessões semanais

| 4 x/semana | Seg | Ter | Qua | Qui | Sex | Sáb |
|---|---|---|---|---|---|---|
| Semana 1 | Treino A 4-6RM | Treino B 4-6RM | – | Treino C 4-6RM | Treino A 12-15RM | – |
| Semana 2 | Treino B 12-15RM | Treino C 12-15RM | – | Treino A 8-10RM | Treino B 8-10RM | – |
| Semana 3 | Treino C 8-10RM | Treino A 4-6RM | – | Treino B 4-6RM | Treino C 4-6RM | – |

RM = repetições máximas; – = dia sem treinamento de força. Nesta sugestão de periodização poderão ser utilizadas 3-6 séries por exercício. O intervalo de descanso entre as séries e os exercícios mudará de acordo com a intensidade, 12-15RM = 45 s a 1 min, 8-10RM = 1,5 min e 4-6RM = 2-3 min. Adaptado de Kraemer e Fleck[19].

A Tabela 19 apresenta uma periodização ondulatória com ênfase na hipertrofia muscular, com quatro sessões semanais e parcelamento dos grupamentos musculares em A e B, ou seja, três grupamentos musculares por dia. Nesse exemplo, apesar de os indivíduos também treinarem com intensidades mais pesadas, 3-5RM e intensidades mais leves, 12-15RM, intensidades clássicas de hipertrofia são aplicadas (8-10RM) em todas as semanas. Nesse modelo, depois de três semanas, os ciclos de intensidades voltam a ser repetidos até que seis meses sejam completados. Como sugestão, variações na ordem e nos tipos de exercícios poderão ser realizadas durante os seis meses para aumentar os estímulos. Uma diferença nesse exemplo é que os grupamentos musculares do treino B serão sempre treinados com 8-10RM. O método pode ser utilizado caso o objetivo seja obter maiores estímulos nos grupamentos musculares do treino A. Maiores detalhes sobre os modelos de parcelamento do treinamento podem ser verificados no Capítulo 4.

A Tabela 20 demonstra uma periodização ondulatória para hipertrofia e força com cinco sessões semanais e parcelamento dos grupamentos musculares em A, B e C, ou seja, dois grupamentos musculares por dia. À medida que os ciclos de cargas são repetidos por duas ou mais vezes para o mesmo grupamento muscular, podem-se alterar os exercícios, a ordem deles ou o sistema de treinamento. O professor também tem a opção de alterar outras va-

**TABELA 19.** Periodização ondulatória com ênfase para hipertrofia e quatro sessões semanais

| 4 x/semana | Seg | Ter | Qua | Qui | Sex | Sáb |
|---|---|---|---|---|---|---|
| **Treinamento de força de alto volume periodizado – 6 meses** | | | | | | |
| Semana 1 | Treino A 12-15RM | Treino B 8-10RM | – | Treino A 12-15RM | Treino B 8-10RM | – |
| Semana 2 | Treino A 3-5RM | Treino B 8-10RM | – | Treino A 3-5RM | Treino B 8-10RM | – |
| Semana 3 | Treino A 8-10RM | Treino B 8-10RM | – | Treino A 8-10RM | Treino B 8-10RM | – |

RM = repetições máximas; – = dia sem treinamento de força. Nesta sugestão de periodização poderão ser utilizadas 2-4 séries por exercício. O intervalo de descanso entre as séries e os exercícios mudará de acordo com a intensidade, 12-15RM = 45 s a 1 min, 8-10RM = 1,5 min e 3-5RM = 2-3 min. Adaptado de Marx et al.[24].

riáveis, como o tempo de tensão e/ou o tipo de ação muscular. A escolha da aplicação de sessões ou semanas recuperativas pode seguir duas recomendações: 1) a cada ciclo de doze semanas[19] ou 2) quando ocorrem três incrementos de intensidade seguidos, por exemplo, semana 1 = 8-10RM, semana 2 = 4-6RM e semana 3 = método *drop set*, *bi-set* ou *tri-set*. Nessa situação, em razão da sequência de cargas e dos métodos intensos de treinamento, a semana 4 pode ser recuperativa. Na semana recuperativa, utilizam-se intensidades leves, por exemplo, 12-15 repetições sem falha concêntrica e, na mesma semana, em vez de cinco sessões, são realizadas apenas três. Outra possibilidade seria reduzir o volume de séries por exercício. Vale ressaltar que treinos ou semanas recuperativas deverão ser utilizados com alunos assíduos, caso contrário, os dias de ausência poderão ser considerados recuperativos.

**TABELA 20.** Periodização ondulatória para força e hipertrofia com cinco sessões semanais

| 5 x/semana | Seg | Ter | Qua | Qui | Sex | Sáb |
|---|---|---|---|---|---|---|
| Semana 1 | Treino A 4-6RM | Treino B 4-6RM | Treino C 4-6RM | Treino A 12-15RM | Treino B 12-15RM | – |
| Semana 2 | Treino C 12-15RM | Treino A 8-10RM | Treino B 8-10RM | Treino C 8-10RM | Treino A 4-6RM | – |
| Semana 3 | Treino B 4-6RM | Treino C 4-6RM | Treino A 12-15RM | Treino B 12-15RM | Treino C 12-15RM | – |
| Semana 4 | Treino A 8-10RM | Treino B 8-10RM | Treino C 8-10RM | Treino REC | Treino REC | – |

RM = repetições máximas; – = dia sem treinamento de força. REC = sessões recuperativas. Nesta sugestão de periodização poderão ser utilizadas 3-6 séries por exercício. O intervalo de descanso entre as séries e os exercícios mudará de acordo com a intensidade, 12-15RM = 45 s a 1 min, 8-10RM = 1,5 min e 4-6RM = 2-3 min.

Um exemplo de periodização ondulatória para hipertrofia muscular e força máxima com seis sessões semanais e parcelamento dos grupamentos musculares em A, B e C é apresentado na Tabela 21.

**TABELA 21.** Periodização ondulatória para força e hipertrofia com seis sessões semanais

| 6 x/ semana | Seg | Ter | Qua | Qui | Sex | Sáb |
|---|---|---|---|---|---|---|
| Semana 1 | Treino A 4-6RM | Treino B 4-6RM | Treino C 4-6RM | Treino A 12-15RM | Treino B 12-15RM | Treino C 12-15RM |
| Semana 2 | Treino A 8-10RM | Treino B 8-10RM | Treino C 8-10RM | Treino A 4-6RM | Treino B 4-6RM | Treino C 4-6RM |
| Semana 3 | Treino A 12-15RM | Treino B 12-15RM | Treino C 12-15RM | Treino A 8-10RM | Treino B 8-10RM | Treino C 8-10RM |
| Semana 4 | Treino A 4-6RM | Treino B 4-6RM | Treino C 4-6RM | Treino A 12-15RM | Treino B 12-15RM | Treino C 12-15RM |

RM = repetições máximas. Nesta sugestão de periodização poderão ser utilizadas 3-6 séries por exercício. O intervalo de descanso entre as séries e os exercícios mudará de acordo com a intensidade, 12-15RM = 45 s a 1 min, 8-10RM = 1,5 min e 4-6RM = 2-3 min.

## PERIODIZAÇÃO LINEAR VISANDO À RESISTÊNCIA MUSCULAR PARA ALUNOS INICIANTES, INTERMEDIÁRIOS E AVANÇADOS

A Tabela 22 mostra uma periodização linear do TF para ganhos de resistência muscular adaptado de Rhea et al.[5], com frequência semanal de três vezes. O modelo pode ser aplicado para iniciantes a avançados. No caso dos avançados, se possível, o descanso entre as séries e exercícios pode ser reduzido e os microciclos podem ser de apenas uma semana, induzindo à maior variabilidade das cargas. Para iniciantes, podem ser utilizados microciclos de quatro semanas. O mesmo treinamento pode ser aplicado duas vezes por semana e, neste caso, o aluno treinaria às terças e quintas-feiras, situação corriqueira nos trabalhos personalizados.

A Tabela 23 contém um exemplo de uma periodização linear visando à resistência muscular para alunos intermediários a avançados, no qual cada microciclo tem a duração de uma semana, o que proporciona maior variabilidade das cargas[43]. Nas semanas com 30RM, o aluno pode não conseguir manter o número de repetições máximas da segunda para a terceira série, assim, o intervalo de descanso entre as séries poderá ser aumentado para dois minutos no máximo. A cada quatro semanas, os ciclos são reiniciados e a ordem e/ou os exercícios podem ser modificados de acordo com as ne-

**TABELA 22.** Periodização linear para resistência muscular

| 3 x/semana | Seg | Ter | Qua | Qui | Sex | Sáb |
|---|---|---|---|---|---|---|
| Semanas 1-5 | Treino A 3 x 25RM | – | Treino A 3 x 25RM | – | Treino A 3 x 25RM | – |
| Semanas 6-10 | Treino A 3 x 20RM | – | Treino A 3 x 20RM | – | Treino A 3 x 20RM | – |
| Semanas 11-15 | Treino A 3 x 15RM | – | Treino A 3 x 15RM | – | Treino A 3 x 15RM | – |

RM = repetições máximas; – = dia sem treinamento de força. O intervalo de descanso sugerido pelos autores foi de 1 min entre as séries e os exercícios. Adaptado de Rhea et al.[5].

**TABELA 23.** Periodização linear para resistência muscular

| 3 x/semana | Seg | Ter | Qua | Qui | Sex | Sáb |
|---|---|---|---|---|---|---|
| Semana 1 | Treino A 3 x 30RM | – | Treino A 3 x 30RM | – | Treino A 3 x 30RM | – |
| Semana 2 | Treino A 3 x 25RM | – | Treino A 3 x 25RM | – | Treino A 3 x 25RM | – |
| Semana 3 | Treino A 3 x 20RM | – | Treino A 3 x 20RM | – | Treino A 3 x 20RM | – |
| Semana 4 | Treino A 3 x 15RM | – | Treino A 3 x 15RM | – | Treino A 3 x 15RM | – |

RM = repetições máximas; – = dia sem treinamento de força. O intervalo de descanso sugerido pelos autores foi de 1 min entre as séries e os exercícios. Adaptado de Prestes et al.[43].

cessidades do aluno. O mesmo treinamento também poderia ser aplicado duas vezes por semana. Uma pergunta importante é: o treinamento de resistência muscular pode ser parcelado?

A resposta é sim, caso o aluno esteja entre os níveis de treinamento intermediário a avançado e treine de quatro e seis vezes por semana, essa pode ser uma boa opção. Dessa forma, o aluno treinaria diferentes grupamentos musculares em cada dia de treino. A Tabela 24 mostra um treinamento linear A e B. Outros parcelamentos mediante a frequência semanal podem ser realizados. Por fim, uma variação de ± 2RM e também modelos em circuito podem ser aplicados nesses exemplos. As mesmas recomendações podem ser aplicadas às Tabelas 25 e 26.

# PRESCRIÇÃO E PERIODIZAÇÃO DO TREINAMENTO DE FORÇA EM ACADEMIAS

**TABELA 24.** Periodização linear para resistência muscular com parcelamento de grupos musculares

| 4 x/semana | Seg | Ter | Qua | Qui | Sex | Sáb |
|---|---|---|---|---|---|---|
| Semana 1 | Treino A 3 x 25RM | Treino B 3 x 25RM | – | Treino A 3 x 25RM | Treino B 3 x 25RM | – |
| Semana 2 | Treino A 3 x 20RM | Treino B 3 x 20RM | – | Treino A 3 x 20RM | Treino B 3 x 20RM | – |
| Semana 3 | Treino A 3 x 15RM | Treino B 3 x 15RM | – | Treino A 3 x 15RM | Treino B 3 x 15RM | – |

RM = repetições máximas; – = dia sem treinamento de força. O intervalo de descanso sugerido pelos autores foi de 1 min entre as séries e os exercícios.

## PERIODIZAÇÃO LINEAR REVERSA VISANDO À RESISTÊNCIA MUSCULAR PARA ALUNOS INICIANTES, INTERMEDIÁRIOS E AVANÇADOS

Uma sugestão de periodização linear reversa para resistência muscular em indivíduos iniciantes, intermediários e avançados com três sessões semanais, adaptada de Rhea et al.[5] é demonstrada na Tabela 25. Todas as recomendações levantadas para a periodização linear anteriormente citadas podem ser aplicadas na periodização linear reversa, de acordo com o nível de aptidão física do aluno, a frequência semanal e a fadiga apresentada nos treinamentos. Um aspecto a ser considerado é a mudança do tipo de periodização ao longo dos ciclos de treinamento, se o indivíduo já realizou a periodização linear ao longo de um ciclo, nos ciclos seguintes pode ser aplicada a linear reversa ou a ondulatória e assim por diante.

**TABELA 25.** Periodização linear reversa para resistência muscular

| 3 x/semana | Seg | Ter | Qua | Qui | Sex | Sáb |
|---|---|---|---|---|---|---|
| Semanas 1-5 | Treino A 3 x 15RM | – | Treino A 3 x 15RM | – | Treino A 3 x 15RM | – |
| Semanas 6-10 | Treino A 3 x 20RM | – | Treino A 3 x 20RM | – | Treino A 3 x 20RM | – |
| Semanas 11-15 | Treino A 3 x 25RM | – | Treino A 3 x 25RM | – | Treino A 3 x 25RM | – |

RM = repetições máximas; – = dia sem treinamento de força. O intervalo de descanso sugerido pelos autores foi de 1 min entre as séries e os exercícios. Adaptado de Rhea et al.[5].

PERIODIZAÇÃO DO TF PARA ACADEMIAS E TREINAMENTO PERSONALIZADO

## PERIODIZAÇÃO ONDULATÓRIA VISANDO À RESISTÊNCIA MUSCULAR PARA ALUNOS INICIANTES, INTERMEDIÁRIOS E AVANÇADOS

O modelo ondulatório também pode ser aplicado para resistência muscular, conforme a Tabela 26. Sugere-se a utilização dessa periodização para alunos intermediários e avançados, os quais precisam de maior variabilidade de estímulos para continuar obtendo resultados. Por exemplo, após doze semanas de treinamento para resistência muscular com a periodização linear, no próximo ciclo, o aluno pode fazer a ondulatória. As mesmas variações mencionadas para as periodizações linear e linear reversa poderão ser utilizadas na periodização ondulatória.

**TABELA 26.** Periodização ondulatória para resistência muscular

| 3 x/semana | Seg | Ter | Qua | Qui | Sex | Sáb |
|---|---|---|---|---|---|---|
| Semana 1 | Treino A 3 x 25RM | – | Treino A 3 x 20RM | – | Treino A 3 x 15RM | – |
| Semana 2 | Treino A 3 x 25RM | – | Treino A 3 x 20RM | – | Treino A 3 x 15RM | – |
| Semana 3 | Treino A 3 x 25RM | – | Treino A 3 x 20RM | – | Treino A 3 x 15RM | – |

RM = repetições máximas; – = dia sem treinamento de força. O intervalo de descanso sugerido foi de 1 min entre as séries e os exercícios. Adaptado de Rhea et al.[5].

## SUGESTÕES DE PERIODIZAÇÕES ANUAIS DO TREINAMENTO DE FORÇA APLICADO ÀS ACADEMIAS E AO TREINAMENTO PERSONALIZADO

A Tabela 27 apresenta uma sugestão de periodização anual (macrociclo) para alunos que objetivam hipertrofia muscular, em que foram utilizados quatro mesociclos, sendo que o primeiro e o terceiro são compostos por oito semanas (microciclos) cada um, e os mesociclos 2 e 4 são mais longos, tendo 16 microciclos cada um. Também foram adotados três modelos de periodização para compor o macrociclo. Nos primeiros seis meses, optou-se pela periodização linear, porque esse tipo de periodização favorece a adaptação fisiológica e psicológica de um aluno iniciante em TF. No início da periodização, a sugestão (no caso de iniciantes) é de que seja realizado um período de adaptação ao treinamento com cargas submáximas, sobretudo para evitar a ocorrência de dor muscular de início tardio (DMIT) e para proporcionar melhor aprendizagem da execução dos exercícios selecionados.

No mesociclo 3, estabeleceu-se como objetivos aumentar a força máxima e obter a hipertrofia muscular, para tanto pode-se usar um modelo ondulatório parcial, variando o volume e a intensidade a cada semana. O modelo foi aplicado após seis meses de treinamento por dois motivos: 1) é provável que o aluno experimente maior estabilização dos resultados em relação ao início do programa, por isso esse modelo promove maior variação do estímulo, o que favorece a adaptação progressiva; 2) esse modelo pode evitar o platô psicológico frequentemente relatado por praticantes recreacionais de TF.

Para entender a ideologia do modelo ondulatório, deve-se observar que no microciclo 25, por exemplo, o treinamento deverá ser realizado com a intensidade para 6-8RM, na semana subsequente (micro 26), deve-se aumentar a intensidade para realização de 3-5RM. Segue-se esse padrão até o microciclo 32, ou seja, as intensidades não aumentam de forma linear, mas em ondas.

A partir do microciclo 33 (mesociclo 4), o modelo proposto é o ondulatório semanal, com intensidades para força máxima, força hipertrófica e resistência de força. Essa variação entre as três manifestações da força justifica a diferença apresentada no mesociclo 3, no qual intensidades de resistência de força não são aplicadas (por isso ondulatório parcial).

Como citado antes, é interessante que, a cada doze semanas (aproximadamente) de treinamento consistente, aplique-se um microciclo regenerativo (com diminuição dos dias e/ou carga de treinamento). Logo, a semana regenerativa pode ser aproveitada para introduzir as avaliações, importantes para analisar as adaptações ocorridas em um determinado período de intervenção. As semanas regenerativas e avaliativas são usadas nos microciclos 12, 24, 36 e 48. Observe, também, na Tabela 27, que o tempo de intervalo é relativo ao estímulo proporcionado. Como sugestão, no caso de um aluno intermediário ou avançado em TF, não é obrigatório aplicar os mesociclos 1 e 2, nesse caso, pode-se iniciar direto pelo mesociclo 3. Finalmente, é necessário lembrar que tanto as cargas quanto os modelos de periodização são sugestões elaboradas com fundamento científico apresentado ao longo dos capítulos. Por isso, esses modelos podem ser adaptados à realidade do aluno, da academia, do período, etc. Vale ressaltar que avaliações adicionais e o controle de carga diário podem ser realizados de acordo com as necessidades e as condições do aluno em questão.

Note que o número de séries é diferente de acordo com a intensidade adotada nos microciclos ou sessões de TF. Para entender melhor a relação entre número de séries e intensidade, consulte o Capítulo 3.

Do mesmo modo como sugerido no modelo anterior (Tabela 27), na Tabela 28 foi elaborada uma periodização com duração de um ano (macrociclo). Vale lembrar que os dois modelos podem ser aplicados de forma integral a um aluno iniciante em TF (Tabelas 27 e 28). No entanto, a continuação dos dois exemplos seria mais interessante para alunos intermediários ou avançados em TF ou mesmo após os primeiros seis meses para um iniciante. Observe que o modelo da Tabela 28 é uma variação da sugestão da Tabela 27, sendo que os mesociclos 1 e 2 são idênticos, mas os mesociclos 3 e 4 apresentam dois modelos distintos. Nesse caso, foram adotados o modelo linear reverso e o ondulatório diário, respectivamente. A intensidade no mesociclo 3 (linear reverso) é reduzida ao longo de quatro semanas seguidas (entre os microciclos 25 e 28 e entre 29 e 32) e o volume (considerado, nesse caso, o número de repetições) aumenta durante esse mesmo período.

Entre os microciclos 33 e 47, é sugerida a realização do modelo ondulatório diário. Ao longo dessas catorze semanas, o procedimento será sempre o mesmo, ou seja, o primeiro treino A, B e C deve ser realizado com intensidade de 8-10RM (predominância em força hipertrófica). Ao repetir os treinos A, B e C, o volume e a intensidade são alterados, sendo sugeridas 12-15RM (predominância em resistência de força). Na terceira repetição dos mesmos treinos, são sugeridas intensidades com predominância de força máxima, ou seja, 4-6RM. Essa variação do volume e da intensidade se repetirá por todo o mesociclo. Deve-se notar que a inclusão dos microciclos regenerativos e avaliativos (R-AV) é preservada e que o tempo de intervalo é relativo ao estímulo proporcionado. Finalmente, caso o aluno falte por uma semana, esta pode ser considerada um microciclo recuperativo, ou mesmo, se ele perder algum dos mesociclos propostos, sugere-se que o retorno aos treinos tome a fase anterior como ponto de partida.

## PERIODIZAÇÃO EM BLOCO

A periodização em bloco é baseada na ideia original de distribuição da carga de trabalho que fornece um estímulo de treinamento concentrado focado em um aspecto específico de desempenho. Este modelo foi proposto por Verkochansky[3], que adotou o conceito de periodização em *step* que foi introduzido inicialmente por Vorojeb em 1974[44].

O modelo da periodização em bloco é composto de vários mesociclos, cada um com um único objetivo de treinamento. A progressão de blocos do treinamento é realizada em uma ordem lógica, que prepara os atletas para o próximo bloco do treinamento. A primeira fase da periodização em bloco é caracterizada uma acumulação de mesociclos que exige um elevado volu-

**TABELA 27.** Apresentação de um macrociclo de 16 meses em quatro mesociclos de um modelo misto de periodização anual para alunos iniciantes. O modelo do mesociclo 3 pode ser utilizado para indivíduos intermediários e avançados

| Macrociclo – hipertrofia muscular | | | | | | | | | | | | | | | |
|---|---|---|---|---|---|---|---|---|---|---|---|---|---|---|---|
| **Mesociclo 1 – iniciante** | | | | | | | | | | | | | | | |
| | Janeiro | | | | Fevereiro | | | | Março | | | | Abril | | | |
| Microciclos | 1 | 2 | 3 | 4 | 5 | 6 | 7 | 8 | 9 | 10 | 11 | 12 | 13 | 14 | 15 | 16 |
| Freq. semanal | 3 | 3 | 3 | 3 | 3-4 | 3-4 | 3-4 | 3-4 | 4 | 4 | 4 | 4 | 4 | 4 | 4 | 3 |
| Carga (RM) | 8-12RSM | 8-12RSM | 12-15 | 12-15 | 12-15 | 12-15 | 12-15 | 12-15 | 12-15 | 12-15 | 10-12 | 10-12 | 10-12 | 10-12 | 10-12 | R+AV |
| Montagem | ALTS | ALTS | ALTS | ALTS | ALTS | ALTS | ALTS | ALTS | A/A | A/A | A/A | A/A | A/A | A/A | A/A | |
| Sistema | SU | SU | MS | MS | MS | MS | MS | MS | MS | MS | MS | MS | MS | MS | MS | |
| Periodização | Linear (considerando a zona de repetições) | | | | | | | | | | | | | | | |
| **Mesociclo 2 – intermediário I** | | | | | | | | | | | | | | | |
| | Maio | | | | Junho | | | | Julho | | | | Agosto | | | |
| Microciclos | 21 | 22 | 23 | 24 | 25 | 26 | 27 | 28 | 29 | 30 | 31 | 32 | 33 | 34 | 35 | 36 |
| Freq. semanal | 4-6 | 4-6 | 4-6 | 4-6 | 4-6 | 4-6 | 4-6 | 4-6 | 4-6 | 4-6 | 4-6 | 4-6 | 4-6 | 4-6 | 4-6 | 3 |
| Carga (RM) | 8-12 | 8-12 | 8-12 | 8-12 | 8-12 | 8-12 | 8-12 | 8-12 | 6-12 | 6-12 | 6-12 | 6-12 | 4-10 | 4-10 | 4-10 | R+AV |
| Montagem | A/A | A/A | A/A | A/A | DGM | DGM | DGM | DGM | DGM | DGM | DGM | DGM | DGM | DGM | DGM | |
| Sistema | PC | PC | PC | PC | PC | PC | PC | PC | PD | PD | PD | PD | PD | PD | PD | |
| Periodização | Linear (considerando a zona de repetições) | | | | | | | | | | | | | | | |

(continua)

**TABELA 27.** Apresentação de um macrociclo de 16 meses em quatro mesociclos de um modelo misto de periodização anual para alunos iniciantes. O modelo do mesociclo 3 pode ser utilizado para indivíduos intermediários e avançados *(continuação)*

## Macrociclo – hipertrofia muscular

### Mesociclo 3 – intermediário II

| | Setembro a dezembro | | | | | | 52 |
|---|---|---|---|---|---|---|---|
| | **37-51** | | | | | | |
| **Microciclos** | Segunda-feira<br>Treino A<br>8-10RM<br>*MS+Drop-set* | Terça-feira<br>Treino B<br>8-10RM<br>*MS+Drop-set* | Quarta-feira<br>Treino C<br>8-10RM<br>*MS+Drop-set* | Quinta-feira<br>Treino A<br>10-12RM<br>*Bi-set* | Sexta-feira<br>Treino B<br>10-12RM<br>*Bi-set* | Sábado<br>Treino C<br>10-12RM<br>*Bi-set* | R+AV |
| | Segunda-feira<br>Treino A<br>4-6RM<br>*MS* | Terça-feira<br>Treino B<br>4-6RM<br>*MS* | Quarta-feira<br>Treino C<br>4-6RM<br>*MS* | Quinta-feira<br>Treino A<br>8-10RM<br>*MS+Drop-set* | Sexta-feira<br>Treino B<br>8-10RM<br>*MS+Drop-set* | Sábado<br>Treino C<br>8-10RM<br>*MS+Drop-set* | |
| | Segunda-feira<br>Treino A<br>10-12RM<br>*Bi-set* | Terça-feira<br>Treino B<br>10-12RM<br>*Bi-set* | Quarta-feira<br>Treino C<br>10-12RM<br>*Bi-set* | Quinta-feira<br>Treino A<br>4-6RM<br>*MS* | Sexta-feira<br>Treino B<br>4-6RM<br>*MS* | Sábado<br>Treino C<br>4-6RM<br>*MS* | |
| **Montagem** | DGM | DGM | DGM | DGM | DGM | DGM | |
| **Periodização** | Ondulatório diário | | | | | | |

### Mesociclo 4 – avançado

| | Janeiro | | | | Fevereiro | | | | Março | | | | Abril | | | |
|---|---|---|---|---|---|---|---|---|---|---|---|---|---|---|---|---|
| **Microciclos** | 53 | 54 | 55 | 56 | 57 | 58 | 59 | 60 | 61 | 62 | 63 | 64 | 65 | 66 | 67 | 68 |
| **Freq. semanal** | 6 | 6 | 6 | RP | 6 | 6 | 6 | GVT | 3 | 6-7 | 6-7 | FST-7 | 6-7 | 6-7 | GVT | 3 |
| **Carga (RM)** | 4-6 | 4-6 | 4-6 | RP | 6-8 | 6-8 | 6-8 | GVT | R | 6-12 | 6-12 | FST-7 | 8-15 | 8-15 | GVT | R+AV |
| **Montagem** | DGM | DGM | DGM | RP | DGM | DGM | DGM | GVT | R | DGM | DGM | FST-7 | DGM | DGM | GVT | R+AV |
| **Sistema** | MS | MS | MS | RP | MS | MS | MS | GVT | R | PC+bliz | PC+bliz | FST-7 | PC+bliz | PC+bliz | GVT | R+AV |
| **Periodização** | Linear reversa (considerando a zona de repetições) | | | | | | | | | | | | | | | |

A/A = associada à articulação adjacente; Adap. = semana de adaptação ao treinamento; ALTS = alternada por segmento; AV = microciclo avaliativo; DGM = direcionada por grupo muscular; FST-7 = *Fascial Stretch Training*; GVT = *German Volume Training*; PC = pirâmide com cargas crescentes; PD = pirâmide com cargas decrescentes (para relembrar os conceitos sobre montagens e métodos de treinamento consulte o capítulo 4); R = microciclo regenerativo; RM = repetições máximas; RP = repetição-pausada – *rest-pause*; RSM = repetições submáximas; Tempo de intervalo = autoajustável (capítulo 3).

**TABELA 28.** Exemplo de um macrociclo de 12 meses com os mesociclos 1, 2, 3 e 4. Os modelos dos mesociclos ser 3 e 4 podem ser independentes dos mesociclos 1 e 2 e podem ser utilizados para indivíduos intermediários e avançados

| Macrociclo – hipertrofia muscular | | | | | | | | | | | | | | | | | | | | | | | |
|---|---|---|---|---|---|---|---|---|---|---|---|---|---|---|---|---|---|---|---|---|---|---|---|
| Mesociclo | Mesociclo 1 – resistência de força – hipertrofia | | | | | | | | Mesociclo 2 – hipertrofia | | | | | | | | | | | | | | |
| Mesociclo | Janeiro | | | | Fevereiro | | | | Março | | | | Abril | | | | Maio | | | | Junho | | | |
| Microciclo | 1 | 2 | 3 | 4 | 5 | 6 | 7 | 8 | 9 | 10 | 11 | 12 | 13 | 14 | 15 | 16 | 17 | 18 | 19 | 20 | 21 | 22 | 23 | 24 |
| Séries carga (RM) | Adap. | Adap. | 1-3× 12-15 | 1-3× 12-15 | 3-4× 10-15 | 3-4× 10-15 | 3-4× 10-15 | 3-4× 10-15 | 3-4× 10-12 | 3-4× 10-12 | 3-4× 10-12 | R-AV | 3-4× 8-12 | 3-4× 8-12 | 3-4× 8-12 | 3-4× 8-12 | 3-4× 8-10 | 3-4× 8-10 | 3-4× 8-10 | 3-4× 8-10 | 3-4× 6-10 | 3-4× 6-10 | 3-4× 6-10 | R-AV |
| Periodização | Linear | | | | | | | | | | | | | | | | | | | | | | | |

| Mesociclo | Mesociclo 3 – hipertrofia | | | | | | | | Mesociclo 4 – hipertrofia – resistência de força – força máxima | | | | | | |
|---|---|---|---|---|---|---|---|---|---|---|---|---|---|---|---|
| Mesociclo | Julho | | | | Agosto | | | | Setembro | | Outubro | | Novembro | | Dezembro |
| Microciclo | 25 | 26 | 27 | 28 | 29 | 30 | 31 | 32 | 33-47 | | | | | | 48 |
| Séries carga (RM) | 4× 4-6 | 4× 8-10 | 4× 10-12 | 4× 12-15 | 4× 4-6 | 4× 8-10 | 4× 10-12 | R-AV | Segunda-feira Treino A 8-10RM / Segunda-feira Treino A 4-6RM / Segunda-feira Treino A 12-15RM | Terça-feira Treino B 8-10RM / Terça-feira Treino B 4-6RM / Terça-feira Treino B 12-15RM | Quarta-feira Treino C 8-10RM / Quarta-feira Treino C 4-6M / Quarta-feira Treino C 12-15RM | Quinta-feira Treino A 12-15RM / Quinta-feira Treino A 8-10RM / Quinta-feira Treino A 4-6RM | Sexta-feira Treino B 12-15RM / Sexta-feira Treino B 8-10RM / Sexta-feira Treino B 4-6RM | Sábado Treino C 12-15RM / Sábado Treino C 8-10RM / Sábado Treino C 4-6RM | R-AV |
| Periodização | Linear reversa | | | | | | | | Ondulatório diário | | | | | | |

Adap. = semana de adaptação ao treinamento; R-AV = microciclo regenerativo e avaliativo; RM = repetições máximas.

me de treinamento realizado em uma intensidade baixa seguida de uma transformação e realização dos blocos. A fase de acumulação se concentra sobre a hipertrofia muscular, a fase de transformação na força máxima e a fase de realização centra-se na potência e força explosiva (Figura 8).

Poucos estudos, até o presente momento, analisaram a efetividade da periodização em bloco quando comparado com as demais periodizações do TF (p. ex., periodização não linear) sobre os ganhos de força, potência e hipertrofia muscular. Painter et al.[45] compararam a periodização em bloco com a periodização não linear no TF (3 dias por semana/10 semanas) para os ganhos de força e potência muscular e na eficiência do treinamento (ganhos obtidos/carga de treinamento) em atletas do atletismo. Apesar de não terem sido encontradas diferenças significativas nos ganhos de força e potência muscular, é interessante que o grupo que realizou o treinamento com a periodização em bloco teve menor volume de treinamento (-35%) e maiores ganhos na eficiência do treinamento (ganhos obtidos/volume de treino) quando comparado com o grupo com periodização não linear. Uma possí-

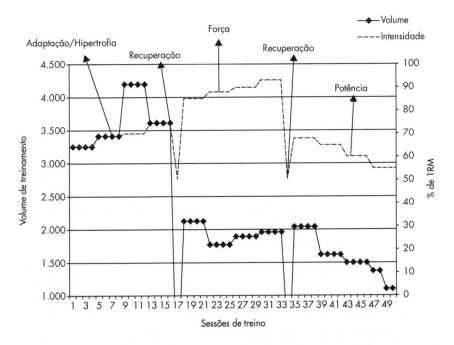

**FIGURA 8.** Modelo de periodização em bloco. Volume de treinamento (repetições x séries) e intensidade (em % de 1RM) durante 15 semanas de treinamento.

vel explicação para essa diferença pode estar no fato de a periodização não linear no TF produzir maior fadiga nas sessões (estimulando sempre a falha concêntrica) e consequentemente maior desgaste muscular. Não obstante, Bartolomei et al.[46] demonstraram superioridade do modelo de periodização em bloco nos ganhos de potência muscular para os membros superiores quando comparado a periodização tradicional durante quinze semanas de treinamento em homens jovens com experiência no TF.

A periodização em bloco tem sido utilizada também em esportes de *endurance*, Rønnestad et al.[47] compararam a utilização da periodização em bloco com a tradicional em esquiadores de *cross-country* durante cinco semanas e demonstraram ganhos superiores no consumo máximo de oxigênio (2 ± 2%) e na potência pico (4 ± 4% *vs.* -3 ± 6%) para periodização em bloco. Similarmente, Rønnestad et al.[48] encontraram resultados similares ao analisarem dois grupos de ciclistas treinados ($VO_2$máx = ~63 mL/kg/min) durante quatro semanas. Os atletas utilizaram a periodização em bloco (primeira semana com 5 sessões de treinamento de alta intensidade, seguido por três semanas de treinamento com apenas 1 sessão semanal de treinamento de alta intensidade) ou a periodização tradicional (quatro semanas com duas sessões semanais de treinamento de alta intensidade) conforme Figura 9. Os resultados encontrados demonstraram ganho superior no $VO_2$máx para a periodização em bloco *versus* tradicional.

## CONSIDERAÇÕES FINAIS SOBRE PERIODIZAÇÃO DO TREINAMENTO DE FORÇA

Sabe-se que, mesmo sem periodizar, com cargas fixas os indivíduos ganham capacidade funcional nos primeiros meses. A questão que norteia a organização das variáveis parece ser o ganho a longo prazo. Desse modo, a periodização do treinamento é uma ferramenta importante no planejamento do programa de exercícios de praticantes de TF em academias e atividade personalizada, visando tanto à melhora como à manutenção dos benefícios obtidos, não apenas em curto prazo, mas ao longo dos anos.

Não obstante, determinar o ponto de maximização de programas individualizados pelo treinamento constitui uma importante tarefa para os profissionais da área da fisiologia do exercício, condicionamento físico e TF, de tal modo que o desenvolvimento das manifestações da força muscular e a melhora da composição corporal possam ser otimizados por meio da manipulação e da prescrição das variáveis inerentes a esse processo.

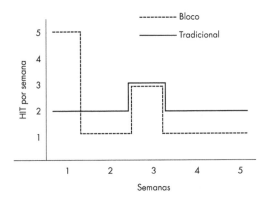

**FIGURA 9.** Modelo esquemático da distribuição das sessões do treinamento de alta intensidade (HIT) durante cinco semanas de intervenção usando a periodização em bloco ou a periodização tradicional. Adaptada de Rønnestad et al.[47].

É importante ressaltar que os modelos sugeridos nas aplicações práticas podem ser modificados e não constituem uma regra fixa. Não há dúvida de que os trabalhos científicos fornecerão futuras modificações para as diferentes periodizações e que os exemplos aqui citados estão sujeitos a alterações. Cada aluno é um quadro que deve ser pintado e lapidado, por isso, embora se respeite um estilo, a pintura final é individualizada.

## Referências bibliográficas

1. Brown LE. Nonlinear versus linear periodization models. Strength Cond J. 2001;23:42-4.
2. Fleck SJ. Periodized strength and strength training: a critical review. J Strength Cond Res. 1999;13(1):82-9.
3. Verkochansky YV, Oliveira PR. Preparação de força especial. Rio de Janeiro: Grupo Palestra Sport; 1995.
4. Gomes AC. Treinamento desportivo – estruturação e periodização. 2. ed. Porto Alegre: Artmed; 2009.
5. Rhea MR, Phillips WT, Burkett LN, Stone WJ, Ball SB, Alvar BA, et al. A comparison of linear and daily undulating periodized programs with equated volume and intensity for local muscular endurance. J Strength Cond Res. 2003;17(1):82-7.
6. Schiotz MK, Potteiger JA, Huntsinger PG, Denmark DC. The short-term effects of periodized and constant-intensity training on body composition, strength and performance. J Strength Cond Res. 1998;12(3):173-8.

7. Neylan TC, Selye H. Hans Selye and the field of stress research. J Neuropsychiatry. 1998;10(2):230-1.
8. Kraemer WJ, Häkkinen K. Treinamento de força para o esporte. Porto Alegre: Artmed; 2004.
9. Rhea MR, Alderman BL. A meta-analysis of periodized versus nonperiodized strength and power training programs. Res Q Exerc Sport. 2004;75(4):413-22.
10. Chilibeck PD, Calder AW, Sale DG, Webber CE. A comparison of strength and muscle mass increases during resistance training in young women. Eur J Appl Physiol. 1998;77(1-2):170-5.
11. Kraemer WJ, Ratamess N, Fry AC, Triplett-McBride T, Koziris LP, Bauer JA, et al. Influence of resistance training volume and periodization on physiological and performance adaptations in collegiate women tennis players. Am J Sports Med. 2000;28(5):626-33.
12. Mazzetti SA, Kraemer WJ, Volek JS, Ducan ND, Ratamess NA, Gomez AL, et al. The influence of direct supervision of resistance training on strength performance. Med Sci Sports Excerc. 2000;32(6):1175-84.
13. Kraemer WJ, Nindl BC, Ratamess NA, Gotshalk LA, Volek JS, Fleck SJ, et al. Changes in muscle hypertrophy in women with periodized resistance training. Med Sci Sports Exerc. 2004;36(4):697-708.
14. Herrick AB, Stone WJ. The effects of periodization versus progressive resistance exercise on upper and lower body strength in women. J Strength Cond Res. 1996;10(2):72-6.
15. Rhea MR, Ball SB, Phillips WT, Burkett LN. A comparison of linear and daily undulating periodization with equated volume and intensity for strength. J Strength Cond Res. 2002;16:250-5.
16. Stone MH, O'Bryant HS, Garhammer J. A hypothetical model for strength training. J Sports Med Phys Fitness. 1981;21(336):342-51.
17. American College of Sports Medicine (ACSM) Position Stand. Progression models in resistance training for healthy adults. Med Sci Sports Exerc. 2002;34(2):364-80.
18. American College of Sports Medicine (ACSM) Position Stand Progression models in resistance training for healthy adults. Med Sci Sports Exerc. 2009;41(3):687-708.
19. Kraemer WJ, Fleck SJ. Otimizando o treinamento de força. Barueri: Manole; 2009.
20. Kraemer WJ, Nindl BC, Marx JO, Gotshalk LA, Bush JA, Welsch JR, et al. Chronic resistance training in women potentiates growth hormone in vivo bioactivity: characterization of molecular mass variants. Am J Physiol Endocrinol Metab. 2006;291:E1177-87.
21. Wolfe BL, Lemura LM, Cole PJ. Quantitative analysis of single vs. multiple set programs in resistance training. J Strength Cond Res. 2004;18(1):35-47.

22. Matveev LP. Teoría general del entrenamiento deportivo. Barcelona: Paidotribo; 2001.

23. Bompa TO. Treinamento de força levado a sério. 2ª ed. Barueri: Manole; 2004.

24. Marx JO, Ratamess NA, Nindl BC, Gotshalk LA, Volek JS, Dohi K. Low-volume circuit versus high-volume periodized resistance training in women. Med Sci Sports Exerc. 2001;33:635-43.

25. Prestes J, Frollini AB, Borin JP, Moura NA, Júnior NN, Perez SEA. Efeitos de um treinamento de 16 semanas sobre a composição corporal de homens e mulheres. Rev Bras Ativ Fis Saúde. 2006;11(1):p.19-28.

26. Deschenes MR, Kraemer WJ. Performance and physiologic adaptations to resistance training. Am J Phys Med Rehabil. 2002;81:S3-S16.

27. Bompa TO. Periodização: teoria e metodologia do treinamento. 4. ed. São Paulo: Phorte; 2002.

28. Fleck SJ, Kraemer WJ. Fundamentos do treinamento de força muscular. 3. ed. Porto Alegre: Artmed; 2006.

29. Barbanti VJ. Treinamento físico: bases científicas. 3. ed. São Paulo: CRL Balieiro; 2001.

30. Baker D, Wilson G, Carlyon R. Periodization: the effect on strength of manipulating volume and intensity. J Strength Con Res. 1994;8(4):235-42.

31. Foschini DF, Araújo RC, Bacurau RFP, De Piano A, Almeida SS, Carnier J, et al. Treatment of obese adolescents: the influence of periodization models and ACE genotype. Obes Res. 2009;13 [no prelo].

32. Hunter GR, Wetzstein CJ, McLafferty JR, Zuckerman PA, Landers KA, Bamman MM. High-resistance versus variable-resistance training in older adults. Med Sci Sports Exerc. 2001;33(10):1759-64.

33. Kraemer WJ, Häkkinen K, Triplet-McBride T, Fry AC, Koziris LP, Ratamess NA, et al. Physiological changes with periodized resistance training in women tennis players. Med Sci Sports Exerc. 2003;35(1):157-68.

34. McNamara JM, Stearne DJ. Flexible nonlinear periodization in a beginner college weight training class. J Strength Cond Res. 2010;24(1):17-22.

35. Prestes J, Frollini AB, De Lima C, Donatto FF, Foschini D, Marqueti RC. Comparison between linear and daily undulating periodized resistance training to increase strength. J Strength Cond Res. 2009;23(9):2437-42.

36. Brown LE, Greenwood M. Periodization essentials and innovations in resistance training protocols. Strength Cond J. 2005;27(4):80-5.

37. Prestes J, De Lima C, Frollini AB, Donatto FF, Conte M. Comparison of linear and reverse linear periodization effects on maximal strength and body composition. J Strength Cond Res. 2009;23(1):266-74.

38. Souza EO, Ugrinowitsch C, Tricoli V, Roschel H, Lowery RP, Aihara AY, et al. Early adaptations to six weeks of non-periodized and periodized strength training regimens in recreational males. J Sports Sci Med. 2014;13(3):604-9.
39. Harries SK, Lubans DR, Callister R. Systematic review and meta-analysis of linear and undulating periodized resistance training programs on muscular strength. J Strength Cond Res. 2015;29(4):1113-25.
40. Rhea MR. Determining the magnitude of treatment effects in trength training research through the use of the effect size. J Strength Cond Res. 2004;18(4): 918-20.
41. De Lima C, Boullosa DA, Frollini AB, Donatto FF, Leite RD, Gonelli PR, et al. Linear and daily undulating resistance training periodizations have differential beneficial effects in young sedentary women. Int J Sports Med. 2012;33(9):723-7.
42. Peterson MD, Rhea MR, Alvar BA. Applications of the dose-response for muscular strength development: a review of meta-analytic efficacy and reliability for designing training prescription. J Strength Cond Res. 2005;19(4):950-8.
43. Prestes J, Donatto FF, Leite RD, Cardoso LC, Stanganelli LCR. Efeitos do treinamento de força periodizado sobre a composição corporal e níveis de força máxima em mulheres. Rev Bras Educ Fis Esporte Lazer e Dança. 2008;3(3):50-60.
44. Vorobyev AN. A textbook on weightlifting. Budapest: International Weightlifting Federation; 1978.
45. Painter KB, Haff GG, Ramsey MW, McBride J, Triplett T, Sands WA, et al. Strength gains: block versus daily undulating periodization weight training among track and field athletes. Int J Sports Physiol Perform. 2012;7:161-9.
46. Bartolomei, S, Hoffman, JR, Merni, F, and Stout, JR. A comparison of traditional and block periodized strength training programs in trained athletes. J Strength Cond Res. 2014;28(4):990-7.
47. Rønnestad BR, Hansen J, Thyli V, Bakken TA, Sandbakkø. 5-week block periodization increases aerobic power in elite cross-country skiers. Scand J Med Sci Sports. 2015 [in press].
48. Rønnestad BR, Hansen J, Ellefsen S. Block periodization of high-intensity aerobic intervals provides superior training effects in trained cyclists. Scand J Med Sci Sports. 2014;24(1):34-42.

# Suplementação Alimentar para o Treinamento de Força: Novas Evidências

*Jonato Prestes*
*Felipe Fedrizzi Donatto*
*Denis Foschini*
*Ramires Alsamir Tibana*

## Objetivos

- Entender o conceito de nutrição esportiva.
- Compreender o significado de recursos ergogênicos nutricionais e suas classificações.
- Discutir algumas manobras nutricionais para o treinamento de força.
- Apresentar evidências recentes sobre as estratégias nutricionais para maximizar o metabolismo muscular no treinamento de força.
- Discutir a eficiência do uso da suplementação nutricional associado ao treinamento de força.
- Apresentar as principais vias intracelulares de síntese proteica ativadas pelos aspectos nutricionais associados ao treinamento de força.
- Discutir a aplicabilidade dos diferentes aminoácidos para a hipertrofia muscular, entre eles, a leucina.
- Apresentar novos suplementos utilizados para acelerar a recuperação pós-treinamento de força e a hipertrofia muscular.
- Apresentar aplicações práticas do uso de diferentes preparações nutricionais que visam maximizar a hipertrofia e o desempenho muscular.
- Discutir, do ponto de vista prático, como o momento de ingestão alimentar, pré e/ou pós-treinamento de força, pode auxiliar na recuperação e na hipertrofia muscular.
- Discutir a eficiência de alguns recursos ergogênicos nutricionais.

**Palavras-chave:** recursos ergogênicos nutricionais, nutrição esportiva, ingestão pré e pós-treinamento de força, aminoácidos essenciais, leucina, hipertrofia muscular, balanço energético, tamponantes proteicos, creatina, betaína, L-carnitina, arginina, peptídeos, $\beta$-hidroxi $\beta$-metilbutirato (HMB).

## Introdução

A nutrição esportiva é uma área de estudo que envolve o uso de fundamentos nutricionais para melhorar o desempenho físico. Desse modo, na vanguarda dessa linha de estudos, praticantes de treinamento de força e profissionais da área da ciência demonstram interesse em melhorar a qualidade da dieta, pois reconhecem a influência que a nutrição exerce sobre o desempenho e o aumento de massa muscular[1]. Partindo do pressuposto de que o indivíduo está com sua dieta organizada e consome as quantidades adequadas de macro e micronutrientes. Novos compostos têm sido utilizados, atualmente, sem muitas vezes serem testados. Essa ausência de um controle mais preciso vai além da nutrição tradicional e tem o propósito de aumentar o desempenho e melhorar a estética corporal e a saúde.

Em geral, acredita-se que o treinamento e a nutrição afetam o desenvolvimento do músculo esquelético no período de recuperação. Atualmente, aumentou-se o foco sobre a nutrição ótima para aumentar a resposta hipertrófica ao treinamento de força[2].

As substâncias utilizadas para aumentar a resposta fisiológica ao treinamento podem ser classificadas como recursos ergogênicos nutricionais. Do grego *ergon* = trabalho e *gene* = produção, esses compostos proporcionam, em teoria, diferentes aumentos de trabalho, que podem ser de natureza psicológica e/ou muscular. Ao pensar nos efeitos desses recursos, deve-se relacioná-los com o metabolismo muscular predominante da modalidade de exercício em questão, neste caso, o treinamento de força. Assim, sugere-se a classificação dos recursos ergogênicos nutricionais como diretos ou indiretos.

## RECURSOS ERGOGÊNICOS DIRETOS

São aqueles utilizados para melhorar o desempenho durante o exercício físico.

## RECURSOS ERGOGÊNICOS INDIRETOS

São utilizados com a perspectiva de promover proteção contra lesões, rápida recuperação tecidual e melhora do perfil anabólico/catabólico do corpo.

Pela legislação brasileira, a Agência Nacional de Vigilância Sanitária (Anvisa) inclui os ergogênicos como suplementos alimentares na categoria de alimentos utilizados por praticantes de atividade física regulamentados pela Portaria n. 222/98 do Ministério da Saúde. Os suplementos alimentares são classificados em cinco subcategorias de acordo com a finalidade de uso:

1. Repositores hidreletrolíticos.
2. Repositores energéticos.
3. Alimentos proteicos.
4. Alimentos compensadores.
5. Aminoácidos de cadeia ramificada.

Em panorama mundial, há algumas entidades que se posicionam com relação aos suplementos dietéticos e sua eficácia, por exemplo, a Sociedade Internacional de Nutrição Esportiva (ISSN, 2010) que organizou as seguintes categorias:

1. Aparentemente eficaz: suplementos que ajudam as pessoas a terem suas necessidades calóricas gerais atendidas; a maioria dos estudos e das pesquisas em populações relevantes mostra que são eficazes e seguros.
2. Possivelmente eficaz: suplementos com estudos iniciais apoiados em fundamentação teórica, mas que necessitam de mais pesquisas para determinar como eles podem afetar o desempenho físico.
3. Muito cedo para dizer: suplementos baseados em boa teoria, embora não haja pesquisas suficientes para apoiar seu uso corrente.
4. Aparentemente ineficaz: suplementos que não possuem boa fundamentação científica ou pesquisas que claramente demonstrem sua eficácia.

A Tabela 1 sumariza os principais produtos e seu enquadramento em cada categoria de eficácia.

**TABELA 1.** Principais produtos e enquadramento em cada categoria de eficácia

| Categoria | Suplementos para ganho de massa magra | Suplementos para melhora de *performance* |
|---|---|---|
| Aparentemente efetivo e seguro | Suplementos hipercalóricos<br>Creatina<br>Proteína<br>Amino essenciais | Água e bebidas esportivas<br>Carboidratos<br>Creatina<br>Fosfato de sódio<br>Bicarbonato de sódio<br>Cafeína<br>Beta-alanina |
| Possivelmente efetivo | HMB (em população em início de treino)<br>BCAA | Carbo + prot. pós-treino<br>Amino essenciais<br>BCAA<br>HMB<br>Glicerol |
| Muito cedo para dizer | Alfacetoglutarato<br>Alfacetoisocaproato<br>Ecdisteronas<br>Peptídeos secretagogos de GH<br>Ornitina alfacetoglutarato<br>Aspartato de zinco e magnésio | Triglicérides de cadeia média |

*(continua)*

**TABELA 1.** Principais produtos e enquadramento em cada categoria de eficácia *(continuação)*

| Categoria | Suplementos para ganho de massa magra | Suplementos para melhora de *performance* |
|---|---|---|
| Aparentemente inefetivo e/ou perigoso | Glutamina<br>Smilax<br>Sulfopolissacarídeos<br>Boro<br>Cromo<br>Ácido linoleico conjugado<br>Gama orizanol<br>Pró-hormônios<br>*Tribulus terrestris*<br>Vanadil sulfato | Glutamina<br>Ribose<br>Inosina |

BCAA = aminoácidos de cadeia ramificada; HMB = β-hidroxi β-mitilbutirato.

Tendo em vista os possíveis efeitos dos suplementos alimentares e sua grande procura pelos praticantes de treinamento de força, o objetivo deste capítulo é apresentar as novas evidências sobre a suplementação alimentar para hipertrofia muscular e/ou para melhorar o desempenho físico.

## MANOBRAS NUTRICIONAIS PARA O TREINAMENTO DE FORÇA

O primeiro fator que influencia diretamente o desempenho de um praticante de exercício de força com grande volume de treinamento é o balanço energético positivo.

## BALANÇO ENERGÉTICO

O balanço energético pode ser definido como o equilíbrio/desequilíbrio entre a ingestão e o gasto calórico de uma pessoa. Uma ingestão calórica deficiente pode diminuir o poder anabólico do treinamento de força e transformá-lo em um problema. Já foi demonstrada a redução das concentrações de hormônios anabólicos, como a testosterona e o fator de crescimento semelhante à insulina-1 (IGF-1) em indivíduos engajados no treinamento de força com ingestão calórica insuficiente[3]. O aumento da oferta calórica durante o treinamento pode beneficiar o processo de crescimento muscular, e a ingestão de 500-1.000 kcal/dia a mais do que a necessidade diária estipulada parece ser a ideal para manter o balanço calórico positivo[4]. Vale ressaltar que, além da quantidade de calorias ingeridas, a composição da dieta é fundamental para se obter os resultados positivos desejados e que mesmo sem o aumento da oferta calórica o aumento de massa magra pode ocorrer. A Figura 1 apresenta um diagrama generalizado de como a nutrição adequada pré e pós-treinamento de força pode favorecer o ganho de massa muscular.

## RECENTES EVIDÊNCIAS SOBRE AS ESTRATÉGIAS NUTRICIONAIS PARA MELHORAR O METABOLISMO MUSCULAR

As estratégias nutricionais são aplicadas para aumentar as respostas do treinamento de força, por exemplo, o balanço nitrogenado e a ressíntese do glicogênio. A renovação dos estoques de glicogênio muscular, por meio da entrada de glicose e aminoácidos, modula a secreção de insulina, hormônio do crescimento (GH), IGF-1 e testosterona[5]. O aumento da concentração de insulina, glicose e aminoácidos circulantes favorece o músculo esquelético com maior disponibilidade de aminoácidos de cadeia ramificada (BCAA), aumentando assim a complexa síntese de proteínas miofibrilares. As recomendações para ingestão proteica diária, de acordo com os objetivos individuais, são apresentadas na Tabela 2.

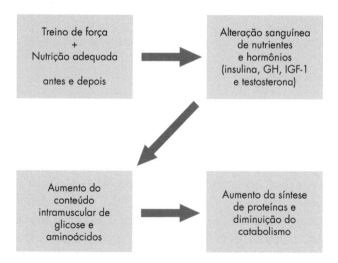

**FIGURA 1.** Representação esquemática de como a nutrição adequada antes e depois do treinamento de força pode favorecer o aumento da síntese proteica, evitar o catabolismo e, em consequência, gerar hipertrofia muscular. GH = hormônio do crescimento; IGF-1 = fator de crescimento semelhante à insulina-1. Adaptado de Volek[5].

## SUPLEMENTAÇÃO ALIMENTAR PARA O TREINAMENTO DE FORÇA: NOVAS EVIDÊNCIAS

**TABELA 2.** Ingestão recomendada de proteína (g/kg) para indivíduos fisicamente ativos e sedentários

| Sedentário | 0,8 |
|---|---|
| Manutenção do ganho de força | 1,2 a 1,4 |
| Ganho de massa muscular e força | 1,6 a 1,8 |
| Treinamento de *endurance* | 1,2 a 1,4 |
| Restrição de peso | 1,4 a 1,8 |

Adaptado de Williams[1].

Com base nessa informação, pode-se imaginar que o estímulo anabólico alcançado com a ingestão de uma bebida que contenha aminoácidos de cadeia ramificada e carboidratos torna o meio intramuscular anabólico, o que favorece a produção de novas proteínas miofibrilares[6,7].

Existem evidências de que a quantidade de aminoácidos essenciais (AAE), que são aqueles que não podem ser produzidos pelo corpo humano, recomendada pela FAO (Food and Agriculture Organization dos Estados Unidos) subestima em cerca de duas vezes sua real necessidade[8,9]. Para investigar as quantidades ideais, Kupard et al.[10] realizaram um estudo com os diferentes AAE e observaram que a leucina, a valina e a isoleucina devem ser oferecidas em 40, 25 e 19 mg/kg/dia, respectivamente. O cálculo foi baseado em pessoas eutróficas e saudáveis. Partindo desse ponto, é preciso realizar alguns esclarecimentos.

Qual o pressuposto da utilização dos aminoácidos para os exercícios de resistência aeróbia?

A resposta para esta questão é que as pessoas engajadas nos exercícios de resistência aeróbia utilizam os aminoácidos para manter o metabolismo energético, principalmente pela oxidação de leucina durante a realização do exercício físico[11]. Greer et al.[12] analisaram os efeitos da ingestão de aminoácidos de cadeia ramificada durante o exercício físico e observaram que uma bebida contendo BCAA na ordem de 2,5 g (leucina 1.220 mg + isoleucina 480 mg + valina 730 mg), ingerida antes e após uma bateria de testes em cicloergômetro, promoveu menores degradação muscular e percepção de dor (Figura 2) e, ainda, aumentou o torque (Figura 3) e a potência muscular.

Não obstante, como o foco deste capítulo é o uso de suplementos alimentares no treinamento de força, surge a pergunta: qual o motivo do uso de aminoácidos essenciais por praticantes de treinamento de força?

Os AAE têm sido utilizados tanto para minimizar o dano muscular, decorrente do treinamento de força com alta intensidade, como para potencializar o processo de hipertrofia muscular.

Com relação ao dano muscular, Friden e Lieber[13] denominam esse processo como danos à fibra muscular que ocorrem após o exercício, sendo atribuídos à desorganização na estrutura das fibras musculares, mais especificamente a ruptura, o alargamento ou o prolongamento da linha Z. De acordo com Foschini, Prestes e Charro[14], o dano muscular também pode ocorrer em outros componentes celulares, como o sarcolema, os túbulos transversos e as próprias miofibrilas, após o treinamento de força. Para maiores detalhes sobre dano muscular, consultar o Capítulo 2.

O uso da suplementação de aminoácidos associados ao treinamento de força é eficiente?

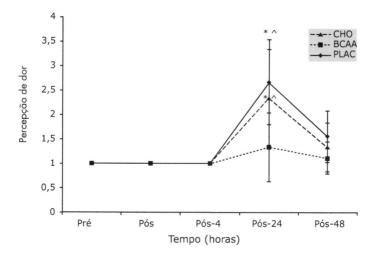

**FIGURA 2.** Média (± desvio-padrão) da percepção de dor. CHO = carboidrato; BCAA = aminoácidos de cadeia ramificada; PLAC = placebo; ^ = Estatisticamente diferente ($p < 0,05$) em relação aos valores pré-exercício; * = Estatisticamente diferente ($P < 0,05$) em comparação com o grupo BCAA. Adaptado de Greer et al.[12].

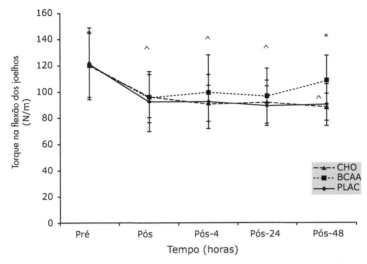

**FIGURA 3.** Média (± desvio-padrão) do torque máximo da flexão dos joelhos. CHO = carboidrato; BCAA = aminoácidos de cadeia ramificada; PLAC = placebo; ^ = todos os pontos estatisticamente diferentes (p < 0,05) em relação ao valor pré-exercício; * = significativamente diferente (p < 0,05) em comparação com os grupos CHO e PLAC. Adaptado de Greer et al.[12].

Para responder a esta questão, serão citados alguns artigos da literatura. Por exemplo, sabe-se que os indivíduos engajados no treinamento de força utilizam os AAE para a reconstrução tecidual após as sessões de treino[15]. Considerando a melhor resposta anabólica, deve-se também levar em conta o momento da ingestão dos AAE, bem como a quantidade a ser consumida no período pós-treino. Tipton et al.[16] compararam a ingestão de AAE imediatamente antes ou depois de uma sessão de treinamento de força. A ingestão de 6 g de AAE + 35 g de carboidratos antes do exercício promoveu maior estímulo da síntese proteica muscular após a sessão de treinamento. Esse efeito pode estar relacionado à elevação da oferta de aminoácidos para o músculo, conforme mostrado na Figura 4, na qual observa-se maior captação do aminoácido fenilalanina pelo músculo da coxa.

Na atualidade, o número de trabalhos que relacionam os efeitos benéficos da utilização dos AAE vem crescendo, sobretudo em função dos resultados apresentados por meio da biologia molecular, sendo que o aminoácido mais estudado é a L-leucina[16]. Antes de discorrer sobre a leucina, é necessário definir o termo nutracêutico, utilizado para designar nutrientes ou substâncias alimentares que podem ter propriedades farmacêuticas quando ingeridos em dosagens apropriadas[1].

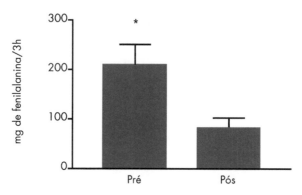

**FIGURA 4.** Captação do aminoácido fenilalanina pela coxa em um período de 3 horas após treinamento de força para os grupos com ingestão de 6 g de aminoácidos essenciais + 35 g de carboidratos imediatamente antes do treinamento de força (pré) e imediatamente após (pós). * = Diferença significativa em relação ao grupo pós ($p = 0,013$). Adaptado de Tipton et al.[16].

A leucina possui efeitos nutracêuticos sobre alvos proteicos da cascata de sinalização da síntese de proteínas miofibrilares, em especial a *mammalian target of rapamyicin* (mTOR), ou alvo da rapamicina em mamíferos, envolvida no mecanismo intracelular de tradução e no consequente crescimento celular/muscular[17,18]. Os hormônios insulina e IGF-1 estimulados pela ingestão alimentar também podem aumentar a ativação da mTOR[19].

Nesse sentido, a nutrição associada à disponibilidade de aminoácidos e à liberação de IGF-1 e insulina foi identificada como fator que exerce um papel permissivo na síntese proteica. Conforme mostrado na Figura 2, os aminoácidos, e em especial a leucina, podem estimular o anabolismo muscular elevando as concentrações plasmáticas de insulina ou agindo de forma direta, independentemente da insulina. A ingestão proteica, mas não na ausência de proteínas (refeição apenas com carboidratos), pode aumentar a fosforilação (ligação a um grupo fosfato) da proteína de ligação inibitória para o eIF-4E (4E-BP1) via de ativação da mTOR, permitindo que a subunidade 4E do fator de iniciação eucariótico (eIF-4E) inicie a síntese de proteínas. A ativação da mTOR promove também a fosforilação da proteína quinase ribossomal (S6k) que, por sua vez, aumenta a síntese proteica.

Em contraste, a ligação da insulina e/ou IGF-1 com seu receptor (IR) ativa a fosfatidilinositol-3-OH quinase (PI3K), que subsequentemente leva a um aumento da fosforilação da proteína quinase B (Akt)[7]. O treinamento de força pode ativar a mTOR de forma direta ou indireta por meio da ativação da via PI3K/Akt, desencadeando os processos intracelulares mencionados anteriormente[20]. Finalmente, a proteína quinase mTOR parece servir como ponto de convergência para a síntese de proteínas sinalizada por Aas, insulina, IGF-1 e treinamento de força[7] (Figura 5).

Por conseguinte, a questão a ser ressaltada é o aproveitamento do momento em que essas vias de sinalização podem ser maximizadas, por exemplo, imediatamente após o treinamento de força, colocando em conjunto os estímulos anabólicos dos aminoácidos e dos hormônios. Quando levados em consideração, esses fatores podem determinar resultados ótimos no aumento de massa muscular.

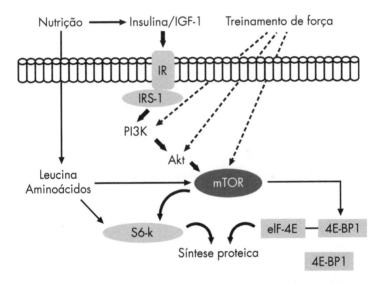

**FIGURA 5.** Integração da sinalização intracelular ativada pelo treinamento de força e os fatores nutricionais que regulam a síntese proteica. Mais detalhes sobre cada passo das vias de sinalização são discutidos no texto. IGF-1 = fator de crescimento semelhante à insulina-1; IR = receptor de insulina; IRS-1 = substrato-1 do receptor de insulina; PI3K = fosfatidilinositol-3-OH quinase; Akt = proteína quinase B; mTOR = alvo da rapamicina em mamíferos; S6-k = proteína quinase S6 ribossomal; eIF-4E = subunidade 4E do fator de iniciação eucariótico; 4E-BP1 = proteína de ligação inibitória para eIF-4E. As setas finas contínuas indicam os estímulos da nutrição, as setas grossas contínuas indicam os estímulos hormonais, as setas tracejadas indicam os estímulos do treinamento de força, e as setas curvilíneas indicam os estímulos da mTOR. Adaptado dos trabalhos de Layman[21], Blomstrand et al.[20], Koopman[7].

Da mesma forma, para alcançar um efeito anabólico, é necessário que a refeição pós-treino tenha a composição adequada de carboidratos e proteínas, da forma mais digerível possível, no intuito de aumentar a velocidade do processo absortivo. Koopman et al.[22] desenvolveram um estudo no qual foi realizado um treinamento de força com homens jovens e idosos. Após 30 minutos do término do protocolo de exercício, foram oferecidos 100 mL de uma bebida contendo apenas 34 g de carboidrato (50% glicose e 50% maltodextrina) ou carboidrato + 11 g de *whey protein* + 2,1 de L-leucina (coingestão de proteína + leucina) para ambos os grupos, com espaço de 7 dias entre os dois tipos de suplementação. O protocolo consistiu em seis séries de 10 repetições no *leg press* horizontal (séries 1-2 repetições a 40%, 3-4 repetições a 55% e 5-6 repetições a 75% de 1RM). As concentrações plasmáticas de insulina foram superiores com a coingestão nos jovens e idosos, bem como a síntese proteica analisada pela cinética de isótopos marcados, 47 e 44%, respectivamente.

A utilização de uma bebida contendo os nutrientes essenciais (carboidratos, proteínas e aminoácidos isolados) antes e após o treinamento pode proporcionar maior ressíntese de glicogênio muscular sinalizado por maior concentração de insulina plasmática e aumento da síntese proteica modulada pela sinalização da mTOR com o uso de *whey protein* e L-leucina[6,7,18]. A Tabela 3 apresenta um resumo dos efeitos da suplementação com carboidratos, proteínas, leucina e a combinação destes sobre a síntese proteica na recuperação após o exercício.

É interessante perguntar: o tempo de ingestão alimentar pré ou pós-treinamento de força influencia no ganho de massa muscular?

A resposta é: provavelmente sim. Esta resposta será justificada, a seguir, com base em alguns trabalhos publicados na literatura e também em aplicações práticas do dia a dia.

Cribb e Hayes[23] testaram o efeito do tempo de ingestão da suplementação sobre a hipertrofia muscular. Um grupo de indivíduos ingeria a suplementação imediatamente antes e após a sessão de treinamento de força, enquanto o outro grupo ingeria o suplemento no café da manhã e à noite antes de dormir, no mínimo 5 horas antes e depois do treinamento de força, respectivamente. Os indivíduos envolvidos no estudo já praticavam treinamento de força há pelo menos 6 meses, 3-5 sessões semanais, e ainda foram submetidos previamente a 8-12 semanas de um treinamento similar ao do estudo para garantir que a hipertrofia não seria decorrente de um novo tipo de treinamento. As intensidades foram organizadas em três ciclos durante

## TABELA 3. Efeitos dos suplementos nutricionais sobre a síntese proteica muscular na recuperação após o exercício

| | Síntese proteica |
|---|---|
| Controle sem exercício | 100% |
| Pós-exercício | 71% |
| Pós-exercício com refeição recuperativa | |
| Refeição completa | 98% |
| Suplementação com carboidratos | 70% |
| Suplementação proteica | 92% |
| Suplementação com leucina | 99% |
| Leucina + carboidratos | 108% |

Adaptado de Layman[21].

10 semanas, fase preparatória (70-75% de 1RM), fase de sobrecarga 1 (80-85% de 1RM) e fase de sobrecarga 2 (90-95% de 1RM). Os dois grupos realizaram uma dieta-padrão com cerca de 43 kcal/kg/dia, 5 g/kg/dia de carboidratos e 1,8 g/kg/dia de proteínas.

A Tabela 4 apresenta a forma de aplicação prática da suplementação utilizada no estudo de Cribb e Hayes[22], levando-se em consideração a dieta utilizada, mencionada anteriormente. Os principais resultados foram: 1) maior aumento de força máxima nos exercícios supino e agachamento; 2) maior aumento na área de secção transversal das fibras do tipo IIA e IIX da coxa; 3) maior aumento de massa magra e 4) maior redução do porcentual de gordura para o grupo que ingeriu a suplementação imediatamente antes e depois do treinamento de força de 10 semanas. Vale ressaltar que a composição corporal foi analisada por absortometria por raio X de dupla energia (DEXA), padrão-ouro para esse tipo de avaliação.

O efeito do tempo de ingestão pós-treinamento de força também foi testado em idosos > 70 anos, que foram submetidos a um treinamento de força para o corpo todo realizado três vezes por semana durante 12 semanas, com intensidade de 8-20RM. Um dos grupos fez a ingestão de um gel de proteínas e carboidratos logo após o treinamento de força, e o outro, só 2 horas após, sendo que, nesse período, não foi ingerido nenhum nutriente. Os resultados mostraram que o grupo que fez a ingestão logo após ganhou 1 kg de massa magra e aumentou a área de secção transversal do quadríceps (Figura 6). Contrariamente, o grupo que realizou ingestão 2 horas após o treinamento perdeu um 1 kg e não aumentou a área de secção transversal muscular[24].

**TABELA 4.** Protocolo do suplemento utilizado no estudo

| Protocolo do suplemento |
|---|
| **1 g/kg suplemento, a ser consumido duas vezes ao dia (só dias de treino)** |
| **Suplemento:** 100 g = 40 g de proteína *whey* isolada, 43 g (CHO, glicose), < 0,5 g de gordura e 7 g de creatina |
| **Aplicação prática para um indivíduo de 80 kg:** 32 g proteína, 34,4 g CHO, < 0,4 g de gordura e 5,3 g de creatina em cada ingestão = 281 kcal |

As dosagens podem ser modificadas de acordo com a massa corporal do indivíduo (verificar o exemplo para um indivíduo de 80 kg). Para encontrar os valores, é preciso calcular com base em 100%, que corresponde a 100 g do suplemento. No caso do indivíduo de 80 kg, basta multiplicar os valores por 0,8. Adaptado de Cribb e Hayes[23].

Com vistas à aplicação prática, o suplemento utilizado tinha as seguintes características: 10 g de proteína (leite e soja), 7 g de carboidratos e 3,3 g de lipídeos, correspondendo a um consumo energético de 105 kcal. Antes da ingestão oral, o gel proteico foi dissolvido em água morna (35°C, aproximadamente).

Entretanto, recentemente, Schoenfeld et al.[25] demonstraram em uma metanálise que o tempo da ingestão proteica (antes ou imediatamente após o treinamento) não apresentou nenhuma influência significativa nos ganhos força e hipertrofia muscular quando comparado ao consumo tardio. Além disso, os autores concluíram que os principais fatores para as adaptações neuromusculares são uma dieta com um consumo adequado de proteínas em combinação com o treinamento de força. De fato, dois estudos recentes[26,27] demonstraram que o consumo de proteína dividido em 4 doses de 20 g durante o dia induziu a uma melhor taxa de síntese proteica associada a uma sessão aguda de treinamento de força (4 séries de 10 repetições com 80% de 1RM com 3 minutos de intervalo entre as séries na cadeira extensora bilateral), quando comparado com o consumo dividido em 2 doses de 40 g e 8 doses de 10 g ao longo do dia. Portanto, esses resultados demonstraram que não necessariamente o tempo de ingestão após uma sessão poderia influenciar a síntese proteica, mas a sua divisão ao longo dia parece ser mais favorável. No entanto, estudos crônicos são necessários para demonstrar se essas respostas agudas podem se transformar em adaptações neuromusculares crônicas.

A Tabela 5 mostra o protocolo de suplementação (aplicação prática) utilizado por Willoughby, Stout e Wilborn[28] comparado a um grupo placebo que ingeriu 40 g de dextrose. Vale ressaltar que a composição da dieta dos participantes deve ser levada em consideração: 4-5 g/kg/dia de carboidra-

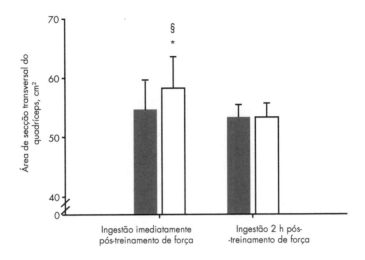

**FIGURA 6.** Área de secção transversal do quadríceps antes e após 12 semanas de treinamento de força no grupo com ingestão imediatamente após o treinamento de força e no grupo com ingestão 2 horas depois. * = Diferença estatisticamente significativa em relação à avaliação pré-treinamento; § = Maior aumento no grupo com refeição logo após comparado ao grupo 2 horas depois. Barras escuras = avaliação antes do treinamento de força; barras claras = avaliação após 12 semanas de treinamento. Adaptado de Esmarck et al.[24].

**TABELA 5.** Protocolo do suplemento

| 500 mL de água 1 hora antes do treino e logo após sua execução |
|---|
| **Suplemento:** 40 g de proteína |
| **28 g de proteína:** 14 g de *whey protein* concentrado, 6 g de *whey protein* isolado, 4 g de proteína do leite isolada e 4 g de caseinato de cálcio |
| **12 g de aminoácidos livres:** 0,22 g de arginina, 0,22 g de histidina, 0,14 g de isoleucina, 6 g de leucina, 0,44 g de lisina, 0,44 g de metionina, 0,20 g de fenilalanina, 0,22 g de valina, 0,12 g de aspartato, 2 g de glutamina e 2 g de tirosina |

Os indivíduos deste estudo eram destreinados em força. Adaptado de Willoughby, Stout e Wilborn[28].

tos, 2 g/kg/dia de proteínas e 1,4 g/kg/dia de lipídios. O treinamento de força de 10 semanas foi composto por quatro sessões semanais, divididas entre membros superiores e inferiores, com intensidades entre 70-95% de 1RM.

Os resultados do estudo de Willoughby, Stout e Wilborn[28] mostraram que o uso da suplementação de proteínas e aminoácidos 1 hora antes do treinamento de força e logo após sua execução induziu a aumentos mais expressivos na massa magra, na expressão gênica de IGF-1 e na cadeia pesada de miosina (MHC) do tipo I, IIA e IIX do que o grupo placebo.

Outro estudo de Kraemer et al.[29] testou o efeito da suplementação com aminoácidos 1 a 2 horas antes de um protocolo de treinamento de força para hipertrofia muscular e logo após sua execução em indivíduos com experiência mínima de 10 anos nesse tipo de treinamento. A ingestão do suplemento de aminoácidos totalizou 0,4 g/kg/dia. Os momentos de consumo do suplemento foram: (1) manhã, (2) tarde, (3) tarde imediatamente após a sessão de treinamento de força e (4) final da tarde. A Tabela 6 apresenta a composição do suplemento que induziu a um ambiente mais anabólico que o grupo placebo, favorecendo o ganho e a manutenção de massa magra.

**TABELA 6.** Composição do suplemento de aminoácidos

| Aminoácido | Por tablete (mg) | Por 100 g (g) |
|---|---|---|
| L-leucina | 250 | 27,2 |
| L-lisina | 130 | 14,1 |
| L-isoleucina | 125 | 13,6 |
| L-valina | 125 | 13,6 |
| L-treonina | 70 | 7,6 |
| L-cisteína | 30 | 3,3 |
| L-histidina | 30 | 3,3 |
| L-fenilalanina | 20 | 2,2 |
| L-metionina | 10 | 1,1 |
| L-tirosina | 6 | 0,7 |
| L-triptofano | 4 | 0,4 |

Adaptado de Kraemer et al.[29].

Até o presente momento, fica claro que o tempo de ingestão após o treinamento de força é um fator determinante para a hipertrofia muscular. Esses resultados podem ser interessantes para praticantes de treinamento de força em academias, fisiculturistas e outras populações interessadas em potencializar o aumento de massa muscular.

Nessa linha de estudos, outros aminoácidos são pesquisados isoladamente e/ou ligados a outro peptídeo, entre eles: L-carnitina L-tartrato, glicina propionil L-carnitina, L-arginina, glicina-arginina β-cetoisocaproato (GAKIC), beta-alanina e betaína, os quais são abordados a seguir.

## Qual o melhor tipo de proteína para o ganho de massa muscular, *whey* ou proteínas de origem vegetal?

O *whey* se difere dos outros tipos de proteínas em virtude da sua rápida absorção e pela maior quantidade de AAE, que é um dos requisitos para estimular a síntese proteica no músculo esquelético[30]. Quando comparado à proteína de soja, o *whey* possui aproximadamente 50% mais aminoácidos de cadeia ramificada – leucina, isoleucina e valina.

Recentemente, Volek et al. (2013)[31] analisaram as alterações na composição corporal (DEXA) em homens e mulheres (18-35 anos) destreinados após 9 meses de treinamento de força (periodização não linear com intensidades que variaram de acordo com a zona de treinamento) com a suplementação de *whey* (~22 g/dia), proteína de soja (~22 g/dia) ou placebo (carboidrato). Os autores relataram que a suplementação diária com *whey* foi mais efetiva nos ganhos de massa magra (3,3 ± 1,5 kg) quando comparada com a suplementação de carboidrato (2,3 ± 1,7 kg) e proteína de soja (1,8 ± 1,6 kg) após os 9 meses de treinamento de força (Figura 7). Além disso, a concentração de leucina em jejum foi significativamente maior (~20%) no grupo *whey*, o que foi correlacionado com ganhos crônicos de massa magra. Adicionalmente, no pós-exercício, o aumento foi cerca de duas vezes maior quando comparado à suplementação de carboidrato e proteína de soja.

Não obstante, Kraemer et al. (2013)[32] investigaram os efeitos da suplementação da proteína de soja e *whey* (durante 14 dias) e a resposta da testosterona e do cortisol após uma sessão aguda de treinamento de força no agachamento livre (6 séries de 10 repetições com 80% de 1RM) em 10 homens jovens treinados (21,7 ± 2,8 anos). Os autores constataram que a suplementação de proteína da soja durante 14 dias diminui agudamente a produção da testosterona após o treinamento no agachamento livre, enquanto nos indivíduos que foram suplementados com o *whey* houve diminuição na produção do hormônio catabólico cortisol.

O estudo de Joy et al.[33] comparou os efeitos da suplementação de proteína do arroz e *whey protein* sobre o desempenho muscular e a composição corporal de homens treinados. Os voluntários treinaram durante 8 semanas (3 vezes por semana/3 séries/8-12 repetições máximas para dias de hipertrofia/2-5 repetições máximas para dias de força) e suplementaram apenas nos dias de treinamento (48 g de proteína de soja ou *whey protein*) logo após a sessão. Os resultados encontrados demonstraram que ambos os grupos aumentaram a massa magra, a força e a potência muscular, bem como reduzi-

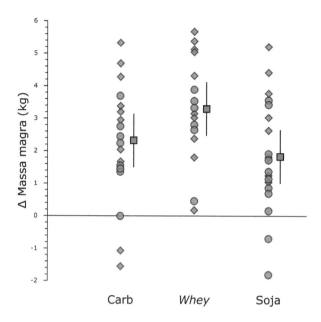

**FIGURA 7.** Alteração individual na massa livre de gordura após 9 meses de treinamento de força nos indivíduos suplementados com carboidrato, whey e proteína de soja. Carb = carboidrato.

ram a massa gorda, mas sem diferenças entre os grupos. Os resultados sugerem que as diferenças na composição da proteína são menos importantes quando ela é consumida em doses que proporcionam a quantidade recomendada de aminoácidos essenciais ao longo da periodização do treinamento.

Similarmente, Babault et al.[34] compararam os efeitos do consumo da proteína de ervilha (n = 53), *whey protein* (n = 54) (25 g duas vezes ao dia durante todo o programa de treinamento) ou placebo (n = 54) sobre os ganhos de força e hipertrofia após 12 semanas de treinamento de força em homens destreinados. É interessante notar que os resultados demonstraram que os ganhos no volume muscular do bíceps foram significativos apenas na comparação entre o grupo de suplementação com proteína de ervilha e o placebo (20,2 ± 12,3 *vs.* 8,6 ± 7,3 mm), além disso não foram observadas diferenças entre o grupo da suplementação de *whey protein* (15,6 ± 13,5 mm) e os outros dois grupos. A força muscular aumentou independentemente da fonte proteica utilizada.

# L-CARNITINA

Existem novas evidências sobre a utilização da L-carnitina associada ao treinamento de força. Volek et al.[35] observaram que a suplementação de L--carnitina L-tartrato (LCLT) foi benéfica na proteção do tecido muscular contra a hipóxia ocorrida durante o treinamento de força, evidenciado por menor acúmulo de marcadores do estresse oxidativo, dano tecidual e dor muscular. A dosagem utilizada pelos autores foi de 2 g de L-carnitina/dia, durante 3 semanas. Os indivíduos executaram cinco séries de 15-20 repetições no agachamento guiado com uma intensidade de 50% de 1RM. Mais detalhes sobre modelos de treinamento de resistência muscular e teste de carga máxima foram apresentados no Capítulo 1. Com o objetivo de testar a melhor dose-resposta de LCLT, Spiering et al.[36] utilizaram esse mesmo protocolo de treinamento de resistência de força e observaram que as doses de 1 e 2 g/dia são eficientes para minimizar o dano muscular e o estresse oxidativo gerados pelo treinamento.

Os efeitos anticatabólicos da LCLT foram estudados por Kraemer et al.[37]. Estes pesquisadores mensuraram a quantidade de receptores androgênicos no músculo esquelético de indivíduos submetidos ao treinamento de força e concluíram que existe maior ação tecidual de testosterona e, também, um aumento superior na quantidade de receptores androgênicos com a utilização de LCLT. Para aplicação prática, os autores utilizaram cápsulas contendo 500 mg de L-carnitina e 236 mg de L-tartrato. Os indivíduos foram instruídos a ingerir duas cápsulas no café da manhã e duas no almoço, totalizando uma dose de 2 g/d de L-carnitina durante 21 dias.

## ARGININA

O aminoácido L-arginina é um secretagogo (substância que modula a produção de hormônios) de vários hormônios, como a insulina, a adrenalina, o glucagon e o hormônio do crescimento, sendo possível encontrar influências positivas na captação de glicose muscular, no crescimento de capilares, na produção de óxido nítrico (NO) e no aumento da sensibilidade à insulina, quando administrada de forma intravenosa[38].

Apesar de a literatura demonstrar resultados conflitantes com relação à melhora do desempenho físico com a suplementação oral de L-arginina, algumas propostas para a utilização dos peptídeos com L-arginina estão sendo realizadas. Por exemplo, em um estudo que utilizou L-arginina α-cetoglutarato (LAAC), Campbell et al.[39] suplementaram 20 homens com 12 g/dia do dipeptídeo, desenvolvendo um treinamento de força durante 8 semanas. O treinamento de força foi periodizado para a hipertrofia com quatro sessões/semana dividido em treino para membros superiores e inferiores. Em cada exercício, eram realizadas três séries de 10 repetições (semanas 1-4) ou 8 repetições (semanas 4-8) feitas até a falha concêntrica. Para mais informações sobre montagem de programas e periodização do treinamento de força, ler os Capítulos 4 e 5.

Não foi observada nenhuma diferença significativa na massa muscular, na gordura corporal e na capacidade aeróbia. Entretanto, quando os mesmos indivíduos foram submetidos a um teste anaeróbio de *Wingate*, constatou-se um aumento importante da potência do grupo que recebeu o LAAC em comparação ao grupo-controle (Figura 8). Segundo os autores, a menor produção de amônia intramuscular poderia explicar os melhores resultados.

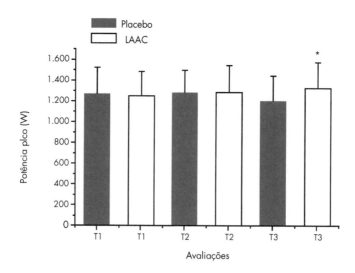

**FIGURA 8.** Índice de potência no teste anaeróbio de *Wingate*. *LAAC maior que o placebo em T3 ($p < 0,05$). Resultados apresentados pela média ± desvio-padrão da média. LAAC = L-arginina α-cetoglutarato; T1 = avaliação inicial; T2 = avaliação após 4 semanas de treinamento de força e T3 = avaliação após 8 semanas de treinamento de força. Adaptado de Campbell et al.[39].

## Peptídeos

Os peptídeos são compostos resultantes da união entre dois ou mais aminoácidos e também têm sido estudados. Foi desenvolvido um tripeptídeo com glicina, arginina e α-cetoisocaproato (GAKIC), cujo propósito seria melhorar a capacidade anaeróbia muscular. Buford e Koch[40] e Stevens et al.[41] suplementaram homens com GAKIC e os submeteram ao teste de *Wingate*. Em ambos os trabalhos, foi observada a manutenção da potência dos grupos que receberam o suplemento. Em função disso, os autores relataram que o GAKIC tem efeito similar ao da creatina, sem a necessidade do protocolo de saturação, pois o efeito do composto é praticamente imediato. Entretanto, a literatura possui poucos trabalhos que fizeram o uso desse suplemento, sendo necessários maiores esclarecimentos com relação aos seus efeitos metabólicos.

## Creatina

Entre os vários tipos de recursos ergogênicos nutricionais, a creatina é utilizada com o objetivo de aumentar o desempenho físico e a massa magra, auxiliar a recuperação de praticantes de modalidades de força e velocidade, bem como retardar o processo de fadiga[42].

A combinação polipeptídica entre glicina, arginina e metionina tem como resultado em seu metabolismo final a produção da creatina, conhecida também como ácido metilguanidina – acético[43]. Sua síntese acontece em duas etapas: a primeira, no rim, no qual a glicina e a arginina são transformadas com base na enzima transaminidase, dessa forma a creatina circula até o fígado para receber um grupo metil, oriundo do aminoácido metionina[44]. Em um homem de 70 kg, a quantidade total de creatina corporal é de aproximadamente 120 g, sendo encontrada principalmente na forma fosforilada nos músculos esqueléticos (95%) e no plasma (50-100 mmol/L), ao passo que a excreção diária é de aproximadamente 2 g na forma de creatinina[45]. A creatina pode ser encontrada em produtos de origem animal, principalmente em peixes e na carne vermelha, na ordem de 2 a 5 g em 1 kg, dependendo da fonte alimentar[46].

Na literatura, existem diferentes protocolos para o uso da creatina, porém o mais comum é o método de saturação (sobrecarga)[47-49]. A captação da creatina pelas células musculares é um processo que ocorre de forma ativa contra o gradiente de concentração (transportador sódio-dependente), possivelmente envolvendo sítios específicos da membrana que reconhecem parte da molécula da creatina[50].

Atualmente, com os avanços da biologia molecular, alguns novos mecanismos estão sendo descobertos no que se refere à creatina e ao metabolismo muscular. Por exemplo, Olsen et al.[51] encontraram aumentos na quantidade de células satélites e mionúcleos em indivíduos que receberam creatina durante 16 semanas de treinamento de força, demonstrando diferenças significativas perante o grupo controle. Vale ressaltar que os aumentos no grupo creatina ocorreram na quarta semana de treinamento, enquanto o grupo controle exibiu aumentos nas variáveis somente na última semana. A suplementação consistiu de quatro doses de 6 g durante os primeiros 7 dias. Após este período de sobrecarga, o suplemento foi ingerido apenas uma vez ao dia nas 15 semanas restantes. As doses de 6 g de creatina foram associadas a 14 g de carboidratos.

Jonhson et al.[52] utilizaram a suplementação de creatina (20 g/dia por 6 dias) em 18 homens e mulheres e realizaram a medida de trabalho muscular concêntrico e excêntrico no teste de extensão bilateral até a exaustão. Foi observado um aumento de 25% nos homens e 15% nas mulheres no trabalho muscular para o membro inferior dominante. Em outro estudo, realizado com 23 homens treinados submetidos à suplementação de creatina e treinamento de força periodizado para flexores de cotovelo, foi observado aumento significativo no teste de 1RM e na massa magra após 6 semanas[53]. Os aumentos na massa corporal por meio da suplementação de creatina relatados na literatura são de 1 a 2 kg[54,55]. Este aumento da massa corporal pode ser explicado pela retenção hídrica[56], pela melhora do balanço nitrogenado em longo prazo observada em levantadores de peso[57] e, também, pelo aumento na proliferação de células satélites[51].

Com o aumento da comercialização do produto no mercado de suplementos, as empresas buscam diferenciar as formas da creatina disponíveis no mercado. Na maioria das vezes, observa-se a utilização da creatina mono-hidratada como fonte do produto. Entretanto, existe também a creatina metilester que, segundo os fabricantes, possui uma composição esterificada que proporciona maior biodisponibilidade corporal, bem como maior absorção pelo sarcolema. Para testar a diferença entre a creatina mono-hidratada e a metilester, Spillane et al.[58] randomizaram um grupo de pessoas destreinadas e associaram a suplementação dos dois produtos com o treinamento de força durante 7 semanas. Segundo os autores, as duas formas de creatina resultaram em aumento de força e massa magra sem diferença entre os grupos. Apesar de ainda não existirem muitas evidências para uma afirmação concreta, ao que parece, a superioridade da creatina metilester em relação à mono-hidratada ainda não encontra respaldo na literatura.

## BETAÍNA

A betaína é um trimetil metabólito do aminoácido glicina que pode ser produzido de forma endógena com a oxidação de componentes que contêm colina[59]. Dependendo da dieta do indivíduo, é possível consumir de 1 a 2,5 g, quando associada à ingestão de trigo, beterraba, espinafre e frutos do mar[60]. A suplementação de betaína tem sido estudada para melhorar o funcionamento fisiológico de pacientes acometidos por doenças cardiovasculares, visto que o nutriente possui propriedades anti-inflamatórias[61] e também pode reduzir a quantidade de homocisteína plasmática (que facilita a formação de coágulos e agrava as complicações cardiovasculares)[62]. A betaína tem ainda outra função fisiológica importante, a osmorregulação celular, pois hidrata as células, aumentando sua quantidade de água[63]. Nesse sentido, um dos principais atrativos da betaína é que, no músculo esquelético, ela pode servir como fonte de radical metila para o guanidinoacetato por meio da metionina e, em consequência, produzir creatina[64].

Atualmente, existem poucos estudos com o propósito de testar a betaína em humanos engajados no treinamento de força. Hoffman et al.[65] propuseram uma suplementação aguda de betaína (2,5 g/dia) durante 15 dias para avaliar a potência e o índice de fadiga de homens jovens. Segundo os autores, a suplementação aguda de betaína é similar à suplementação de creatina. Os resultados obtidos demonstraram que a betaína aumentou o número de repetições no exercício de agachamento (Figura 9) e a qualidade da realização das repetições. Não houve diferença na potência entre o grupo placebo e o grupo suplementado com betaína.

É claro que mais estudos relacionados ao treinamento de força e de potência devem ser realizados para que se possa avaliar a eficácia da betaína.

## β-HIDROXI β-METILBUTIRATO

A utilização do metabólito da L-leucina, o β-hidroxi β-metilbutirato (HMB), é extensa entre os praticantes de treinamento de força e fisiculturistas. Em primeiro lugar, deve-se conhecer um pouco mais o metabolismo corporal dessa substância. O aminoácido L-leucina é o precursor inicial do HMB,

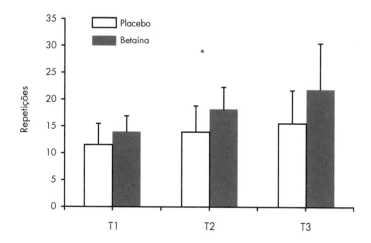

**FIGURA 9.** Número total de repetições realizadas no agachamento com 75% de uma repetição máxima (1RM). Os resultados estão apresentados em média ± desvio-padrão da média. *Diferença significativa (p < 0,05) entre o grupo betaína e placebo. T1, T2 e T3 = teste realizado em 3 dias diferentes separados por 7 dias entre cada teste. Adaptado de Hoffman et al.[65].

pois no músculo esquelético é convertido em alfacetoisocaproato (KIC); após essa reação, o KIC é convertido em isovaleril-CoA pela enzima mitocondrial alfacetoácido desidrogenase. Paralelamente, outra via metabólica também acontece no citosol celular, no qual o KIC será transformado em HMB, por meio da enzima alfa cetoisocaproato dioxigenase. A conversão de KIC em HMB acontece em menor escala (5%). Ao que parece, para se chegar a 3 g de HMB, são necessários 60 g de L-leucina[66].

Conforme mostrado na Figura 9, o efeito mais aclamado do HMB é o de ser anticatabólico[67]. Os efeitos são quantificados com base em enzimas relacionadas com a microlesão muscular, como a creatina quinase, e também por medidas indiretas de dor muscular tardia[68] em indivíduos engajados no treinamento de força e na resistência aeróbia.

Os mecanismos pelos quais o HMB age sobre o metabolismo muscular ainda geram dúvidas entre os pesquisadores. Uma parcela acredita na melhora da integridade da bicamada lipídica celular, o que reduziria a lesão do sarcolema. Por outro lado, acredita-se na existência de uma interação positiva do HMB com a mTOR[66] (Figura 10). Outra dúvida é sobre o efeito do HMB em indivíduos treinados, pois existem evidências de que o efeito seja maior em iniciantes na prática do exercício físico[69].

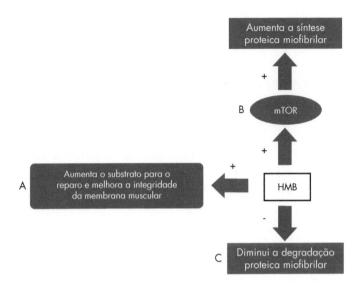

**FIGURA 10.** Possíveis mecanismos de ação do β-hidroxi β-metilbutirato (HMB). (A) aumento da integridade da membrana muscular, (B) aumento da síntese proteica via ativação do alvo da rapamicina em mamíferos (mTOR) e (C) redução da degradação proteica. Adaptado de Wilson, Wilson e Manninen[66].

Em ratos, foram demonstradas evidências positivas do HMB no câncer, com a perspectiva de diminuir os efeitos deletérios da perda de massa corporal (caquexia)[70]. A dose usualmente utilizada é de cerca de 380 mg/kg ou 3 g, aproximadamente[67,71].

## TAMPONANTES PROTEICOS

### BETA-ALANINA

Atualmente, o uso do dipeptídeo β-alanil-L-histidina[72], também chamado de carnosina, vem sendo preconizado como tamponante durante os exercícios de alta intensidade. O composto é encontrado naturalmente no músculo esquelético e pode ser obtido com o consumo de peito de frangos e galinhas. Susuki et al.[73] analisaram o efeito das concentrações musculares de carnosina sobre o desempenho em exercícios de alta intensidade. Segundo os autores, houve relação significativa entre a concentração de carnosina e o aumento na produção de potência no teste máximo de 30 segundos em cicloergômetro.

Em teoria, a elevação das concentrações de carnosina (via beta-alanina) poderia aumentar a capacidade de tamponamento e o tempo até a chegada da fadiga. Maemura et al.[74] suplementaram 16 homens saudáveis com 200 mL de extrato de peito de frango contendo 4 g de carnosina durante 30 dias. Após o protocolo de suplementação, os sujeitos foram submetidos a uma bateria de testes a fim de se avaliar o tempo de realização de exercício a 100% do consumo máximo de oxigênio ($VO_2$máx) e dosagens plasmáticas. Os sujeitos que receberam o suplemento exibiram menor concentração de lactato e percepção subjetiva de esforço. Não obstante, del Favero et al.[75] demonstraram que a suplementação de beta-alanina (3,2 g/duas vezes ao dia) durante 12 semanas em idosos (60-80 anos) foi capaz de aumentar o conteúdo muscular de carnosina (+ 85,4% *vs.* 7,2% no músculo gastrocnêmico), o tempo de exaustão em exercício de carga constante (+ 36,5% *vs.* + 8,6%) e o tempo de exaustão no teste incremental (+ 12,2% *vs.* 0,1%) quando comparado ao grupo placebo.

## BICARBONATO DE SÓDIO

Durante o exercício de alta intensidade, a elevada concentração de íons $H^+$ tem sido apontada como uma das principais causas da fadiga muscular[76]. A diminuição do pH intramuscular está relacionada a uma série de eventos que prejudicam o processo de contração-relaxamento muscular e de obtenção de energia[76]. Nesse sentido, vários estudos têm pesquisado a ação ergogênica de substâncias alcalinas em atividades de alta intensidade e curta duração[77]; Carr et al., 2012;[78]. O aumento do pH sanguíneo causado pela alcalose proporcionaria um retardo no aparecimento da fadiga e a melhora do desempenho em exercícios com essa característica.

Recentemente, Duncan et al.[79] investigaram o efeito agudo da suplementação de bicarbonato de sódio ($NaHCO_3$) (0,3 g/kg – solução 5 mL de água por kg de peso corporal, por exemplo em um indivíduo de 100 kg daria 500 mL) 1 hora antes do exercício sobre a *performance* e a percepção subjetiva de esforço no agachamento livre e no supino reto (3 séries com 80% de 1RM até a falha concêntrica) em homens treinados. Com o bicarbonato de sódio, os participantes realizaram mais repetições no agachamento (31,3 ± 15,3) quando comparado à condição placebo (24,6 ± 16,2), sem diferenças em relação ao supino reto. Além disso, houve uma diminuição significativa do pH após a suplementação com placebo quando comparado a suplementação de bicarbonato de sódio. Similarmente, Carr et al. (2012)[78] demonstraram que a suplementação com bicarbonato de sódio (0,3 g/kg – 60 minutos antes) foi capaz de aumentar o número de repetições realizadas no treinamento de força (agachamento, *leg press* e cadeira extensora com 4 séries de 10-12 repetições máximas) quando comparado com a condição placebo (139,8 ± 13,2 *vs.* 134,4 ± 13,5 repetições totais de todos os exercícios, respectivamente). Além disso, a suplementação com bicarbonato foi efetiva na preservação da queda do pH quando comparada com a do placebo.

## Cafeína

Uma das substâncias ergogênicas mais consumidas é a cafeína, que tem demonstrado um papel positivo durante o exercício em virtude, principalmente, da sua ação estimulante sobre o sistema nervoso central. Pesquisas têm demonstrado que a cafeína reduz a sensação de dor por meio dos seus efeitos antagonistas sobre os receptores de adenosina. A cafeína exerce um efeito direto via bloqueio dos receptores (A2A) periféricos sobre os neurônios aferentes sensoriais e/ou via bloqueio central dos receptores de adenosina (A2B) que influenciam na sinalização da dor[80]. Além disso, a ingestão de cafeína pode propiciar um aumento na força pelo efeito direto sobre o músculo (por exemplo, na manutenção da homeostase de eletrólitos ou na melhora da liberação de $Ca^{2+}$ do retículo sarcoplasmático[81] ou por um efeito sobre o sistema nervoso central, por exemplo, aumentando o recrutamento de unidades motoras[82].

Duncan et al.[83] investigaram o efeito agudo do consumo de cafeína (5 mg/kg – 60 minutos antes da sessão de treino) sobre o número de repetições, percepção subjetiva de esforço e percepção de dor muscular durante o treinamento de força realizado até a falha concêntrica. Foram avaliados 11 indivíduos (9 homens e 2 mulheres) treinados (~9 anos de experiência). A sessão do treinamento de força foi realizada com uma série a 60% de 1RM até a falha concêntrica com 3 minutos de recuperação entre os exercícios: supino reto, levantamento terra, remada curvada e agachamento. Os resultados obtidos demonstraram que o consumo de cafeína aumentou o número de repetições, diminuiu a percepção subjetiva de esforço e a percepção de dor muscular.

Similarmente, Duncan et al.[84] demonstraram que o consumo de 5 mg/kg de cafeína em jovens moderadamente treinados foi capaz de aumentar o número de repetições realizadas no supino reto com 60% de 1RM, o volume total de treino e o vigor ao treinamento quando comparado ao treinamento com a ingestão de placebo. Não obstante, Hurley et al.[85] analisaram o efeito do consumo de 5 mg/kg de cafeína sobre o desempenho muscular no exercício de rosca bíceps (60% de 1RM, 5 séries) e a dor muscular de início tardio em jovens moderadamente treinados. Os autores relataram que o número de repetições realizadas na última série foi maior após o consumo de cafeína quando comparado ao consumo de placebo, além disso um consumo contínuo de café nos dias subsequentes propiciou menor dor muscular de início tardio (dias 2 e 3 após a sessão experimental) quando comparado ao consumo de placebo.

Como aplicação prática, fica evidente na literatura que o consumo de cafeína (3-9 mg/kg) pode propiciar maior desempenho durante o treinamento de força, com menor percepção subjetiva de esforço e atenuada dor muscular de início tardio. Vale ressaltar que a cafeína em altas doses pode trazer alguns efeitos indesejados, como: náuseas, taquicardia, insônia, entre outros. Deve-se procurar um médico e/ou nutricionista para adequação do suplemento ao plano nutricional. Em treinos com diferentes características e/ou não realizados até a falha concêntrica e em indivíduos com diferentes graus de treinamento, o resultado pode ser diferente. A Figura 11 apresenta alguns mecanismos propostos para os efeitos ergogênicos da cafeína durante o treinamento de força.

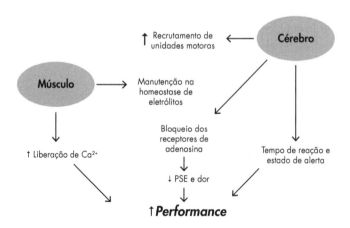

**FIGURA 11.** Possíveis mecanismos dos efeitos ergogênicos da cafeína durante o treinamento de força. PSE = percepção subjetiva de esforço.

## Adenosina Trifosfato

A adenosina trifosfato (ATP) é um nucleotídeo responsável principalmente pelo armazenamento de energia em suas ligações químicas. Estudos recentes têm demonstrado que o ATP possui funções extracelulares importantes que são principalmente mediadas por meio dos receptores de membrana purinérgicos (P2Y e P2X) ubíqua presente em muitos tipos de células. Uma das funções extracelulares mediadas pela ATP inclui a modificação de excitabilidade muscular via aumento da permeabilidade de cálcio no músculo esquelético e bloqueio do efluxo de cloreto, bem como a vasodilatação.

O estudo de Wilson et al.[86] analisou a efetividade da suplementação de ATP (400 mg/dia) durante 12 semanas associada ao treinamento de força sobre os ganhos de espessura muscular, potência e força em homens treinados. De acordo com os resultados, quando comparado ao placebo, o grupo suplementado com ATP apresentou um aumento na força (55,3 ± 6,0 kg vs. 22,4 ± 7,1 kg), aumento na potência do salto vertical (796 ± 75 vs. 614 ± 52 W) e aumento no volume muscular (4,9 ± 1,0 vs. 2,5 ± 0,6 mm). No entanto, os autores não investigaram se as adaptações neuromusculares estariam relacionadas ao aumento do conteúdo de ATP intramuscular ou por suas funções extracelulares.

Não obstante, Jordan et al.[87] também demonstraram que em homens treinados a suplementação de ATP (225 mg) durante 14 dias foi capaz de aumentar o 1RM no supino, o número de repetições (~3 repetições) e o volume total de treino (~704 kg) quando comparado ao grupo sem suplementação. É interessante que os autores não observaram alterações na quantidade de ATP no sangue total nem no plasma, além disso não avaliaram a concentração de ATP intramuscular. Portanto, estudos adicionais são necessários para elucidar os mecanismos responsáveis pelo aumento na força e na resistência muscular propiciada pela suplementação de ATP.

## Referências Bibliográficas

1. Williams M. Nutrição para saúde, condicionamento & desempenho esportivo. Barueri: Manole, 2002.
2. Andersen LL, Tufekovic G, Zebis MK, Crameri RM, Verlaan G, Kjaer M, et al. The effect of resistance training combined with timed ingestion of protein on muscle fiber size and muscle strength. Metab Clin Exp 2005;54:151-6.

3. Prestes J, Donatto F, Figueira JRA, Ferreira CKO, Foschini D, et al. Efeitos do fator de crescimento insulínico-I sobre o músculo esquelético e suas relações com o exercício. Rev Bras Ciênc Mov 2006;4(3):97-104.
4. Manore M. Exercise and the Institute of Medicine Recommendations for Nutrition. Curr Sports Med Rep 2005;4(4):193-8.
5. Volek JS. Influence of nutrition on responses to resistance training. Med Sci Sports Exerc 2004;36(4):689-96.
6. Crowe MJ, Jarrad ÆN, Weatherson B, Bowden F. Effects of dietary leucine supplementation on exercise performance. Eur J Appl Physiol 2006;97:664-72.
7. Koopman R. Role of amino acids and peptides in the molecular signaling in skeletal muscle after resistance exercise. Int J Sport Nutr Exerc Metab 2007;17:S47-S57.
8. Young VR, Bier DM, Pellett PL. A theoretical basis for increasing current estimates of the amino acid requirements in adult men with experimental support. Am J Clin Nutr 1989;50:80-92.
9. Young VR, Marchini JS. Mechanisms and nutritional significance of metabolic responses to altered adaptation in humans. Am J Clin Nutr 1990;51:270-89.
10. Kurpad AV, Regan MM, Raj T, Gnanou JV. Branched-chain amino acid requirements in healthy adult human subjects. J Nutr 2006;136:256S-263S.
11. Tarnopolsky MA. Protein requirements for endurance exercise. Nutrition 2004;20: 662-8.
12. Greer BK, Woodard JL, White JP, Arguello EM, Haymes EM. Branched-chain amino acid supplementation andiindicators of muscle damage after endurance exercise. Int J Sport Nutr Exerc Metab 2007;17:595-607.
13. Friden J, Lieber RL. Structural and mechanical basis of exercise-induced muscle injury. Med Sci Sports Exerc 1992;24:521-30.
14. Foschini D, Prestes J, Charro MA. Relação entre exercício físico, dano muscular e dor muscular de início tardio. Rev Bras Cineantropom Desempenho Hum 2007;9(1): 101-6.
15. Phillips SM. Protein requirements and supplementation in strength sports. Nutrition. 2004;20(7-8):689-95.
16. Tipton KD, Rasmussen BB, Miller SL, Wolf SE, Owens-Stovall SK, Petrini BE, et al. Timing of amino acid-carbohydrate ingestion alters anabolic response of muscle to resistance exercise. Am J Physiol Endocrinol Metab 2001;281:E197-E206.
17. Lee CH, Inoki K, Guan KL. mTOR pathway as a target in tissue hypertrophy. Annu Rev Pharmacol Toxicol 2007;47(1):443-67.
18. Zanchi NE, Nicastro H, Lancha Jr AH. Potential antiproteolytic effects of L-leucine: observations of *in vitro* and *in vivo* studies. Nutr Metab 2008;5(20).

19. Kimball SR, Jefferson LS. Regulation of protein synthesis by branched-chain amino acids. Curr Opin Clin Nutr Metab Care 2001;4:39-43.

20. Blomstrand E, Eliasson J, Karlsson HKR, Köhnke R. Branched-chain amino acids activate key enzymes in protein synthesis after physical exercise. J Nutr 2006;136:269S--273S.

21. Layman DK. Role of leucine in protein metabolism during exercise and recovery. Can J Appl Physiol 2002;27(6):646-63.

22. Koopman R, Verdijk L, Manders RJF, Gijsen AP, Gorselink M, Pijpers E, et al. Co-ingestion of protein and leucine stimulates muscle protein synthesis rates to the same extent in young and elderly lean men. Am J Clin Nutr 2006;84:623-32.

23. Cribb PJ, Hayes A. Effects of supplement timing and resistance exercise on skeletal muscle hypertrophy. Med Sci Sports Exerc 2006a;38(11):1918-25.

24. Esmarck BL, Andersen J, Olsen S, Richter EA, Mizuno M, Kjaer M. Timing of post exercise protein intake is important for muscle hypertrophy with resistance training in elderly humans. J Physiol 2001;535:301-11.

25. Schoenfeld BJ, Aragon AA, Krieger JW. The effect of protein timing on muscle strength and hypertrophy: a meta-analysis. J Int Soc Sports Nutr 2013;10(1):53.

26. Areta JL, Burke LM, Ross ML, Camera DM, West DW, Broad EM, et al. Timing and distribution of protein ingestion during prolonged recovery from resistance exercise alters myofibrillar protein synthesis. J Physiol 2013;591(Pt 9):2319-31.

27. Moore DR, Areta J, Coffey VG, Stellingwerff T, Phillips SM, Burke LM, et al. Daytime pattern of post-exercise protein intake affects whole-body protein turnover in resistance-trained males. Nutr Metab (Lond) 2012;16;9(1):91.

28. Willoughby DS, Stout JR, Wilborn CD. Effects of resistance training and protein plus amino acid supplementation on muscle anabolism, mass, and strength. Amino Acids 2007;32(4):467-77.

29. Kraemer WJ, Ratamess NA, Volek JS, Hakkinen K, Rubin MR, French DN, et al. The effects of amino acid supplementation on hormonal responses to resistance training overreaching. Metabolism 2006;55(3):282-91.

30. Rasmussen BB, Tipton KD, Miller SL,Wolf SE,Wolfe RR. An oral essential amino acid--carbohydrate supplement enhances muscle protein anabolism after resistance exercise. J Appl Physiol 2000;88:386-92.

31. Volek JS, Volk BM, Gómez AL, Kunces LJ, Kupchak BR, Freidenreich DJ et al. Whey protein supplementation during resistance training augments lean body mass. J Am Coll Nutr. 2013;32(2):122-35.

32. Kraemer WJ, Solomon-Hill G, Volk BM, Kupchak BR, Looney DP, Dunn-Lewis C, Comstock BA, et al. The effects of soy and whey protein supplementation on acute hormonal reponses to resistance exercise in men. J Am Coll Nutr. 2013;32(1):66-74.

33. Joy JM, Lowery RP, Wilson JM, Purpura M, De Souza ED, Wilson SM, et al. The effects of 8 weeks of whey or rice protein supplementation on body composition and exercise performance. Nutr J 2013;12:86.
34. Babault N, Païzis C, Deley G, Guérin-Deremaux L, Saniez MH, Lefranc-Millot C, et al. Pea proteins oral supplementation promotes muscle thickness gains during resistance training: a double-blind, randomized, Placebo-controlled clinical trial vs. Whey protein. J Int Soc Sports Nutr 2015;21;12(1):3.
35. Volek JS, Kraemer WJ, Rubin MR, Gomez AL, Ratamess NA, Gaynor P. L-carnitine L-tartrate supplementation favorably affects markers of recovery from exercise stress. Am J Physiol Endocrinol Metab 2002;282:E474-E482.
36. Spiering BA, Kraemer WJ, Vingren JL, Hatfield DL, Fragala MS, Ho JY, et al. Responses of criterion variables to different supplemental doses of L-carnitine L-tartrate. J Strength Cond Res 2007;21(1):259-64.
37. Kraemer WJ, Volek JS, French DN, Rubin MR, Sharman MJ, Mez GAL, et al. The effects of L-carnitine L-tartrate supplementation on hormonal responses to resistance exercise and recovery. J Strength Cond Res 2003;17(3):455-62.
38. McConell GK. Effects of L-arginine supplementation on exercise metabolism. Curr Opin Clin Nutr Metab Care 2007;10(1):46-51.
39. Campbell B, Roberts M, Kerksick C. Pharmacokinetics, safety, and effects on exercise performance of L-arginine alpha-ketoglutarate in trained adult men. Nutrition 2006;22:872-81.
40. Buford BN, Koch AJ. Glycine-arginine-ketoisocaproic acid improves performance of repeated cycling sprints. Med Sci Sports Exerc 2004;36(4):583-7.
41. Stevens BR, Godfrey MD, Kamnski TW, Braith RW. High-intensity dynamic human muscle performance enhanced by a metabolic intervention. Med Sci Sports Exerc 2000;32(12):2102-8.
42. Williams MH, Branch JD. Creatine supplementation and exercise performance: an update. J Am Coll Nutr 2000;17(3):216-34.
43. Greenhaff PL. The nutritional biochemistry of creatine. J Nutr Bioch 1997;11:610-18.
44. Bloch K, Schoenheimer R. The biological precursors of creatine. J Biol Chem 1941;138:167-94.
45. Walker JB. Creatine: biosynthesis, regulation, and function. Adv Enzymol Relat Areas Mol Biol 1979;50:177-242.
46. Peralta J, Amancio OMS. A creatina como suplemento ergogênico para atletas. Rev Nutr 2002;15(1):83-93.
47. Wyss M, Kaddurah-Daouk R. Creatine and creatinine metabolism. Physiol Rev 2000;80:1107-213.

48. Snow RJ, Murphy RM. Creatine and the creatine transporter: a review. Mol Cell Biochem 2001;224(1-2):169-81.
49. Volek JS, Rawson ES. Scientific basis and practical aspects of creatine supplementation for athletes. Nutrition. 2004;20:609-14.
50. Greenhaff PL. Creatine and its application as an ergogênic aid. Int J Sport Nutr 1995;5:100-10.
51. Olsen S, Aagaard P, Kadi F, Tufekovic G, Verney J, Olesen JL. Creatine supplementation augments the increase in satellite cell and myonuclei number in human skeletal muscle induced by strength training. J Physiol 2006;573:525-34.
52. Johnson KD, Smodic B, Hill R. The effects of creatine monohydrate supplementation on muscular power and work. Med Sci Sports Exerc 1997;29:S251.
53. Becque MD, Lochmann JD, Melrose DR. Effects of oral creatine supplementation on muscular strenght and body composition. Med Sci Sports Exerc 2000;32(3):654-8.
54. Terjung RL, Clarkson P, Eichner ER, Greenhaff PL, Hespel PJ, Israel RG, et al. American College of Sports Medicine Roundtable. The physiological and health effects of oral creatine supplementation. Med Sci Sports Exerc 2000;32(3):706-17.
55. Van Loon LJC, Oosterlaar AM, Hartgens F, Hesselink MK, Snow RJ, Wagenmakers AJ. Effects of creatine loading and prolonged creatine supplementation on body composition, fuel selection, sprint and endurance performance in humans. Clin Sci 2003;104(2):153-62.
56. Hultman E, Söderland K, Timmons JA, Cederblad G, Greenhaff PL. Muscle creatine loading in men. J Appl Physiol 1996;81(1):232-7.
57. Ziegenfuss T, Lemon PW, Rogers MR, Ross R, Yarasheski KE. Acute creatine ingestion: Effects on muscle volume, anaerobic power, fluid volumes, and protein turnover. Med Sci Sports Exerc 2003;29:S127.
58. Spillane M, Schoch R, Cooke M, Harvey T, Greenwood M, Kreider R, et al. The effects of creatine ethyl ester supplementation combined with he and muscle creatine levels. J Int Soc Sports Nutr 2009; 6(6).
59. Craig SAS. Betaine in human nutrition. Am J Clin Nutr 2004;80:539-49.
60. Zeisel SH, Mar MH, Howe JC, Holden JM. Concentrations of choline-containing compounds and betaine in common foods. J Nutr 2003;133:1302-7.
61. Detopoulou P, Panagiotakos DB, Antonopoulou S, Pitsavos C, Stefanadis C. Dietary choline and betaine intakes in relation to concentrations of inflammatory markers in healthy adults: the ATTICA study. Am J Clin Nutr 2008;87(2):424-30.
62. Olthof MR, Verhoef P. Effects of betaine intake on plasma homocysteine concentrations and consequences for health. Current Drug Metab 2005;6:15-22.
63. Eklund M, Bauer E, Wamatu J, Mosenthin R. Potential nutritional and physiological functions of betaine in livestock. Nutr Res Rev 2005;18:p.31-48.

64. Du Vigneaud V, Simmonds S, Schandler JP, Cohn M. A further investigation of the role of betaine in transmethylation reactions in vivo. J Biol Chem 1946;165(2):639-48.

65. Hoffman JR, Ratamess NA, Kang J, Rashiti SL, Faigenbaum AD. Effect of betaine supplementation on power performance and fatigue. J Int Soc Sports Nutr 2009;6:7.

66. Wilson GJ, Wilson JM, Manninen AH. Effects of β-hydroxy-β-methylbutyrate (HMB) on exercise performance and body composition across varying levels of age, sex, and training experience: A review. Nutrition & Metabolism 2008;5:1.

67. Layman DK. The role of leucine in weight loss diets and glucose homeostasis. J Nutr 2003;133(1):261S-267S.

68. Panton LB, Rathmacher JA, Baier S, Nissen S. Nutritional supplementation of the leucine metabolite β-hydroxy-β-methylbutyrate (HMB) during resistance training. Nutrition 2000;16:734-9.

69. Slater GJ, Jenkins D. β-hydroxy-β-methylbutyrate (HMB) supplementation and the promotion of muscle growth and strength. Sports Med 2000;30:105-16.

70. Caperuto EC, Tomatieli RV, Colquhoun A, Seelaender MCL, COSTA Rosa FBP. β--Hydoxy-β-methylbutyrate supplementation affects Walker 256 tumor-bearing rats in a time-dependent manner. Clin Nutr 2007;26:117-22

71. Van Someren KA, Edwards AJ, Howatson G. Supplementation with β-hydroxy-β-methylbutyrate (HMB) and β-ketoisocaproic acid (KIC) reduces signs and symptoms of exercise-induced muscle damage in man. Int J Sport Nutr Exerc Metab 2005;15:413-24.

72. Hipkiss AR, Preston JE, Himsworth DT, Worthington VC, Keown M, Michaelis J, et al. Pluripont protective effects of carnosine, a naturally occurring dipeptide. Ann N Y Acad Sci 1998;854:34-7.

73. Suzuki Y, Ito O, Mukai N, Takahashi H, Takamatsu K. High level of skeletal muscle carnosine contributes to the latter half of exercise performance during 30-s maximal cycle ergometer sprinting. Jpn J Physiol 2002;52(2):199-205.

74. Maemura H, Goto K, Yoshioka T. Effects of carnosine and anserine supplementation on relatively high intensity endurance performance. Int J Sport Health Science 2006;4:86-94.

75. del Favero S, Roschel H, Solis MY, Hayashi AP, Artioli GG, Otaduy MC, et al. Beta--alanine (Carnosyn™) supplementation in elderly subjects (60-80 years): effects on muscle carnosine content and physical capacity. Amino Acids 2012;43(1):49-56.

76. Gladden LB. Lactate metabolism: a new paradigm for the third millennium. J Physiol. 2004;558:5-30.

77. Coombes J, McNaughton LR. Effects of bicarbonate ingestion on leg strength and power during isokinetic knee flexion and extension. J Strength Cond Res 1993;7:241-9.
78. Carr BM, Webster MJ, Boyd JC, Hudson GM, Scheett TP. Sodium bicarbonate supplementation improves hypertrophy-type resistance exercise performance. Eur J Appl Physiol 2013;113(3):743-52.
79. Duncan MJ, Weldon A, Price MJ. The effect of sodium bicarbonate ingestion on back squat and bench press exercise to failure. J Strength Cond Res 2014;28(5):1358–66.
80. Sawynok J. Adenosine receptor activation and nociception. Eur J Pharmacol 1998;347(1):1-11.
81. Warren GL, Park ND, Maresca RD, McKibans KI, Millard-Stafford ML. Effect of caffeine ingestion on muscular strength and endurance: a meta-analysis. Med Sci Sports Exerc 2010;42(7):1375-87.
82. Duncan MJ, Thake CD, Downs PJ. Effect of caffeine ingestion on torque and muscle activity during resistance exercise in men. Muscle Nerve 2014 ;50(4):523-7.
83. Duncan MJ, Stanley M, Parkhouse N, Cook K, Smith M. Acute caffeine ingestion enhances strength performance and reduces perceived exertion and muscle pain perception during resistance exercise. Eur J Sport Sci 2013;13(4):392-9.
84. Duncan MJ, Oxford SW. The effect of caffeine ingestion on mood state and bench press performance to failure. J Strength Cond Res 2011;25(1):178-85.
85. Hurley CF, Hatfield DL, Riebe DA. The effect of caffeine ingestion on delayed onset muscle soreness. J Strength Cond Res 2013;27(11):3101-9.
86. Wilson JM, Joy JM, Lowery RP, Roberts MD, Lockwood CM, Manninen AH, et al. Effects of oral adenosine-5'-triphosphate supplementation on athletic performance, skeletal muscle hypertrophy and recovery in resistance-trained men. Nutr Metab (Lond) 2013;10(1):57.
87. Jordan AN, Jurca R, Abraham EH, Salikhova A, Mann JK, Morss GM, et al. Effects of Oral ATP Supplementation on Anaerobic Power and Muscular Strength. Med Sci Sports Exerc. 2004;36(6):983-90.

# ÍNDICE REMISSIVO

## A

Abordagem de *coaching* 22
Abordagem para mudança comportamental 4
Abordagem tradicional (abordagem de especialista) 22
Abordagem tradicionalmente utilizada para redução do peso 4
Ação muscular 72
 tipo 72
Adaptações neurais 33
Adenosina trifosfato 235
Adesão ao exercício 18
 barreiras 18
Alongamento entre as séries 144
AMPK 42
Arginina 225
Atendimento acolhedor 22
Atendimento na sala de musculação 1

## B

Balanço decisório 17
 Passo 1 17
 Passo 2 17
 Passo 3 17
 Passo 4 17
Balanço energético 211
Behaviorismo 6
β-Hidroxi β-metilbutirato 229
Betaína 229
Biologia molecular 72

## C

Cafeína 233
Classificação das sessões do treinamento de força de acordo com a intensidade 160
 microciclo de intensidade alta 160
 microciclo de intensidade leve 160
 microciclo de intensidade moderada 160
 microciclo de intensidade muito alta 160
 microciclo de intensidade muito leve 160
Clientes na ação 15, 16
 características gerais 15, 16
 diretrizes para intervenções 15

 estratégias para avançar para o próximo estágio 15
Clientes na manutenção 16
 características gerais 16
 estratégias para avançar para o próximo estágio 16
Clientes na preparação 13
 características gerais 13
 diretrizes para intervenções 14
 estratégias para avançar para o próximo estágio 14
*Coaching* 3
 benefícios 5
 habilidades 24
Comportamento(s)
 humano 1
 habituais 6
Condicionamento
 clássico 6
 operante 6
Confiança dos clientes 23
Contempladores 12
 características gerais 12
 diretrizes para intervenções 12
 estratégias para avançar para o próximo estágio 12
Contrações excêntricas 38
Coordenação
 intermuscular 34
 intramuscular 34
Creatina 227

## D

Divisões de treinos 118

## E

Efeitos do treinamento 53
 efeitos agudos 53
 efeitos crônicos 53
 efeitos imediatos 53
 efeitos parciais 53
 efeitos residuais 53
Estágios de prontidão 9
 ação 14

243

contemplação 11
manutenção 16
modelo de questionários 10
pré-contemplação 9
preparação 13
Estratégias nutricionais 212
melhorar o metabolismo muscular 212
Estresse metabólico 44
anabolismo celular 44
Exercícios 69
associados 108
associados à articulação adjacente 108
multiarticulares 71
seleção e ordem 69
Exercícios direcionados 107
peitoral maior e deltoide (parte clavicular) 107
quadríceps femoral e glúteo máximo 108
Exercícios inadequados associados à articulação adjacente 109

**F**

Falha concêntrica 82
Fase de recuperação 161
Força muscular 30
aumento 32
aumento progressivo 33
força absoluta 31
força explosiva 32
força máxima 31
formas de manifestação 31
resistência de força 32
treinamento de força para hipertrofia muscular 31
Fosforilação da Akt 42
FOXO 42

**H**

Habilidades em coaching 24
escutar com atenção plena 24
perguntas abertas 25
reflexões perceptivas 26
Hipertrofia miofibrilar 36
Hipertrofia muscular 35, 37, 39, 44, 46
estresse tensional 37
hipertrofia miofibrilar 36
hipertrofia sarcoplasmática 36
individualidade biológica 47
novos mecanismos 46
teoria da biologia molecular 39
teoria das microlesões 37
vias Akt-mTOR 41
Hipertrofia sarcoplasmática 36

**I**

Intervalo entre as séries 78
curtos períodos 78

longos períodos de recuperação 78
Isoformas humanas de IGF-1 41

**L**

L-carnitina 225
L-leucina 215

**M**

Método
da pré-exaustão 109
de restrição de fluxo sanguíneo 144
em onda 135
em onda crescente 135
MicroRNA 48
Modelo não linear dos estágios de mudança 8
Modelos de periodização do treinamento de força 165
comparações 173
periodização linear ou clássica 165
periodização linear reversa 166
periodização ondulatória diária por grupamento muscular 172
periodização ondulatória flexível 168
periodização ondulatória ou não linear 166
periodização ondulatória parcial 170
periodização ondulatória semanal 171
variações da periodização ondulatória 168
Modelo transteórico 7
ação 8
contemplação 8
estágios de mudança 7
manutenção 8
para mudança de comportamento 7
pré-contemplação 7
preparação 8
Montagem AAA de pós-exaustão 111
Montagem alternada por origem e inserção 112
Montagem alternada por segmento parcial 102
treino A (segmentos superior/inferior) 103
treino A (segmento superior/tronco) 102
treino B (segmento inferior/tronco) 103
treino B (tronco) 104
Montagem alternada por segmento tradicional 102
Montagem alternada por segmento tradicional direcionado 105
quadríceps femoral, reto do abdome e peitoral maior 105
Montagem associada à articulação adjacente 108
Montagem de programas 100
montagem alternada por segmento 101
Montagem direcionada monoarticular/isolada 107
Montagem direcionada multiarticular 107

# ÍNDICE REMISSIVO

Montagem direcionada por grupo muscular 106
  alternado por origem e inserção 107
  associado à articulação adjacente 107
  direcionado 107
Montagem localizada por articulação 115
  agonista-antagonista 115
  completa 116
Montagem mista 120

**N**

Nível de treinamento 65
  avançados 65
  iniciantes 65
  intermediários 65
Nutrição esportiva 208

**O**

Ótimo relacionamento 27
  ferramentas 27
*Overtraining* 77, 162

**P**

Parcelamento do treino 70
Passagens
  circuito 123
  circuito de ação cardiovascular 124
Passagens 123
  agrupados 125
  *bi-set* 125
  série combinada 127
  supercombinada I 128
  supersérie I 127
  *tri-set* 126
Peptídeos 227
Periodização
  pressupostos 154
Periodização do treinamento de força 152, 165
  modelos 165
Periodização do treinamento de força em
  ciclos 159
  organização 159
Periodização em bloco 197
Periodização linear 182, 192
  alunos iniciantes, intermediários e avança-
    dos – hipertrofia e força máxima 182
  alunos iniciantes, intermediários e avança-
    dos – resistência muscular 192
Periodização linear reversa 194
  alunos iniciantes, intermediários e avança-
    dos – resistência muscular 194
Periodização ondulatória 186, 195
  alunos iniciantes, intermediários e avança-
    dos 186, 195
  hipertrofia e força 186
  resistência muscular 195
Periodizações anuais 195

academias e ao treinamento personalizado 195
Pré-contempladores 10
  características gerais 10
  diretrizes para intervenções 11
  estratégias para avançar para o próximo
    estágio 11
Prescrição do treinamento de força 63, 84, 88-90, 92
  diferença entre iniciantes e intermediários 89
  diferença entre intermediários e avançados 92
  indivíduos avançados com o objetivo de
    aumentar a força explosiva 92
  indivíduos avançados com o objetivo de
    aumentar a força máxima 90
  indivíduos avançados com o objetivo de
    aumentar a resistência de força 92
  indivíduos avançados com o objetivo de
    hipertrofiar a musculatura 91
  indivíduos iniciantes com o objetivo de
    aumentar a força explosiva 86
  indivíduos iniciantes com o objetivo de
    aumentar a força máxima 84
  indivíduos iniciantes com o objetivo de
    aumentar a resistência de força 86
  indivíduos iniciantes com o objetivo de
    hipertrofiar a musculatura 85
  indivíduos intermediários com o objetivo de
    aumentar a força explosiva 88
  indivíduos intermediários com o objetivo de
    aumentar a força máxima 88
  indivíduos intermediários com o objetivo de
    aumentar a resistência de força 89
  indivíduos intermediários com o objetivo de
    hipertrofiar a musculatura 88
Programas localizados por articulação 114
Programas para melhora de parâmetros
  fisiológicos relacionados à saúde 179
  comparações 179
Programas para o aumento da força máxima 174
  comparações 174
Programas para o aumento da resistência
  muscular 175
  comparações 175
Programas para promoção de hipertrofia
  muscular 177
  comparações 177

**R**

Recuperação 162
Recursos ergogênicos diretos 209
Recursos ergogênicos indiretos 209
Repetições máximas 67
  ajuste da carga 67

## S

Séries múltiplas 74, 130
   *blitz* 134
   *drop set* 136
   exaustão 135
   excêntrico ou negativo 136
   exercício isolado 134
   *fascial stretch training* – FST-7 142
   *German volume training* 138
   onda 134
   prioritário 134
   repetição-pausada – *rest-pause* 140
   repetições forçadas 133
   repetições parciais 132
   roubada 133
   *sarcoplasma stimulating training* 143
   sistema piramidal ou cargas crescentes e decrescentes 130
   superbomba ou "queima" 138
   superlento 132
   treinamento de força com resistência elástica e de correntes 141
Séries simples 74
Sistemas ou métodos de treinamento de força muscular 121
Sobretreinamento 161, 162
Superação de barreiras 19
   ambientais 21
   pessoais 19
   sociais 20
Suplemento de aminoácidos 222
Suplementos alimentares 209

## T

Tamponantes proteicos 231
   beta-alanina 231
   bicarbonato de sódio 232
Tempo de treino 74
Teoria biomolecular 36
Teoria da biologia molecular 39
Teoria das microlesões 37
Teoria para mudança comportamental 6
Tipo de ação muscular 72
   ações musculares concêntricas 72
   ações musculares excêntricas 72
   ações musculares isométricas 72

Treinabilidade dos indivíduos 74
Treinamento 77
   frequência semanal 77
   variáveis 77
Treinamento combinado 43
Treinamento de força 51, 87, 100, 152, 211
   avançados 90
   iniciantes 83
   intermediários 87
   isolado 43
   manobras nutricionais 211
   montagem de programas 100
   nível de treinamento 65
   periodização 152
   periodizações anuais 195
   prescrição 84
   princípio da acomodação 55
   princípio da adaptação 52
   princípio da conscientização 52
   princípio da especificidade 55
   princípio da individualidade 55
   princípio da manutenção 57
   princípio da reversibilidade 57
   princípio da sobrecarga progressiva 53
   princípio da variabilidade 56
   princípios básicos 51
   variáveis agudas do treinamento 66
   volume total 74
Treinamento de força muscular 121
   sistemas ou métodos 121
Treino 70
   parcelamento 70

## V

Variáveis agudas do treinamento 66
   intensidade de treinamento 66
Velocidade de execução do movimento 73
   lenta 73
   moderada 73
   rápida 73
Via Akt-mTOR 41, 42
Volume de séries 74
Volume do treinamento 74

## W

*Whey protein* 223